감성의 귀환

이연승

도서출판 월인

〈서문〉

서정의 복원과 소통을 꿈꾸며

4년 만에 다시 책을 묶게 되었다. 원고를 정리하면서 몸, 생명, 감성, 에코페미니즘에 관한 최근의 비평적 화두와 관심사를 놓고 고민하다가 『감성의 귀환』이란 제목으로 결정하게 되었다. 이미 '몸'이란 주제가 진부한 테마일지는 모르지만, 여전히 몸을 매개로 쓰여지는 시들에 나는 각별한 관심을 가지고 있었다. 인간의 몸이란 가장 근원적인 토대이자 생의 경계를 오고 가는 실존적 장이기 때문이다. 시인의 언어는 끊임없이 생의 경계를 넘나들며 다양한 감성의 무늬들을 직조하고 삶의 본질적 측면들을 드러내준다.

오래전부터 가지고 있던 믿음이었지만, 시가 현실과 맞닥뜨리는 방식은 무엇보다도 미학적 감성을 통한 언어 형식과 시적 긴장에 의한 것이라고 본다. 합리적 이성과 첨단 문명에 대한 강박증이 더 심화되는 21세기에 우리가 삶에서 놓치기 쉬운 자연스러운 숨결과 감성들이 더 강렬하게 요구되는 것은 필연적인 결과인지도 모른다. 감성은 우리 내면에 저장되어 있는 가장 근원적이고 자연스러운 생명의 흐름이자 삶의 종착지이기 때문이다. 감성을 통해 내가 있음을 확인하고, 살아가야 할 힘을 부여받으며, 타인과의 소통으로 나아갈 수 있음을 믿는다.

이 책은 3부로 구성되어 있는데, 1부는 최근 발표한 학술 논문들을 정리한 것으로 정현종, 정진규, 이승훈, 장정일, 황지우 등의 시인들을 다루고 있다. 각각의 편차는 있겠지만 이들이 보여주는 감성의 밀도나 세계관, 시쓰기의 원리는 지금 이 시점에도 유효한 문제의식을 제공한다고 생각한다.

2부에서 3부까지는 시인들이 펼쳐놓는 상상력과 감성이 삶의 흐름과 흔적을 짚어내는 과정에 대해 주목해 보았다. 시인들의 고유한 이미지와 어법이 어떤 양태를 거쳐 독자에게 감응을 주고, 독특한 의미를 생성하고 있는지를 분석하고 싶었다. 또 고도의 자본주의의 물결 속에서 생성되는 새로운 삶의 방식과 가치관이 시인들의 수사법에 어떤 영향을 끼치고 있는지를 분석해 보았다. 문명의 후유증을 앓고 있는 시대에 자연과 타자와의 소통은 감성의 회복과 귀환으로 이어질 것이라고 생각한다. 2000년대에 들어와 발표된 많은 시작품들은 생의 비의와 열망, 존재론적 고통이 오롯이 담겨져 있다. 시인들의 시선과 지향점은 작은 일상에서 발견하는 생의 존재론적 의미에 초점이 맞추어져 있는 듯하다. 그렇지만 삶의 외적 조건을 바꾸는 힘을 시인의 언어가 찾아내며, 그것을 읽는 우리의 내면은 생에 대한 새로운 각성과 통찰로 이어질 것이라고 생각한다.

길고 지루한 여름이 끝나가는 이 무렵, 시간의 흐름은 한 치의 어긋남도 없이 치닫고 있음에 새삼 전율한다. 최근 1, 2년간 나는 캄캄한 터널을 통과하는 듯한 기분 속에 살고 있었다. 어쩔 수 없이 견뎌야 하는 시간 속에서 그나마 시를 읽고 원고를 쓴 것은 무너져가는 자신을 지탱할 수 있는 강한 힘이었는지도 모른다. 그동안 내가 느꼈던 삶의 쓸쓸함과 황막함이 곳곳에 배어 있어 글쓰기도 더불어 무기력해진 것은 아닌지, 초라한 흔적들을 다시 세상에 내놓는 것 같아 마음이 무겁고 심란하기만 하다.

책을 엮으면서 삶의 터를 다시 들여다보고 감성의 깊이에 대해 성찰하게 해준 많은 시인들, 책을 내주신 도서출판 월인의 편집부 식구들과 가족들에게 고마움을 전한다. 특히 어머니를 비롯한 내 가족들은 삶의 중심을 잃지 않도록 독려해주는 가장 큰 힘이다.

아울러 올 여름 작고하신 아버지께도 이 작은 기록을 전해드리고 싶다. 내게 처음 한글을 가르쳐주셨던 자상함을 떠올리며, 내 글쓰기도 다시 초심으로 돌아가야 하리라.

차례

1부_불온한 시대의 새로운 수사법

2부_소통과 연대를 향한 갈망

3부_불연속을 건너가는 시의 꿈

1부

불온한 시대의 새로운 수사법

탈관념의 시쓰기와 몸의 현상학

– 김기택의 시세계 –

1. 몸담론의 새로운 인식과 지각변동

거대 서사와 계몽 이데올로기가 풍미하던 1980년대 이후 우리 문학은 새로운 전환기를 맞이했다. 1990년대 이후 새로운 미학적 화두로서의 몸의 출현은 거대 담론의 해체와 미시적이고 탈현대적인 것들의 부상을 증거하는 한편 이성과 감성, 영혼과 육체의 이분법적 구도 속에 구축된 계몽 이념의 해체와 균열을 드러내는 지표로 읽혀진다. 우리는 흔히 90년대 시단의 대표적 특징 중의 하나로 몸의 시학을 꼽는다.

몸은 한 실존적 개체의 움직임을 통해 세계의 모든 변화 양상을 감지하고 포착할 수 있는 가장 근본적인 토대이다. 문학에서 몸의 양상을 주목하고 이를 파악한다는 것은 몸을 통한 '세계 내 존재'(être-au-monde)에 대해 미학적인 탐색을 벌이고 있는 시인들의 사유를 읽어내는 작업이 된다. 언어와 몸은 가장 예민하고 민감한 문제의식을 수반하기 때문이다. 몸이 어떻게 언어화되고, 언어가 어떻게 몸을 구축해나가는지는 시인들의 영원한 화두이기도 하다. 때문에 문학의 역사는 곧 몸의 역사라고도 할 수 있다. 몸은 그 안에 광기와 폭력의 역사를 내장하고 있을 뿐만 아니라 인간의 이성에 토대를 둔 문명이 낳은 폐해와 상처를 그대로 간직하고 있기도 하다. 여기에는 언어와 몸, 시적 자아와 세계, 의식과 무의식, 자아와 타자, 현상과 본질 등 다양한 존재론적인 문제들이 내재되어 있다. 몸은 닫힌 체계가 아니라 끝없이 외부와 대상을 향해 감각을 열어놓아 항상 교감하면서 구성되는 존재물이다. 흔히 몸을 유동적이고 무정형적(amorphe)인 생명의 숨결 같은 코라(chora)나 기(氣)[1]로 파악하는 것도 모두 그 이유가 여기에 있다고 본다.

그러나 1990년대 이후 중요한 화두로 떠오른 몸 담론은 사실 근대문학 이후 우리 문학의 중요한 좌표로 기능해왔던 것을 알 수 있다. 몸담론은 90년대 시의 새로운 영토로 보는 관점이 일반화되어 있으나 90년대 들어 갑작스럽게 형성된 시적 자질이 아니라 이전부터 내재되어 있던 시의 원리이다.[2]

1) 고대 중국 유가 철학의 전통에서 육체는 정신과 통일된 '몸'으로 파악된다. 志는 정신의 영역, 氣는 육체의 영역에 속하는 것으로 파악하는데 '氣는 신체에 충만한 것(氣·體之充也)'으로 정의하고 있어 형체의 생김이기보다는 형체에 스며 있거나 풍겨나오는 기운의 의미에 가깝다. 의지가 한결같으면 氣를 움직이게 하고 氣가 한결같으면 의지를 움직인다고 하여 마음속의 의지와 신체의 氣는 상호작용하는 관계로 보았다. 『孟子』, 「公孫丑」 上 및 이숙인, 「유가의 몸 담론과 여성」, 『여성의 몸에 관한 철학적 성찰』, 철학과 현실사, 2000, p.123.

2) 근대 계몽기 문학을 거쳐 1930년대 서정주의 탐미주의는 쾌락과 관능을 선택함으로써 격렬한 몸의 탐구를 보여준다. 서정주 시에 나타나는 관능적인 육체의 쾌락과 도취는 그 운명의 한계인 육체성을 있는 그대로 인정하고 고양시킨다. 또 한국 전쟁을 원체험으로 수용한 1950년대 시인들에게 몸은 인간의 폭력과 광기가 새겨진 흔적을 드러내는 분열된 텍스트였다. 전쟁은 일상을 파괴하며 개인의 생존문제, 몸의 문제를 가장 적나라하게 제기하기 때문이다. 또 강력한 개발 독재에 의한 산업화 · 도시화로 이어지는 1970-80년대는 산업사회에서 훼손된 '아픈 몸'과 병든 육체에 대한 성찰을 바탕으로 몸의 문제가 한층 중요한 테마로 떠오르게 된다.

1990년대 이후 한국시는 몸에 대한 성찰과 인식이 한층 다양하고 풍부해지는 경향을 보인다. 특히 급속한 사회변동과 매체의 활성화는 다양한 성담론을 생산하는데 일조를 하기도 하는데, 성에 대한 표현의 자유가 확대되고 그 자유를 억제하는 사회적 규범이 약해지면서 몸과 성에 대한 관심과 표현 영역이 어느 시대보다도 넓게 개방된다. 이성이 욕망을 통제하고 세계를 재편할 수 있는 인간 정신의 거대한 힘이라는 인식은 후기 산업사회에 접어들어 점차 흔들리기 시작한다. 이성에 대한 회의감과 더불어 그간 억압되어 있던 몸의 의미를 강조하고 있는 것이 탈근대 사회의 문화적 특징 가운데 하나이다. 이성 중심적 사회에서 억압되고 도구화되었던 몸은 단순히 정신의 그릇이 아니라 삶의 의미를 생성해내는 보다 직접적인 진리의 현현 방식으로 의미화된다. 이런 현상 속에서 보다 솔직하고 대담한 몸의 언어는 그동안 은폐되었던 존재성을 폭로함으로써 밀담으로서의 성을 공론화하기도 한다. 포스트모더니즘이나 페미니즘의 토대를 바탕으로 비평적 담론으로서 떠오른 몸의 출현은 주체의 내부에 자리한 탈은폐성과 균열을 드러내는 징표로 이른바 '동일성의 미학'을 해체하는 미학적 전위로서 등장하기 시작한다.

90년대 이후 이들의 작품 성향은 몸담론과 성담론을 그 기저에 공유하고 있다는 점에서 그 이전의 글쓰기와 인식 성향에 획기적인 변환을 가져온 것이라 할 수 있다. 몸의 시학의 원리가 외부로 드러나 다양하게 전경화되고 있기 때문이다. 이렇게 몸에서 비롯되고 몸을 향한 주제와 글쓰기 방식은 2000년대를 넘어서며 여성 작가나 여성 시인에게만 국한되는 것이 아니라 남녀 모두 이데올로기나 규범에 얽힌 것이 아닌, 삶에서 몸으로 수용하고 체화시키는 모든 가치와 진실들을 시 텍스트 속에 수용하고 있다. 그래서 몸담론은 시텍스트에 있어서도 하나의 소재나 모티프로 작용하기보다는, 세계 인식의 지평을 여는 인식론적 기반을 이루며 새로운 작품의 의미와 구조를 이끌어나가고 있다. 이 작업을 통해 우리 시는 전에 볼 수 없던 새로운 시적 인식과 언어를 얻게 될 뿐 아니라 정신의 부속물로 여겨지던 몸의 비천한 역사를 버리고 몸을 복원하여 새로운 시의 역사를 쓰게 된다.

이 글에서는 90년대 이후 몸담론의 새로운 인식과 시쓰기 방식을 보여주는 대표적 시인인 김기택 시인의 작품을 대상으로 텍스트의 미학적 의미 형상화 방식과 시적 가능성에 대해 분석해보고자 한다. 특히 그의 시의 원시적 이미지들이 문명의 질서에서 은폐되거나 억압당하는 존재의 특징을 드러내고 있을 뿐 아니라, 분화된 몸의 기관들을 통해 근대 이성의 시각 지배에서 벗어나 새로운 몸의 탄생을 밀고 나간다는 점에 주목하였다.

김기택은 1989년 등단 이후 지금까지 『태아의 잠』(1991), 『바늘구멍 속의 폭풍』(1994), 『사무원』(1999), 『소』(2005), 『껌』(2009) 등 네 권의 시집을 출간하였다. 그의 시에 등장하는 사물이나 시적 대상들은 순간순간의 움직임이나 행동, 반응에 초점을 맞추어 그 적나라한 모습을 보여주고 있으며 사물의 외피를 두르고 있는 모든 가식과 포장을 걷고 "육체적 현존"[3] 만을 파악하려는 데서 탈관념적인 성향을 띤다. 서정시의 관념적 · 탈속적인 상상 공간이나 이미지에 익숙한 독자들에게 생생한 리얼리티와 감추어진 생명의 본능적 모습을 제시하는 것이다. 그런데 이 부분이야말로 김기택 시인이 건져 올리는 작품 의미의 진정성이 되고 있다. 김기택 시인의 작품을 읽다 보면 기존의 시인들에게서 느낄 수 없던 특화된 몸의 양태와 의미 구성의 과정에 동승하게 된다. 그의 독창적인 시쓰기 방식과 새로 인식하여 보여주는 세계는 거부할 수 없는 삶의 진실을 새로 인식하게 하며 읽는 이를

3) 이혜원, 「거대한 침묵」, 『소』 해설, 문학과 지성사, 2005, p.96.

압도하는 힘을 갖고 있다.

지금까지 김기택 시에 관해 언급한 글들을 보면 저널비평에서의 서평이나 작품론 형태의 글이 대부분이었다. 연구 방향은 시세계 전반에 대한 논의,[4] 개별 시집에 대한 논의,[5] 논문[6]으로 나누어 볼 수 있는데, 평자들의 다양한 시각의 편차를 넘어서 주된 논의의 초점은 김기택 시의 투시적 관찰력과 묘사의 힘이 대상의 역동성을 포착하고 있으며, 삶에 대한 새로운 가능성과 생명의 감추어진 본능을 적시(敵視)한다는 사실에 맞추어지고 있었다.

그러나 김기택 시에서의 몸의 이미지나 변주는 대상의 감각적 재현이나 기교를 위한 이미지 추구라는 측면에서는 의미가 해명되지 않는다. 김기택 시에 나타나는 몸 이미지는 인식이나 기교로부터의

---

4) 김용희, 「생명을 기다리는 공격성의 언어-김기택론」, 『문학과 사회』 20, 1992. 11.
이혜원, 「시적 긴장과 이완의 거리」, 『세계의 문학』 61, 1991.8.
남진우, 「알을 품고 있는 어둠」, 『그리고 신은 인간을 창조했다』, 문학동네, 2001.
김수이, 「몸의 현상학의 두 유형」, 『풍경 속의 빈 곳』, 문학동네, 2002.
오생근, 「삶의 세부에 대한 강인한 관찰과 시적 고행」, 『동서문학』 244호, 2002.3.
이재복, 「몸과 물성의 언어: 김기택론」, 『현대시학』 375호, 2000.6(『몸』 하늘연못, 2002 재수록).
오형엽, 「소음과 소통-김기택 이문재의 새 시집」, 『문학판』 통권 15호, 2005, 여름호.
최현식, 「삶의 틈과 틈의 삶-김기택론」, 『문학과 사회』 69호, 2005, 봄호.
홍용희, 「신생의 꿈과 언어, 초록생명의 길」, 신덕룡 엮음, 시와 사람사, 1997.

5) 이광호, 「투시적 상상력의 힘」, 『문학정신』 62호, 1991.12.
오형엽, 「꿈과 현실 사이의 잠, 그리고 웃음의 방식」, 『현대시』, 1994.6.
손진은, 「비움, 그 허공의 공간-바늘구멍속의 폭풍」, 『현대시학』 309호, 1994.12.
김진석, 「소내하는 힘-김기택의 <바늘구멍속의 폭풍> 속으로」, 『문학과 사회』 31, 1995.8.
황도경, 「몸의 시」, 『창작과 비평』, 1995, 봄호.

6) 라기주, 「김기택 시에 나타난 몸의 기호작용-훼손된 몸을 중심으로」, 『한국문예비평연구』, 2007.8.
김희진, 「틈의 시학과 생명적 상상력」, 『문학과 환경』 5권 5호, 2006.12.

성격을 벗어나 대상과 주체의 분리와 대립을 전제로 한 이분법적인 사유들과 무관한 새로운 사유 방식을 보여준다는 점에서 의의를 가진다. 김기택 시에 등장하는 몸성(corporéité)의 수용은 하나의 완성된 시적 오브제를 위해 수사적으로 제시되는 것이 아니라 사물과 생명의 존재 근거를 찾아내고 그것을 시적 주체의 자아 갱신이나 자아 확장으로 수용해나가는데 기여하는 것[7]이다. 이러한 김기택 시의 시쓰기 방식은 몸에 대한 새로운 사유 방식을 제시하는 것에서 그치는 것이 아니라 새로운 존재 방식을 보여주는 매개가 된다.

이 글에서는 몸을 바탕으로 논의되었던 기존의 평가를 수용하되, 몸의 물질성을 해부학적 시선으로 포착하는 김기택 시인의 시쓰기는 감각기관을 통한 인식과 접촉의 세계를 적나라하게 재구성하는 데서 출발한다고 판단하였다. 그리고 자신의 감각기관을 통해 받아들이는 것과 몸을 통해 받아들인 인식들은 자본주의 사회의 기호와 이데올로기가 갖는 환상 이면의 감추어진 진실을 들추어낸다고 파악하였다. 그래서 그의 시에서 자주 논의되는 '즉물성'이 몸의 시학으로 구축될 수 있는 구체적인 요인이 무엇인지에 대한 의문에서 출발하였다. 특히 대상을 감각적으로 전유하고 묘사하는 시쓰기 과정에서 시인은 선험적 개념을 뛰어넘는 어떤 욕망의 흐름을 보여주는데, 이때 구축된 몸의 이미지는 단순한 이미지의 확장이나 기교를 벗어나 세계를 구조화하는 구체적인 단초가 된다는 점에서 의의를 가진다. 김기택의 시적 묘사와 관찰력은 이미 여러 논자들을 통해 인정받았지만 그의 예리한 형상화 능력과 세계 인식의 방식은 그만의 독창성이자 본 논의가 관심을 갖는 새로운 해석 지평이기 때문이다.[8]

---

7) 몸이 세계를 하나되게 구조화하는 능력을 메를로 퐁티는 '몸틀'(le schema corporel)이라고 부른다. 조광제, 『몸철학의 원리와 전개』, 철학과 현실사, 2003, p.79.

2. 해부학적 시선과 몸의 존재성

서구 철학적 인식론과 방법론은 그간의 언어에 의한 상징체계적 구조와 기호세계에서 벗어나 점차 몸과 신체에 의한 인식과 지각, 감각 등을 사유의 영역 속에 이끌어 넣으며 탈이성주의적, 언어초월적인 인식론의 변화를 가져왔다. 이후 메를로 퐁티, 들뢰즈, 푸코에 이어지는 몸철학은 서구철학의 인식론과 방법론에서 과감하게 탈피하고, 그 인식 방식과 근거를 달리하여 '지각적, 감정적, 감성적' 인간에서 논의를 시작한다. 들뢰즈와 메를로 퐁티의 이러한 종합 철학적 인식의 방법은 언어에 의한 분석보다는 몸과 자연, 전우주적 존재로 인간 주체를 재발견하며, 결과적으로 이러한 인식론의 근거와 방법론을 몸에서 다시 설명하고 있다.

정신이 몸에서 융기(隆起)하기 전에 몸이 하는 기능을 메를로 퐁티는 몸의 원초적 기능이라고 본다. 여기에는 정신적인 반성에 의한 생각은 이차적인 기능이라는 뜻이 들어 있다.[9] 특히 메를로 퐁티가 말하는 '세계에의 존재'(être-au-monde)는 몸과 세계 혹은 세계와 몸이 서로 구조를 교환하는 것을 뜻한다. 다시 말해 퐁티는 우리 몸속에 들어와 있는 세계, 우리가 몸을 통해 그 속으로 진입해 들어가는 세계 속에서 인간이 자신의 실존을 확보할 수 있다고 보는 것이다. 문명의 발달 과정에서 인류는 일차적으로 본능적인 생활을 지양해 왔으며 문화적・윤리적・사회적 지위나 상징성을 획득하고자 노력해 왔다. 인간이 발명한 이데올로기와 문명은 본능적 생활과 노동에서 벗어나고자 하는, 소위 관념적・형이상학적 담론에 다름 아니었다. 그래서 서구 철학에서 다루는 주된 대상은 이성과 관념이었고 몸은 언제나

8) 이 글에서는 가장 최근의 시집 『껌』을 제외한 네 권의 시집을 대상으로 삼는다.
9) 조광제, 앞의 책, p.68.

객체로 취급받았으며 지배담론에서 벗어나 있었다.

김기택 시세계의 일차적인 특징은 복잡한 관념과 사유가 아니라 구체적인 사물과 감각, 물질과 육체에 기반을 두는 사실적인 시어와 이미지들이다. 시인은 시적 상황을 극도로 압축하는 이미지들을 구사하면서 작고 섬세한 삶의 결을 응시할 뿐 아니라, 삶과 사물의 본질에 다가서서 그 안에 내재하는 생명의 힘을 읽어낸다. 그는 사물에 대한 인식을 몸의 감각을 통해 형상화하고 있다. 더 문제적인 것은 그의 시에 나타나는 몸의 특징은 정신이나 영혼이 배제된 상태에서 일종의 '물질'로서만 드러나는 몸이라는 것이다. 그의 몸은 관념의 유희나 이미지의 확장으로 인한 시적 애매성이나 비유의 차원에서 생성되는 낯설게 하기 같은 수사적 장치를 문제 삼지 않는다. 그의 몸은 정신이나 영혼이 아닌, 눈에 보이는 육체적인 현실을 문제 삼는다.[10] 나아가 주체를 대상화하고 인간의 몸이나 사물이 시적 주체가 되는 것이 김기택 시의 대표적인 특징이다.

시인이 말하고자 하는 사유의 세계는 생물학적 차원으로 환원되어 몸을 입고 구체화된다. 예를 들면 그에게 식욕은 "입과 배에서 침과 위산이 부리나케"(「먹자골목을 지나며」) 나오게 하는 것이고 실직이란 "툭"하고 몸안에서 무엇이 끊어져 "덩어리 하나가 장화 같은 하체 속으로 떨어지는 것"(「실직자」)이며, 그래서 더 무거워진 다리의 무게이기도 하다. 무엇보다 김기택 시에서 몸이 구현되는 방식은 탈관념적 · 탈형이상학적 시쓰기에 바탕을 두고 있다는 점일 것이다. 이전의 시에서는 볼 수 없었던 몸의 물질성에 주목하면서 그는 해부학적 시선으로 대상을 관찰, 묘사하고 동시에 몸적 존재로서의 가능성을 펼쳐보이고 있다.

---

10) 이재복, 「몸, 리얼함과 아름다움 사이」, 『몸』, 하늘연못, 2002, p.117.

① 달려가던 승용차가 가볍게 들어올리자
사내는 조금도 꾸밈이 없는 동작으로
빙그르르 공중에서 몸을 돌리고
전혀 무게를 두려워하지 않고
아스팔트 위로 내리꽂혔다
얇은 가죽으로 막아놓은 60킬로그램의 비린내
안에 들어 있던 분노와 꿈이
일제히 터진 곳에서 쏟아져나왔다

-「한 명의 육체를 위하여」에서, 『바늘구멍속의 폭풍』

② 몸무게가 되기 위하여 물이 살 속으로 들어온다
살과 뼈와 핏줄 사이 가볍고 푹신한 빈틈들을
힘센 무게들이 빽빽하게 채워버린다
치에 매달아 한 시간이나 끌고 다니며 만든
갈증 속으로 물은 끊임없이 들어오고 있다
음매에 슬픈 울음 속 떨림의 사이사이
깊고 가는 빈틈으로 물이 채워진다
…(중략)…
힘들여 마신 한 호흡의 공기마저
목구멍에서 찰랑거리던 물이 기어코 밀어낸다

-「소 2」에서, 『바늘구멍속의 폭풍』

인용한 두 편의 시에서 실제 묘사되는 대상은 각각 “사내”와 “소”다. 승용차에 치어 사내가 들어 올려졌다 “아스팔트 위로 내리꽂”히면서 “60kg의 비린내”로 처참하게 내동댕이쳐지고(①) “소”는 물을 먹는 것이 아니라 물이 주체가 되어 소 안으로 들어온다. 생존을 위해

소가 마시는 물은 단지 몸무게가 되기 위하여 살 속으로 들어올 뿐이다.(②)

①에서 "조금도 꾸밈이 없는 동작으로/빙그르르 공중에서 몸을 돌"려 아스팔트 위에 던져진 사내의 몸을 추적하는 시인의 시선은 지극히 물질적이며 전(全)존재적이다. 대상을 해체하는 듯한 해부학적 시선은 건조하게 "사내"의 몸을 투시한다. 이 과정에는 아무런 감정이 개입되어 있지 않으며 "사내"의 몸이 내던져지는 짧은 찰나의 순간이 느리고 집요한 묘사를 통해 드러난다. 두 편의 시에서 암시하는 것은 각각 사내와 소의 죽음이다. 그러나 ②의 "소"의 몸과 물, 공기, 그리고 ①의 "사내"의 몸이라는 물질적인 질료들 사이에서 시인의 눈에 보여지는 대상과 세계는 우선 하나의 시각적 영상으로 지각되고, 시인의 인식에 감수(感受)되어 시적 주체가 소통하게 된다. 그리고 대상은 독자에게 수용되어 충돌하며 새로운 의미를 생성해 나간다. 이러한 묘사는 단순하고 평면적인 비유 이상으로 독자를 압도한다. 여기에는 사물이나 상황의 실체를 냉정하게 투시하고자 하는 시인의 감각 이상의 깊이가 담겨있기 때문이다. 특히 사내의 몸이라는 물질적인 질료가 빚어내는, 찰나적이지만 긴 동작이 죽음을 암시하긴 하지만 어쩌면 이것은 죽음보다 삶을 표상한다고 보는 것이 더 옳을지도 모른다. 죽음의 과정을 길고 느린 동작으로 처리한다는 것은 그만큼 삶 혹은 생명에 대한 의지가 강하다는 것[11]을 역설적으로 드러내는 것이라 할 수 있기 때문이다. 위의 두 작품에서 보여주는 길고 느린 호흡은 죽음의 과정을 긴 호흡으로 보여줌으로써 그 동작 자체가 하나의 물질성을 얻게 될 뿐 아니라 몸의 움직임이 소멸하는 그 찰나의 순간을 해부함으로써 몸의 존재성을 전경화시킨 경우라고 말할

11) 이재복, 앞의 글, p.123.

수 있을 것이다.

이러한 묘사 방식은 우리 몸의 감각기관이 기계로서 부분적으로 활용되는 것이 아니라[12] 감관(感官)이 곧 신체이며 사유가 되는 존재이자, 정신이 됨을 보여주는 것이다. 다시 말해 오이디푸스 신화[13]에서 벗어난, 무의식과 태생으로서의 새로운 주체를 환기시키는 것이다. 이렇게 시인의 눈에 포획된 몸은 부분의 기관과 물질 상태의 질료로서 환원된다.

③ 너무 오랫동안 사용해서 그의 육체는 낡고 닳아 있다.
숨을 쉴 때마다 목구멍과 폐에서 가르랑가르랑 소리가
난다. 찰진 분비물과 오물이 통로를 막아 바늘구멍처럼
좁아진 숨구멍으로 그는 결사적으로 숨을 쉰다. 너무
열심히 숨을 쉬느라 아무 것도 생각할 수 없다.

-「바늘구멍속의 폭풍」에서, 『바늘구멍속의 폭풍』

④ 앞에서 바람이 불면

살갗은 갈비뼈 사이 앙상한 틈을 더 깊이 후벼판다.
뒤에서 바람이 불면
푹 꺼진 배는 갑자기 둥글게 부풀어오른다.
가는 뼈의 깃대를 붙잡고 나부끼는
검은 살갗.

-「사진 속의 한 아프리카 아이 1」에서, 『바늘구멍속의 폭풍』

12) 모니카 랭어, 서우석, 임양혁 역, 『메를로 퐁티의 지각 현상학』, 청하, 1980, pp.59-120.
13) 질 들뢰즈, 최명관 역, 『안티오이디푸스』, 민음사, 1994. 3장, pp.380-395.

③④에서 보이듯 시인에게 있어 세계는 언어와 기호로 고정화된 체계라기보다 내 몸과 상대의 몸이 행동하며 부딪치는 인식 과정에서 받아들이는 대상으로서의 세계이다. ③의 시에서 시인은 몸이 낡고 닳았다는 관념을 추상적인 진술로 전개하기보다는, 몸의 여러 현상을 "그"의 몸에서 찾아내어 몸이 낡아 구체성을 획득하는 과정을 보여준다. "낡음"에 대한 관념, 사유 전개가 아니라 그 구체적인 대상을 시각적으로 펼쳐놓는다는 말이다. "목구멍과 폐에서 가르랑가르랑 소리가 난다"거나 "찰진 분비물과 오물이 통로를 막아 바늘구멍처럼 좁아진 숨구멍으로 결사적으로 숨을 쉬"는 것은 구획된 세계를 관념적 사유 전개나 개념 확인을 통해서가 아니라 세계를 감관(感官)으로 체험하며 인식하는 과정을 보여주는 것이다.

④의 시에서 시인은 사진 속의 한 아프리카 아이의 몸에 대한 투시를 통해 그 이면에 숨겨진 몸의 비극성을 들추어낸다. "살갗은 갈비뼈 사이 앙상한 틈을 더 깊이 후벼판다."거나 "뒤에서 바람이 불면 푹 꺼진 배는 갑자기 둥글게 부풀어오른다." 같은 묘사는 인간의 몸에 대한 어떤 연민이나 감정도 개입되어 있지 않은 것으로 보인다. 그러나 사진 속 아이의 몸은 눈에 보이는 현상적인 속성 뿐 아니라 눈에 보이지 않는 본질적인 속성까지도 탈은폐되고 있다. 정밀한 묘사가 환기하는 것은 몸의 양태에 대한 감각적 재현이 아니라 그 이면에 숨겨진 "존재론적인 상처"14)이다. 그러나 작품 어디에도 기아(飢餓)에 관한 계몽적 수사나 시적 진술은 드러나지 않는다. 언어에 의한 사색과 고뇌가 아니며, 관념적 · 추상적 비유도 아니며, 굶주림에 지친 아이의 퀭한 얼굴과 깡마른 팔다리에서 느껴지는 단절감과 고통이 냉정한 객관적 거리를 유지하며 전달되고 있다. 그래서 아이가 겪는 굶

14) 이재복, 앞의 책, p.127.

주림의 고통은 "가는 뼈의 깃대를 붙잡고 나부끼"는 몸의 고통으로 압박해옴을 간접적으로 호소하는 것이다. 굶주림에 지친 아이의 몸은 대상을 전유하는 주체이자 극한의 고통까지 체험하는 가장 강렬한 대상으로 묘사되고 있다.

3. 마음의 존재 방식과 사물화 된 몸

김기택은 삶과 죽음이란 "움직이는 육체"와 "움직임을 멈춘 육체"로 정의하기도 한다(「술 취한 사람」). 몸은 인간의 생각보다 먼저 반응하고 인간의 의지보다 높이 존재하는, 인간의 실질적 주인이다. 김기택 시에 표현되는 삶의 무게와 비애는 인간의 의지와 이성이 관여하지 않는 머리와 무게 사이에서 더 크게 울려나오기도 한다. 더 나아가 그는 인간 마음의 존재 방식이 몸과 같으며 마음도 몸에 속한 하나의 기관이라는 인식[15]을 보여준다.

아무리 편하게 몸을 누이고 있어도
마음은 쉬지 않고 움직이고 뒤채고 끙끙거린다
맑은 잠속까지 꿈이 되어 들어와 살게 흙탕물을 일으킨다
어쩌다 이 갑갑한 몸에 들어와 살게 되었을까
가만히 마음을 들여다보고 있으면 안쓰러워진다
마음도 털처럼 몸에 뿌리박고 사는 것
내장이 소화시킨 것을 먹고 자라야 한다는 것
먹지 않으면 몸뚱어리처럼 굶어죽는다는 것

15) 김수이, 「몸시의 출현과 반란에 대한 기억」, 『서정은 진화한다』, 창작과 비평사, 2006, p.113.

…(중략)…

그런 마음을 보면 불쌍한 몸보다도 더 불쌍해보인다

-「마음아, 네가 쉴 곳은 내 안에 없다」에서, 『바늘구멍 속의 폭풍』

인간 영혼의 추상적 실체인 마음은 몸에 대해 독자성이나 자립성을 갖지 못하며 몸의 상태에 그대로 예속된다. 그러나 시인은 자명성의 기반으로 군림하는 주체를 몸에 대한 사유 속에서 재창출하며 인간 존재에 대한 형상적 의미를 재구성하고자 함을 알 수 있다. 사물이나 대상에 대한 지각의 쇄신이나 역동주의는 몸을 배제하고서는 얻을 수 없다는 것을 시사한다는 말이다.

이런 관점에서 보면 마음과 관념의 산물로 이해되어온 "말"도 몸의 여러 기관이 분출하는 일종의 분비물이자 일종의 "음악"이라고 할 수 있다. 김기택은 사유의 집적체인 말이 육체의 내장기관의 분비물이라는 점을 강조하면서 인간이 이성적 사유의 집적체라는 근대의 패러다임과 가치관에 정면으로 반대한다. 더 나아가서는 인간의 원초적인 말이 바로 원초적인 몸의 떨림에 근거하고 있음을 지적한다.

① 맹장 속의 모래알처럼 내 생각이 닿지 않는 곳에 사는 말들이 내 안에

있다 항문과 요도를 찾듯이 그 말들은 단지 터져있는 길을 찾아 나온다

힘이 들 때 피곤할 때 말을 쏟고 싶다 …(중략)… 그러나 꿈이 밀어낸 정액

처럼 나도 모르는 사이에 말들은 나오고 말았다 어디에선가 말들은 끊임

없이 흘러나와 끝에 빛이 달려 있을 것 같은 구멍들을 향해 가고

있다

-「중얼중얼중얼」에서, 『바늘구멍 속의 폭풍』

② 말은 그의 삶에 얼마나 많은 즐거움을 주었던가
이제 그의 몸은 악기가 되었고 그의 말은 음악이 되었다
그가 말을 연주할 때
혀와 이와 입술은 얼마나 정교하고 민첩하게 움직이던지
피리구멍 같은 코는 얼마나 정확하게 바람을 조절하던지
배는 큰북처럼 얼마나 탄력있게 진동하던지
그 좁고 어두운 입 안에서도
발음과 억양은 지느러미처럼 날렵하고 경쾌하게 헤엄쳤다

-「수다예찬」에서, 『소』

①에서는 인간의 "말"이 육체의 화학적 결과물에 불과하다는 유물론적 인식을 보여준다. "꿈이 밀어낸 정액처럼" "말"은 구상적인 실체를 갖는 것이 아니며 "항문과 요도를 찾듯이 그 말들은 단지 터져 있는 길을 찾아 나"올 뿐이다. 여기서 묘사되는 말의 중량감이나 실체감은 철저하게 감관(感官)에 바탕을 두고 있을 뿐 아니라 사물화되어 있다.

②의 시는 인간의 말이 어떤 운동과 리듬에 근원적으로 존재하고 있을 뿐만 아니라 근본적으로는 몸에 의거하여 생겨난다는 것을 시사한다. 인간의 의식과 정신이 생겨났다고 해서 몸이 사라지는 것은 아니며, 의식과 정신의 운동을 감지할 수 있게 되었다고 해서 그것이 몸의 떨림과 완전히 독립해서 이루어지는 것은 아닌 것이다.

이 시는 말의 운동성이 근원적으로 몸의 운동성에서 비롯되었으며, 정신이나 영혼이 일종의 운동으로 이해될 때에도 그 움직임은 몸의

움직임이지 않고서는 달리 어떤 것일 수 없다는 인식을 보여준다. "말을 연주"한다는 것은 인간의 말이 근본적으로 어떤 희열(jouissance)에 바탕을 둔 것이자, 몸이 처해있는 어떤 상황에 의해 다양한 형태로 드러나는 것임을 시사한다. 그래서 몸은 "악기"가 되고 말은 "음악"이 되는 것이다.

근대 형이상학이나 유가적(儒家的) 전통에서 말은 행동보다 열등하며 이성적인 정신의 도구로 보는 경향이 지배적이었다. 그래서 말은 정신의 지시에 의한 것으로 인정되었고 몸과 분리된 것으로서 그 자체의 효용성과 실체를 인정받지 못하였다. 그러나 근대 이후 말의 가치와 덕목이 새롭게 인식되면서 의식과 정신이 몸과 분리되었다는 인식에서 탈피함으로써, 그 의식과 정신은 체화된 몸으로 이해되기 시작한다.[16) 크리스테바가 시적 언어, 다시 말해 기호계의 언어를 상정하여 끊임없이 변하고 유동하는 주체의 개념을 확립한 것도 이런 맥락에서 이해할 수 있다.

이 시는 몸의 떨림이 목청의 떨림으로 집중되어 나타나는 현상에 대한 묘사이지만, 말의 원천이 순수한 관념이나 반성에 의한 것이 아니라 근원적으로 몸에 의거해 생겨나는 것임을 형상화한다. 인간의 삶을 육체의 물리적 · 화학적 변화로 설명하는 김기택은 사물에 대한 몰가치적인 성향과 탈낭만주의적인 시각을 드러낸다. 인간이 기계 부속품처럼 여러 가지 내장기관으로만 이루어진 존재라는 냉정한 투시는 철저하게 반인간주의적인 성향을 드러낸다. 인간으로 산다는 것의 의미가 새롭게 열려지는 부분이기도 하지만, 그 본질의 모습을 적나라하게 드러낸다는 점에서 기존의 생(生)이 가지고 있는 여러 가지 추상적 관념은 여지없이 해체되고 있는 것이다.

---

16) 왜냐하면 데카르트식의 정신철학에서 말하는 정신이란 떨릴 수 있는 몸체를 가지지 않았기 때문이다. 조광제, 앞의 책, p.307.

더 나아가 그는 인간이 본래 '몸적 존재'라는 사실을 더 극대화시켜 현대인의 기형화된 존재 방식에 관심을 쏟는다. 그가 그리는 현대인은 욕망의 주체이기보다는 타자의 욕망에 대한 피사체 역할을 하는, 일종의 '기호화된 주체'이다.

③ 그럼에도 그 일이 주는 성취감
이 두꺼운 습관 속에 갇혀 있으면 김과장은 안전하다
습관이란 얼마나 큰 폭력인가
그러나 너무 오래 세차게 길들여져 온 탓에
이 폭력은 김과장의 몸에 편안하고 종종 달기까지 하다
아아 습관이 아닌 모든 것이 두렵다
도피가 아닌 모든 것이 낯설다
그렇다 김과장은 이미 타락한 것이다.

-「김과장」에서, 『바늘구멍 속의 폭풍』

④ 그는 하루종일 損益 管理臺帳經 資金收支心經 속의 숫자를 읊으며
철저히 고행업무 속에만 은둔하였다고 한다
종소리 북소리 목탁소리로 전화벨이 울리면
수화기에다 자금현황 매출원가

영업이익 재고자산 부실채권 등등을
청아하고 구성지게 염불했다고 한다.
끝없는 수행정진으로 머리는 점점 빠지고 배는 부풀고
커다란 머리와 몸집에 비해 팔다리는 턱없이 가늘어졌으며
오랜 음지의 수행으로 얼굴은 창백해졌지만
그는 매일 상사에게 굽실굽실 108배를 올렸다고 한다

…(중략)…

그의 책상 아래에는 여전히 다리가 여섯이었고
둘은 그의 다리 넷은 의자다리였지만
어느 둘이 그의 다리였는지는 알 수 없었다고 한다

-「사무원」에서, 『사무원』

시인은 자본주의 사회에 포획된 현대인의 기계적인 일상에 주목한다. ③의 시를 보도록 하자. "아침 7시부터 저녁 9시"까지 구로공단의 건물 안에서 바쁘게 일하는 김과장은 "지각이나 결근을 모르고" 기계처럼 일하며 습관의 굴레 속에서 역설적으로 편안함을 느낀다. 탈근대의 문명 구조 속에 단자화된 김과장의 삶은 습관의 무게에 짓눌리고 고유한 가치를 상실한 채 살아가는 샐러리맨의 평준화된 삶일 뿐이다. 그는 본인의 의지와 상관없이 강요된 인생을 살아가는, "타락한" 삶의 주인공이다.

④의 시 「사무원」도 마찬가지 맥락에서 해석된다. 시인은 현대 자본주의 사회의 구조 속에서 사무원의 삶이 얼마나 즉물적이며 한없이 마모되어 가는지를 알레고리의 기법으로 형상화한다. 조직사회 속에서 일상을 영위하는 직장인의 삶이 보이지 않는 억압과 긴밀히 유착되어 있음을 암시적으로 이야기하는 것이다. "끝없는 수행정진으로 머리는 점점 빠지고" "오랜 음지의 수행으로 얼굴이 창백해진" 사무원은 김기택 시의 탈관념적 묘사방식을 잘 보여주는 인물이라고 할 수 있다. 시에 등장하는 인물은 이성적인 사유나 상상력 대신 주로 감각과 지각을 동원하여 단순하게 사회나 세상을 바라보거나 해석하는 특징을 보여준다. 조직 사회 속에서 철저하게 통제받고 감시받는 사무원의 몸은 몸의 신비적 성향이나 아름다움을 탈각한 채 사물로서만 존재하는 몸, 다시 말해 '기관없는 신체'(body without organ)[17]의

전형을 보여준다. 근대가 열리면서 권력은 이성을 무기로 인간을 주체화하여 스스로를 규율하는 존재로 만들고자 했고, 그 과정에서 주체성, 인격, 인성 등의 개념들이 만들어지며 과학적 테크닉과 담론들이 덧붙여지면서 몸 전체로 파고드는 일종의 '생체권력'(biopou-voir)[18]이 될 수 있었다.

"매일 상사에게 굽실굽실 108배를 올리"는 사무원의 몸은 지극히 사물화된 몸이며 본능적 욕망과 생명력이 거세된 자본주의 사회의 슬픈 자화상이라 할 만하다. 김기택은 현대인의 몸에 가해지는 물리적, 육체적 변화를 냉정한 눈으로 투시하면서 자본주의 사회의 모순과 폭력성을 지적하는 작업을 밀고 나가는 것이다. 다시 말해 과학 기술의 메커니즘이 유입되면서 사회적 시・공간이 몸을 억압하고 해체・분열시키는 탈근대의 몸 상황을 진단한 것이라 할 수 있다. 이런 인식이 발전하면서 작품에는 해부학적 시선을 바탕으로 한 즉물적 묘사가 줄어드는 대신, 일상성에 대한 관찰이 전체적인 생의 통찰로 연결되는 시선의 확산이 새롭게 부각되기 시작한다.

4. 해방의 욕망과 팽창하는 몸

한편 자본주의 세계에 대한 비판과 저항은 거대 서사에 억눌린 몸을 재창조하려는 의지로 표출된다. 해체된 몸을 복원하고 재구(再構)하려는 시적 욕망은 계몽의 기획 속에 스스로를 정립하려는 주체화의 욕망을 의미하는 것이다. 들뢰즈에 의하면 욕망은 흐름이며, 욕망하는 기계는 모두 생산하는 일을 사명으로 하되, 그 생산은 자기 원인

17) 들뢰즈, 가타리, 최병관 역, 『앙티 오이디푸스』, 민음사, 1994, p.25.
18) 조광제, 앞의 책, p.321 및 미셸 푸코, 오생근 역, 『성의 역사』, 나남, 1990, p.118.

이 되는 것, 즉 자신을 끊임없이 재생산하는 것[19]이라고 한다. 이런 점에서 김기택 시에 구축된 사물화 된 몸은 상상된 욕망의 몸이며 몸을 배제하는 데서 오는 세계 인식의 불완전함을 극복하고 있는, 일종의 '저항하는 몸'이라고 할 수 있다. 이것은 모든 차이를 흡수함으로써 총체성으로서의 세계를 재구성하고 있을 뿐 아니라 가장 구체적인 차원에서 리얼리티를 획득한다는 것을 의미한다.

90년대의 문학이 거대 담론의 그늘 아래 결박되었던 몸을 통해 말하기 시작하는 지점에서 출발하였다면, 해체된 몸의 상징성 속에 새겨진 억압된 기호들은 휘발하는 대신 분화된 몸의 기관들이 새롭게 열리면서 몸담론이 펼쳐진다. 김기택 시를 90년대의 맥락에서 놓고 본다면 이런 연관성 아래 씌어지는 것이라 할 수 있을 것이다. 그것은 근대 이성의 시각 지배의 붕괴와 상상된 역사의 몸의 해체를 동시에 의미하는 것이다. 다음의 시는 자본의 감시에서 벗어나 현실의 상징 질서를 거부하고 탈주하려는 새로운 몸의 탄생을 보여준다.

150cm 40kg의 몸매 속의 자유
독방처럼 어둡고 좁은 몸 안에서
탈옥은 곧 죽음인 몸 안에서
그녀는 필사적이다
가슴과 배꼽, 엉덩이와 흰 다리로
티셔츠를 밀쳐보고 청바지를 찢어본다.
아무리 꽉 조이게 입어도
티셔츠와 청바지는 헐렁헐렁하다.
몸밖에는 환한 햇살.

---

19) 서동욱, 『들뢰즈의 철학』, 민음사, 2002, p.166.

몸 안에서는 무엇이 자꾸 부풀어오르는데
내 가슴은 너무 작고 납작해.
부풀어라 가슴, 부풀어라 꽃!
그녀는 심장에다 볼륨 높은 헤드폰을 대고
혈관이 울리도록 비트 리듬을 쏟아 붓는다.
가슴이 술 먹은 듯 커지는 느낌이다.
얇은 티셔츠가 점점 팽팽해지더니
가슴이 비어져나오는 것 같고
속옷같이 흰 배꼽이 드러나는 것 같다.
독방이 한결 넓어보인다.

-「독방」에서, 『사무원』

시인은 전근대적 사유 지대에서 억압되었던 몸이 새롭게 탄생하는 지점을 응시한다. 근대 이성의 위압에 대해 몸이 반란을 일으킬 수 있도록 한 슬로건 중 가장 대표적인 것은 '영혼은 몸의 감옥'[20]이라는 표현일 것이다. 이 작품에서 몸은 어둡고 좁은 독방에, 탈옥은 죽음에, 타자의 시선은 간수에 비유된다. "매일 똑같은 시간에 잠없고 빈틈없는" 간수가 한 여성의 몸을 용의주도하게 감시하고 길들이려 하나, 여성은 이를 거부하고 "굉음 울리는 오토바이 뒤"에 몸을 싣고 어떤 일탈을 감행하고자 한다. 이 몸은 상징계의 논리가 지배하는 세계와 거리를 두었을 뿐 아니라 몸이라는 기표 너머 세계에 대한 불온한 환상을 전유한다.

간수의 시선 속에 붙잡힌 이 존재는 억압당한 몸에 대한 강렬한 거부와 저항을 드러낸다. 이 작품에서 그려지는 몸은 간수의 시선으

20) 조광제, 앞의 책 및 미셸 푸코, 『정신병과 심리학』, 박혜영 역, 문학동네, 2002, pp.60-75.

로 상징되는 이성의 억압과 '음악'으로 상징되는 감성이 마주쳐 일으키는 어떤 내파(內破)의 순간을 함축하고 있다. "혈관이 울리도록"쏟아지는 강렬한 "비트 리듬"은 "150cm 40kg"의 질량화된 몸을 확대시키는 역동적인 에너지로 작용한다. "얇은 티셔츠가 점점 팽팽해지더니 / 가슴이 비어져나오는 것 같"은 눈부신 팽창의 순간을 넘어 시적 주체는 "독방이 한결 넓어보이"는 어떤 환상의 극치를 겪고 있는 것이다.

이 도발적인 일탈의 욕망으로 가득한 여자의 몸은 시선과 몸, 계몽 이성과 감성, 의식과 무의식 사이의 팽팽한 긴장과 대립을 해체하면서 극대화되기 이른다. '간수의 눈'으로 상징되는 계몽의 파놉티콘[21]으로부터 벗어나기 위해 팽창하는 몸의 이미지는 대상을 통각하는 주체이자 전율하는 존재 전체를 의미하는 것이다. 즉 전적이고도 아주 강력한 강도의 세계로 자리잡는다. 생명의 숨결을 느낄 수 없는 관념의 대상이 아니라 육화되어 살아숨쉬는 몸적 세계를 구현하는 것이다. 비어져 나오는 "가슴"과 "흰 배꼽" 같은 팽창하는 몸의 기관들은 감시와 구속을 벗어나는 해방의 욕망으로 채워진다.

> ① 상쾌한 남루.
> 창피까지 벗어버린 나체.
> 지저분한 개밥 찌꺼기에도
> 새롭게 돋는 맑은 식욕.
> 고통 속으로 느릿느릿 새어나가
> 돌아오지 않는 마음들.
> 마음이 씻겨나간 자리에 남은

---

21) 미셸 푸코, 『정신병과 심리학』, 문학동네, 2000, pp.113-133.

상처들. 헐렁한 가죽들.
시냇물이 온몸으로 퍼지며
상처를 간지럽게 더듬는다.
고름이 터져나오던 자리마다
새로 어린 살이 붙는다.

-「苦行을 끝내다」 전문, 『사무원』

② 아기를 안았던 팔에서
아직도 아기 냄새가 난다
아가미들이 숨쉬던 바닷물 냄새
두 손 가득 양수 냄새가 난다

하루종일 그 비린내로
어지럽고 시끄러운 머리를 씻는다
내 머리는 자궁이 된다
아기가 들어와 종일 헤엄치며 논다

-「신생아 2」에서, 『사무원』

몸은 파시스트적인 가속도를 내며 질주하는 이성적 세계의 지배를 받는다 하더라도 그 본래적인 속성 즉 아날로그적인 것을 버릴 수 없다. 몸의 팽창과 해방의 욕망을 탐색하는 지점에서 시인은 몸이 가지는 아날로그적인 속성에 주목한다. 이것은 김기택 시의 여러 가능성이자 한계이기도 한 - 날카로운 관찰과 즉물적 묘사를 뛰어넘는 - 어떤 새로운 가능성을 제공한다고 본다.

①의 시를 먼저 보도록 하자. 시인에게 있어 병이나 죽음 혹은 구속의 실체는 꿈이나 욕망이 막혀 발산하지 못하는 한 징후이다. 이때

인간의 몸은 딱딱해지고 무거워지며 퇴화한다. 시인은 딱딱하고 무거운 사물과 현상 속에서 몸을 비워내 가볍고 부드러우며 정화(淨化)되기를 꿈꾼다. 이 시는 김기택이 지향하는 시의 깊이가 어디를 향하고 있는지를 분명히 보여주는 작품이다. 시인은 '비어냄'과 '남루'의 가치를 직시하고 이를 몸화시킨다. 그것은 "상쾌"한 경지에까지 이르는 "남루"의 세계이며 "창피"를 넘어선 "나체"의 세계이고, 일체의 욕망이 개입하지 않은 순도높은 식욕의 세계, 고통을 초극하여 평정(平靜)을 얻은 마음의 세계, 고름이 터진 자리에 "어린 살"로 상처를 치유받는 재생의 세계이다. 자신의 몸을 가해함으로써 그것에 의해 구속된 마음을 해방시키는 일이 김기택이 지향하는 "苦行"이자 시적 실존의 존재방식인 것이다. 시인은 길과 차 안을 메우고 있는 살들을 다시 공기로 만들어 "막힌 공기의 혈관을 뚫어 다시 바람이 지나가게" 하기를 꿈꾸기도 한다(「막힌 차도」에서).

이 작품에서 독자는 고통 속에서 태어나는 몸을 새롭게 인식할 수 있다. 고통과 해방이 하나가 되는 순간은 몸 그 자체가 하나의 형식을 얻게 되는 경우라고 할 수 있을 것이다. 고통이 지나간 몸을 "헐렁한 가죽들"로 치환하면서 몸의 존재성에 탄력을 부여하는 것은 몸의 존재성을 더욱 강화하는 것이라고 할 수 있다. 대상 세계 역시 살아있는 것의 생성, 생장, 소멸 등의 변화가 가능한 대상들로서 이때 대상화되는 세계의 의미는 '대상의 변화에서 생겨나는 의미'가 된다.

②에서 시인은 신생아의 몸에서 나는 비린내를 생명의 냄새로 인식한다. "아가미들이 숨쉬던 냄새"인 "양수 냄새"는 가장 원초적이며 근원적인 생명의 향기일 것이다. 작품의 화자는 아이의 생명력이 분출하는 냄새인 그 비린내로 인해 인간 세상에서 시달리는 "어지럽고 시끄러운 머리"를 씻어낼 수 있다고 본다. 자궁이 된 자신의 머리에서 아기가 종일 헤엄치며 논다는 상상은 생명을 억압하는 힘과 그 힘

에 저항하는 생명의 약동성이 대립하여 균열을 낸 것일 뿐 아니라 가장 원시적인 에너지로 충만한 행복한 상상일 것이다. 시인에게 비린내는 살아 움직이는 생명의 부력(浮力)이며 모든 생명이 순환하고 소통하는 살아있는 냄새이기도 하다. 이 냄새를 통해 시인은 신성한 생명의 본질을 환기시킨다.

몸담론이 주체나 인간의 정신을 기존 관념이나 상징체계에서 벗어나게 하듯이, 세계 역시 관념과 체계에 구속되어 있지 않으며 하나의 물활론적 우주로서 그 자신의 주체성을 드러내고 있는 것[22]을 구체적인 작품 분석을 통해 알 수 있었다. 시인은 상처가 아무는 몸의 작은 반응이나 아기의 냄새에서 몸을 지치고 아프게 만드는 현실의 질서를 응시하며 일상에서 잊기 쉬운 자연의 질서를 찾고 있는 것이다. 이를 통해 억압된 내부 세계의 미세한 파동을 감지하여 생명 현상의 근원을 탐색하는 지점으로 나아가고 있다.

5. 감관(感官)으로의 인식과 전유

90년대 이후 우리 문학에서 몸은 디지털과 아날로그적인 것의 흔적이 동시에 드러난다. 그 몸은 빠름과 느림, 인공과 자연, 환상과 현실, 불연속과 연속, 억압과 해방 등이 끊임없이 교차하는 존재의 장인 것이다. 탈관념의 시쓰기를 실천하는 김기택의 작품들은 자본주의 사회의 내재적인 비판을 수행하는 동시에 어떤 변화와 생성의 힘을 내포한 실천적인 텍스트로 이해될 수 있다. 그러나 이성의 억압을 깨고 나오는 몸은 그 자체로 중립적인 것이 아니다. 몸은 다양한 문화적 서

22) 박선경, 「몸담론의 새로운 인식론과 글쓰기 방식」, 『한국문학이론과 비평』 37집, 2007.12, p.385.

사와 담론에 의해 재구성되며 지배담론에 의해 식민화되고 허구화된 구성물로 존재하는 것이다. 인터넷으로 표상되는 가상현실 기술은 인간이 몸에서 상상할 수 있는 능력마저 빼앗아가는 것인지도 모른다. 인간이 몸담고 있는 사회적 시공간은 과학 기술을 정점으로 해서 기술의 위력을 검증하고 찬양하며, 또 과학기술의 정점을 향해 수축하고 폭주한다.

김기택 시의 새로움과 한계는 여전히 몸에 있다. 몸은 단순히 생물학적 차원에서만 존재하지는 않는다. 몸과 욕망이 만나면 욕망은 욕망으로만 존재할 수 없게 된다. 욕망은 결핍과 보완을 통해 몸화되는 것이다. 욕망의 몸화란 욕망이 몸과의 살아있는 접촉을 통해 몸이 담고 있는 인간의 내우주(Endokosmos)의 구조, 즉 인간이 단지 몸과의 접촉을 통해 체험하는 우리 몸적 조직의 유기체인 내 우주를 밝힌다고 할 수 있다.

90년대 이후 활발한 작품 활동을 하고 있는 김기택은 인간의 몸에 대한 새로운 발견을 통해 탈관념적 시쓰기를 밀고 나간다. 그것은 추상화 과정에 의해 사물이나 현상의 본질을 놓치는 개념적 사유와는 달리 타자 가까이 다가갈 수 있는 원초적 인식 방법이기도 하다. 그의 독창적인 시쓰기 방식과 새로 인식하여 보여주는 세계는 거부할 수 없는 진실을 새로 인식하게 하기에 충분하다고 할 수 있을 것이다. 다시 말해 그의 시쓰기는 기존의 상징체계와 관념체계를 벗어난 곳에서 자기 몸으로 체험하는 세계를 받아들이며, 감관(感官)으로 이를 인식하고 새로운 세계의 의미를 생성해나가는 글쓰기 방식을 취하고 있었다.

이러한 사유가 가능했기에 김기택은 소재주의적인 몸을 넘어서는 생생한 시의 이미지와 시의 형식을 발견한다. 삶과 죽음, 현상과 본질, 개방과 폐쇄, 수축과 이완같은 대립항들은 모두 몸을 구현하는 역동적 언어에 의해 가능하다. 시인은 이러한 대립항들을 개념적 언어로 표현하는 것이 아니라 탈관념적 · 탈형이상학적 시쓰기에 의해 비로소 전유(專有)하게 된다. 김기택이 그동안 발간한 다섯 권의 시집을 관통하는 시적 주제는 큰 편차를 보이지 않지만, 관찰과 묘사에서 시작한 그의 시선은 생명의 흔적과 근원에 대한 성찰로 확대됨을 알 수 있었다. 더 나아가 계몽이성의 시선에 의해 허구화된 몸의 이데올로기에 대한 거부와 일상성에 대한 미세한 통찰, 몸의 감각을 포착하는 뛰어난 감성과 언어화의 방식은 우리 시에 새롭게 열린 지평이라는 점에서 주목받아야 한다. 이러한 언어화의 방식과 감성으로 인해 김기택은 몸이 갖는 실체의 모습을 보여주어 탈근대적 사회의 모순을 직시하고 나아가 우리 시가 나아갈 한 가능성을 제시하고자 하는 것으로 풀이된다.

몸의 생명력과 무애(無碍)의 정신을 찾아

-정진규 시의 에코페미니즘적 이해를 위하여-

1. 몸과 에코페미니즘

에코 페미니즘이란 용어는 페미니즘(feminism)이라는 말에 생태나 환경을 뜻하는 에코(eco)라는 접두어를 붙여 만들어낸 말로서 최근의 문학 이론 중에 광범위한 영향력을 행사하는 생태학과 페미니즘이 결합한 혁신적인 이론이다. 이 용어는 프랑스 작가 프랑스와주 도본느가 쓴 『여성 해방인가 아니면 죽음인가』(1974)에서 처음 사용하였으며, 이 저서에서 그는 자연 파괴와 여성 억압적 남성 중심 사회를 연결시킨다. 그 후 환경운동과 여성운동을 통하여 생태페미니즘이 널리 확산되기에 이르렀고, 80년대 초에 들어와 문학비평의 이론으로 확고한 위치를 차지하기에 이른다.[1)]

에코페미니즘은 여성의 지배와 자연의 억압, 여성의 억압과 착취 사이에는 아주 깊은 함수관계가 있다고 보는 데서 출발한다. 페미니

---

1) 마리아 미스/반다나시바, 손덕수, 이난아 역, 『에코페미니즘』, 창작과 비평사, 2000, pp.20-40.

즘 신학자 로즈메리 래드포드 루서는 궁극적으로 자연에 대한 인간의 지배를 비판하고 극복하지 않고서는 여성에 대한 남성의 지배를 비판할 수 없다고 말한다.[2] 이렇게 페미니스트들은 자연과 여성의 운명이 유사하다고 생각하기 시작하면서 인간과 자연 그리고 여성과 남성이라는 이분법적 구도가 가부장제의 창조물임을 발견하게 되었다. 자연을 정복 대상으로 삼고 여성을 억압하는 남성 위주의 사회에서 자연과 여성은 공동 운명을 겪게 되었다. 이러한 자각과 대안을 모색하는 과정에서 에코페미니즘이 일어난 것이다. 또 에코페미니즘은 심층생태학[3]을 바탕으로 전통적인 페미니즘의 대안 이론으로 등장한 것이기도 하다. 남성 중심의 가부장 질서에 대항하기 위한 페미니즘 사상과 이론은 여러 갈래로 발전하여 오늘에 이르렀으며, 남성 패권주의적 가부장제 질서와 억압구조를 비판한다는 점에서는 서로 의견이 일치한다.[4]

에코 페미니즘이 생태와 관계되는 것은 우선 인류의 생태계나 환경을 보존하는 일에 적극적인 관심을 보이기 때문이다. 에코 페미니즘은 지구의 심각한 환경오염과 자원 고갈, 생태 파괴로 인해 인류가 종말을 향하여 치닫고 있다는 위기의식을 첨예하게 깨닫는다는 점에서 가장 급진적인 담론이기도 하다. 만약 인류가 지구상에 더 이상 살

---

2) 김욱동, 『문학생태학을 위하여』, 민음사, 1998, pp.389-390.

3) 심층생태학의 근본 원리인 '생물중심 평등'(biocentric equality)은 능동적 주체로서의 자연 인식의 토대가 된다. 심층생태학과 에코페미니즘의 차이는 첫째, 자연이 살아있을 뿐 아니라 능동적 주체라는 인식을 강조하기 위해 지모신(Gaia, 혹은 Mother Earth) 이미지를 자주 사용한다는 것, 둘째, 심층생태학에서 자연과의 동일시를 통해 인간이 개체에게 주는 피해를 극소화하려는 데 비해 에코페미니즘은 심층생태학에서 놓치기 쉬운 인간중심주의의 추상성을 경계하고 자연과 여성 억압의 근본 원인으로 가부장제를 지목하고 이를 극복할 수 있는 대안으로서 여성적 사유와 시각을 중시한다는 것이다. Karen J. Warren, *Ecofeminism*, Indiana University, 1997, pp.189-190.

4) 구명숙, 「생태페미니즘 문학의 양상과 전망」, 『한국사상과 문화』 22권, 2002, p.173.

수 없다면 그동안 여성을 억압했던 가부장 질서를 없애고 평등한 사회를 이룩한다 하더라도 아무런 의미가 없게 된다. 이 점에서 에코 페미니즘은 전통적인 페미니즘과는 크게 다르다. 종래의 페미니즘은 가부장제 비판에 초점을 맞춘 나머지 여성이 기본적으로 친자연적이라는 인식을 공유하면서도 생태 문제에 대해서는 별다른 관심을 갖지 않았다. 그러나 에코페미니즘에서는 모든 페미니즘 이론과 실천은 반드시 생태학적 관점과 문제의식을 포함해야 하며, 생태 문제에 관한 해결은 반드시 페미니즘적 관점을 포함해야 함을 기본 원칙으로 삼고 있다.

에코페미니즘은 1970년대 초부터 산발적으로 논의되다가 80년대 이후 본격적으로 논의되기 시작하였다. 이는 여성 운동, 평화 운동, 환경 운동 등 지구상의 다양한 사회 운동에서 비롯된 것이기도 하다. 특히 여성 운동과 생태 운동은 남성 중심적 관점과 세계관을 극복하고 새로운 가치 체계를 모색한다는 점에서 입장을 같이 한다.

정진규는 1960년 등단한 이후 문단의 지속적인 관심을 받아온 시인이다. 특히 1994년 출간한 『몸詩』와 1997년 출간한 『알詩』 이후 새로운 몸담론의 가능성을 보여주었다는 점에서 평단의 관심이 지속적으로 확대되어 왔다. 그동안 정진규의 시는 몸의 수사학을 중심으로 논의가 이루어져 왔는데, 그의 시가 현재적 의미를 넘어서 계속 관심이 증대하는 이유는 포스트모더니즘 시대를 지나 탈현대의 맥락을 초월하는 근원적이면서도 독창적인 어떤 세계를 내포하고 있기 때문이다. 그의 시는 육체와 정신의 이원론적 설정과는 철저히 구분되어 있는 인간의 몸이 더 이상 자연이라는 타자 위에 절대적으로 군림하는 독립적 실체가 아님을 보여주고 있다. 인간의 몸은 최초의 존재론적 장소로서 타자로의 지향성을 함축하는 장소이다. 또 개체로서의 한 존재의 성립은 나의 몸과 타자의 몸 사이에서 이루어지는 의사소통을 통해서만 가능하다. 타자의 몸은 자기 존재를 더욱 확고하게 해주는 연대 기반으로서의 의미를 갖기 때문이다. 그래서 정진규 시에 나타난 몸은 모든 존재의 의미를 생성하는 일차적 장소가 된다. 몸에 대한 이러한 자각은 인간의 몸을 자연 친화적인 위치에 올려놓게 한다. 자연 친화적인 몸은 자연에 대해 인간 중심적 사고가 가질 수 있는 우월감을 해체한다. 이러한 의식을 통해 모든 생물들과 인간의 몸은 유기적인 관계망 속으로 들어오게 된다. 이때 몸은 자연과의 소통 경로가 되는 것이다. 이러한 시적 태도는 신성화(神性化)된 자연과 인간과의 교감적 관계를 조성하게 된다. 그래서 정진규 시에 지배적으로 나타나는 몸의 이미지는 생명에 대한 관심의 연장선상에서 파악해야 한다.

이 글에서는 정진규 시가 갖는 미학적 가치와 의의를 조명하기 위해 에코페미니즘적 관점에서 그의 시를 검토·분석해보고자 한다. 에코페미니즘은 '몸의 육체화를 강조'함으로써 몸의 감각을 통한 인식을 심미적인 것으로 받들고, 자아를 육체를 통한 관계 속에서 파악[5)]하기 때문에 인간이 육체를 통해 자연과 연결되어 있다는 인식을 기반으로 한다.

에코페미니즘은 첫째, 남성/여성, 인간/자연, 이성/감성, 정신/육체 같은 이분법적이고 대립적인 인간관과 세계관을 극복하고 상호주의, 연대, 사랑, 타인에 대한 배려, 미래에 대한 책임 등 생존을 보장해주는 새로운 가치들을 추구한다. 이 두 가지는 서로 배타적인 관계를 맺고 있는 것이 아니라 오히려 서로 보완적인 관계를 맺고 있다고 본다.

둘째, 몸으로의 자연 인식을 통해 자연을 '능동적 주체'로 인식한다는 점이다. 이것은 자연이라는 존재가 인간을 위한 도구가 아니라 인간과 마찬가지로 그 자체로 본질적인 가치를 지닌 생명체라는 인

---

5) 신두호, 「남성과 에코페미니즘」, 『영미문학페미니즘』 제9권 1호, 2001, p.49.

식에 근거를 두고 있다는 것을 의미한다.

셋째, 자연이 능동적인 주체라는 인식은 '나'라는 존재가 인간/자연물 관계에서 상호 고립되고 독립적인 존재가 아니라 자연의 삼라만상과 관계를 맺고 있는 '관계적 자아'(relational self)라는 깨달음[6]으로 이끈다. 관계적 자아란 자신을 대상에서 독립된 존재로 인식하는 것이 아니라 관계적 그물망 안에서 그 대상과 밀접한 관계를 맺고 있는 것으로 파악하기 때문에 자연과의 직접적이고 구체적인 접촉을 전제로 한다.

이렇게 에코페미니즘은 서구 사유에서 경시되었던 신체를 지각의 근원으로 새롭게 중시하는 20세기 철학의 한 경향과 맥이 닿아 있으며, 몸을 통한 외부 세계에 대한 인식을 지향한다는 점에서 근대가 노정한 갈등과 억압적인 구조를 해결할 대안으로 주목받아 왔다.

정진규의 시는 우리 시단에서 에코페미니즘이 소개되거나 활성화되기 이전에 이미 쓰여지고 있었고, 남성 시인에 의해 쓰여진 것이지만 에코페미니즘적인 사유와 세계관의 핵심을 포함하고 있는 것으로 보인다. 그동안의 정진규 시에 관한 논의는 몸의 수사학[7]이나 생명력의 변주,[8] 혹은 몸담론의 철학적 관점[9]을 중심으로 진행되었지만 에

---

6) 신두호, 앞의 글, p.53.

7) 남진우, 「몸의 신비, 상처의 꽃-정진규 시집 몸詩」, 『현대시사상』, 1994, 여름호.
박덕규, 「몸 속에서 몸 비우기-정진규 시집 몸詩」, 『시와 반시』, 1994, 여름호.
오형엽, 「발견의 시학」, 『신체와 문체』, 문학과 지성사, 2002.
정효구, 「정진규 시의 몸과 치유의 생태학」, 『한국현대문학』 15집, 2004.6(『정진규의 시와 시론 연구』, 푸른사상, 2005 재수록).
정효구, 「정진규 시에 나타난 에로스 지향성」, 『어문연구』 45집, 2004.8(『정진규의 시와 시론 연구』 재수록).

8) 전정구, 「생산적 성의 건강한 생명력」, 『문학정신』, 1990, 12월호.
이숭원, 「둥근 생명의 원형, 환한 등불」, 『현대시』, 1997, 11월호.
정한용, 「울림과 들림-정진규의 알詩」, 『시와 시학』, 1997, 겨울호.
정효구, 「정진규시의 자연과 자연성」, 『개신어문연구』 15집, 1998.12(『정진규의 시와 시론 연구』 재수록).

코페미니즘의 관점에서 집중적으로 논의한 글은 아직까지 없었다. 정진규 시에 관한 가장 포괄적인 논의로는 최근의 정효구의 저서를 꼽을 수 있을 것이다. 초기부터 후기까지 정진규의 시와 시론을 총체적으로 조망하고 있는 이 저서는 정진규 시에 구현되는 몸의 언어와 에로스 지향성, 미의식, 자연성, 긍정과 승화의 시론을 중심으로 전작품에 대한 심도있는 논의를 전개함으로써 정진규 시세계 전반에 대해 미학적 의미를 규명하고 있다.

에코페미니즘적인 시각에서 정진규의 시를 검토·분석하는 것은 최근의 탈근대적, 탈계몽적, 생태주의적, 여성주의적 관점을 포괄하면서 그의 시가 내포하고 있는 생명의 정신과 관능의 생태적 인식을 읽어볼 수 있는 기회라고 생각한다. 정진규의 시는 에코페미니즘적인 세계관과 감성, 조망, 상상력을 잘 갖추고 있는 텍스트이기 때문이다. 여기서는 그동안 정진규 시의 위상으로 평가되었던 몸의 시학을 뛰어넘어 이분법적 세계를 초월하는 영성(靈性)과 감각, 에로티즘의 세계가 어떻게 구현되고 있는가를 집중적으로 살펴보고 그의 시가 갖는 현재적 의의와 실천적 의미를 파악해보도록 한다. 특히 그의 전 작품 중 에코페미니즘의 세계관과 감각을 가장 잘 구현하고 있는 두 권의 시집 『몸詩』(1994), 『알詩』(1997)를 대상으로 논의를 전개해 나갈 것이다.

정진규 시인의 작품 세계는 그만의 독특한 몸 의식만으로도 에코페미니즘을 충분히 엿볼 수 있다고 생각한다. 그에게 몸은 정신과 육체, 감성과 이성의 통합을 지향하는 유기적 기관(organ)이며, 에코 페미니즘은 이러한 몸 의식과 잘 어울리기 때문이다. 시인은 이성 중심

9) 김상환, 「육체와 현대성-정진규의 몸詩에 대하여 I」, 『현대시학』, 1994, 7월호.
_____, 「육체와 육체성-정진규의 몸詩에 대하여II」, 『현대시학』, 1994, 10월호.
_____, 「육체와 육체성-정진규의 몸詩에 대하여III」, 『현대시학』, 1994, 12월호.

의 이분법적 논리에 따라 열등하게 취급받던 육체보다는 정신과 통합되어 있는 몸에 더 관심을 갖고 있는 것으로 보인다. 몸의 언어로 자연을 은유화하는 배경에는 그러한 의식이 깔려 있는 것이다. 그 자연의 신체화로 인해 자연은 인간과 유기적인 하나의 우주적인 몸을 형성하게 되며, 여기에는 몸을 통해 자연과 인간이 하나가 되는 드라마틱한 통합의 과정이 내재되어 있다.

2. 몸을 통한 관계 회복과 차별의 해체

『몸詩』, 『알詩』라는 두 권의 시집 제목이 환기하듯이 '몸'과 '알'은 존재 근원의 대표적 상징이다. 정진규는 몸과 알이라는 단어를 화두로 삼아 그가 내적으로 지향하는 바를 형상화시켜나가고 있다. 그러나 그가 빚어낸 상징은 인위적인 구성에 의해 창조된다기보다 대상과 자연에 자신의 몸을 내어 맡기는 투신(投身)의 과정에서 얻어지는 것[10]으로 보인다. 그의 시는 본질적으로 생명을 지향하고 있으며 감추어진 생명의 속살로 들어가 생명의 진정한 가치와 작용을 밝히려고 노력한다. 그의 작품을 읽어나가면 몸의 개념이 얼마나 다양하게 변주되고 있는가를 파악할 수 있고, 그 다양한 변주 속에 어떻게 통일성과 전체성을 이루고 있는가를 실감할 수 있다.

먼저 정진규 시에 제시되는 자연의 구체적인 의미에 대해 살펴보도록 한다. 근대적 삶에 대한 부정과 비판으로서 제시된 세계는 인간 의식의 근본적인 변화를 동반한다. 정진규 시에 묘사된 자연은 기존의 시에 묘사되는 자연과는 다른 양상으로 전개된다. 그의 시에 나타

---

10) 오형엽, 「발견의 시학」, 『신체와 문체』, 문학과 지성사, 2002, p.212.

난 자연은 탈속적이고 관념적인 자연과도 다르고, 인공과의 대척점에 있는 타자화 된 자연과도 다르다. 그의 시에서 자연은 구체적이고 감각적인 삶의 공간이자 모티프로 등장한다. 이러한 발상법은 우주라는 거대한 생명체 속에서 각각의 생물은 상부상조하는 관계의 그물망으로 직조되어 있다고 하는 생태학적 사고에 기반을 둔 것이다. 상부상조는 서로에 대한 이해와 배려 없이는 이루어질 수 없기 때문이다. 여기서 몸은 자연이 인간과 동등한 위치를 차지할 수 있는 중요한 상수(常數)가 되기에 적합하다. 시인은 자아와 세계 사이에 일체의 개입없는 평정의 상태를 갈망하며 맨몸, 맨발의 세계와 교감하고자 한다. 다음의 시들은 정진규가 지향하는 감각의 세계를 단적으로 잘 보여주는 작품들이다.

① 다시 눈 내리는 숲으로 가고 싶다는
생각이 길을 두 번째로 꺾게 했다
…(중략)…
그렇게 가서 나도
한 그루 가문비나무로 서 있게 되었다
붙박이로 서 있게 되었다
눈 내리는 숲이 되었다
즐겁게 그쪽 몸이 되는
즐겁게 그쪽 몸이 내 몸이 되는
아름다운 굴종을 알았다
네가 와서 어서
그렇게 나를 안아주길 바란다
눈 내리는 숲이 되어

-「몸詩 · 13-눈 내리는 숲이 되어」에서

② 이번 여름 전주 덕진공원 연못 가서 햇살들이 해의 살들이
이른 아침, 꼭 다문 연꽃 봉오리들마다에 플러그를 꽂고 안으
로 들어가는 걸 보았다 …(중략)… 나도 플러그 공장을 하나 차리
리라 마음먹었다 그대들의 몸에 그걸 꽂기만 하면 원하는 대로
좌르르르 빛의, 욕망의 코인들이 쏟아져 나오는 슬롯머신! 햇빛
기계! 플러그 공장을 독과점하리라 마음먹었다

-「플러그-알 2」에서

③ 그렇다 당신이 모르는 것도 나는 많이 알고 있다 당신은 산미나리아
재비꽃
을 본 적이 있는가 그 노오란 頂生의 꽃가루를 만져본 적이 있는
가 그걸 핥고 지나가는
바람의 살결도 나는 만져본 적이 있다

-「하얀 몸-알 27」에서

④ 목욕을 시켰는지 목에 뽀얗게 분을 바른 아이가 하나, 사람의
알인 아이가 하나 해질 무렵 골목길 문간에 나앉아 터질 듯한
포도알들을 한 알씩 입에 따 넣고 있었다 한 알씩 포도라는 이름이
그의 입 안에서 맛있게 지워져가고 있었다 이름이 지워져간다는
것이
저토록 아름다울 수 있다니! …(중략)… 아이는 마지막 한 알까지
다 먹었다
포도라는 이름이 완전히 지워졌다 아이가 말랑말랑하게 웃었다
아까보다
조금 더 자라 있었다

-「포도를 먹는 아이-알 4」에서

정진규 시인은 지구상의 모든 존재를 '살'의 존재로 파악한다. 대상을 살의 존재로 파악한다는 것은 추상적이고 관념적인 사유 이전에 감각, 감성, 관능의 세계가 있다는 것을 암시한다. 메를로 퐁티는 나와 세계 모두가 발생하는 존재론적 원천을 '살'(chair)이라고 부른다. 살은 너의 것도 나의 것도 아닌 근원적인 시선을 가능하게 한다는 것[11]이다. 여기서 나의 시선과 타인의 시선은 본래 하나가 된다고 한다. 살을 느끼고 전유(專有)하며 살의 감각 작용을 통해 시인은 생명의 본원적 가치를 발견하고 그것을 통해 세상과 소통할 수 있는 길을 모색하고자 한다.

①에서는 "눈 내리는 숲"과 "길" 사이에 벌어진 거리를 부정적인 의미가 아니라 긍정적인 의미로 채워 넣고 있다. "숲"과 "길" 사이는 세속적인 삶과 일상이 전개되는 공간이지만 그 공간을 중심으로 "나"와 "숲"은 대칭적 구조를 나타내고 있다. 그래서 "숲"과 "길" 사이에 벌어진 틈은 둘 사이의 관계를 이루는데 필수적인 요건이다. 그러한 거리를 두고 시적 주체는 눈 내리는 숲으로 걸어가 "한 그루 가문비 나무"로 서있게 된다. 주체와 대상인 "가문비 나무"는 어떤 이질감이나 거리감 없이 서로에게 침투 · 동화되어 "아름다운 굴종"으로 맺어지는 관계가 된다. "숲"과 "길" 사이의 공간은 대결 혹은 대립의 구도가 아니라 상생의 구도를 형성하는 기반이 되고 있다. 이러한 구도를 통해 "가문비 나무"와 "나"는 몸이라는 하나의 그물망[12]을 형성하게 된다. 이렇게 주체와 대상의 경계를 해체하는 몸의 투신(投身)은 정신

11) 조광제, 『몸철학의 원리와 전개』, 철학과 현실사, 2002, p.89.
12) 생태학에서 그물망은 부분들이나 요소들이 상호 결합되어 있다는 의미에서 네트워크와 같은 의미로 쓰이는 단어이다. 그것은 다양한 목소리로 이루어진 다성적인 세계라고 할 수도 있다. M. J. Mcdowell, *The Bakhtinian Road to ecological Insight*, 「The Ecocriticism Reader」, Athens and London : Georgia Univ. Press, 1996, pp.372-373.

과 육체의 이원성을 넘어 역동적으로 움직이는 상호 침투와 융합을 가능하게 하고 있다.13)

②에서 시인은 "햇살"을 "해의 살"이라고 풀어서 진술하고 있다. 그래서 해의 기운을 구체적으로 담지하고 있다는 인상을 전달해주는데, 해의 살이 마치 살아 움직이는 듯 약동하는 기운을 느낄 수 있다. 꽃봉오리에 햇살이 내리꽂히는 장면을 시인은 "플러그를 꽂"는 장면으로 은유화시켜 형상화한다. "햇빛기계"로 치환된 햇살은 자연의 주인이며 남성적 지배자로서의 위상을 무력화시키고 있다. 자연의 주인은 유기체로서의 자연일 뿐이다. 특히 "해의 살"로 묘사되는 햇살은 자연을 인간보다 열등한 것으로 여긴 인간중심적인 비생태학적 의식을 완전히 뒤집어놓는 발상이다. "해의 살"을 매개로 태양과 인간의 관계는 하나의 공동체를 구성하게 되는 것이다.

③에서는 "산미나리아재비꽃"과 "바람"이 알몸으로 관계하는 희열(jouissance)의 현장을 드라마틱하게 형상화하고 있다. 시인은 "노오란 頂生"의 꽃가루와 그 꽃가루를 핥고 지나가는 "바람의 살결"도 만져본 적이 있음을 고백한다. 시인은 궁극적으로 자연이라는 원형질, 자연이라는 살의 아름다움을 예찬하고 있는 것이다. 알몸의 교접이 이루어지는 "꽃"의 공간적 은유인 "頂生"은 핥고 지나가는 "바람의 살결"이라는 주술적 매개항에 의해 생명의 관능과 마주치는 교접의 장소로 거듭난다. 그래서 이 화려한 생명의 카니발은 자연이 온몸을 열어 타자를 받아들이는 동화력이자 생산의 현장임을 형상화하는 것이다.

④에서는 "사람의 알"인 한 아이와 "포도알"이 대칭을 이루며 아이가 포도를 먹는 모습과 먹음으로써 하나씩 없어지는 포도알이 대비

13) 오형협, 앞의 책, p.212.

되고 있다. 포도알이 지워져 아이에게 들어가는 장면은 개체와 개체가 통합하여 교류하는 어떤 상생(相生)의 힘을 느끼게 한다. 아이의 내부와 외부의 경계가 해체되어 소멸마저 아름답게 느껴지는 어떤 미의식의 극점을 체험하게 하는 작품이다.

이렇게 정진규는 그의 눈에 보이는 모든 존재와 대상들을 살아 움직이는 유기체로 만들어나가고 있을 뿐 아니라 여기에 생생한 살의 감각을 입혀 물활론적인 세계를 만들어나가고 있다. 이런 직접적인 감각들은 주체와 대상의 경계를 지우며 일체감을 안겨준다. 이런 공간에서 자연과 인간의 차별이나 서열은 무화되고 모두 일체의 자연으로서 존재하게 된다. ①에서 "아름다운 굴종"을 알았다는 것은 단순한 시적 비유에 그치지 않고 자연과의 차이가 무화된 화합의 상태를 재현하고 있는 것이다. 이것은 단순한 살과 자연과의 화해가 아니라 그 사이의 팽팽한 긴장과 길항을 뛰어넘는 어떤 무애(無碍)의 경지[14]라고 할 수 있다. 다시 말해 자신을 버리면서 오히려 더 자유롭고 넓은 경지로 나아가게 될 뿐 아니라, 자연속에서 인간이 조화롭게 공존할 수 있는 가능성을 보여준다. 남성 중심의 현대 사회에서 문명이 초래한 병적 징후들을 극복하기 위해 필요한 것은 무애의 정신이다. 무애의 사전적 의미는 어디에도 얽매임이 없음[15]을 뜻하는데, 상호 협력과 관계성을 중시하는 에코페미니즘에서는 이런 윤리적 덕목을 바탕으로 인간 삶의 새로운 대안으로 도구적 이성에 가려진 감성과 영성을 회복하고 세계와의 교감을 확대하고자 한다.

시인에게 "탄생과 죽음 사이를 팽팽하게 채울 수 있는 날"은 "가장

---

14) 무애는 무한 경쟁과 속도전으로 대표되는 현대사회와는 거리가 먼 가치이다. 그러나 의식의 전환을 통해 자기를 해체하고 확대해나갈 수 있는 방법으로 자기 희생이나 도취라기보다 자연과 함께 생존할 수 있는 전략으로 파악할 수 있다.

15) 김재희, 『깨어나는 여신』, 정신세계사, 2000, pp.39-40.

행복하"고 또 "가장 불안"한(「몸시 · 50-행복론」) 날인 것이다. 그래서 시인에게 자연은 정신과 육체의 절대적 화해의 세계라기보다는 그 화해의 과정을 감각적으로 느끼기 위해 자신을 개방해놓는 공간이다. 따라서 자연과 인간, 주체와 대상의 서열이 역전되고 상호 공존하는 화합의 체험은 자연스럽게 인간과 비인간을 포함한 세계 구성원이 공생과 화합의 관계에 놓여있음을 시사한다. 이것은 에코페미니즘이 말하는 '살아있는 관계'(living relation)[16]라고 할 수 있다. 더 나아가 이런 인식은 생물학적 평등주의(biological egalitarianism)와 살아있는 생명체간의 상호공존 태도인 다양성과 공생의 원리(principle of diversity and symbiosis), 그리고 한쪽의 타대상에 대한 지배와 착취에 반대하는 반계층태도(anti-class posture)[17]를 포함하는 것으로서 생명을 유지하고자 하는 상호 관계를 함축한다. G. 비코의 주장대로 자연을 신체 언어로 다루게 되면 무생물에 생명을 불어넣게 되며 몸은 인간과 자연을 하나의 유기체로 이어주는 통로가 된다.[18] 결국 인간과 자연은 서로가 분리되어 있는 배타적인 경쟁관계가 아니라 상호 협력하여 오래 공존할 수 있는 '살아있는 관계'의 방식을 추구하는 것이다.

3. 감각의 다양성과 에로티즘의 추구

정진규의 시는 앞에서도 살펴보았듯이 기본적인 세계관이나 미학

---

16) 이혜원, 「살아있는 관계의 회복을 실천하는 시-백석시의 에코페미니즘적 이해」, 『현대시와 에코페미니즘』, 소명출판, 2007, p.21.
17) 신두호, 앞의 글, p.54.
18) 정화열, 『몸의 정치』, 민음사, 1999, pp.59-60.

적 감성의 측면에서도 에코페미니즘의 입장과 일치한다. 에코페미니즘에서는 근대의 이성중심주의적인 사고로 인해 억압되었던 '몸의 감각'과 '영성'(靈性)을 중시한다. 페미니즘은 전신적 기쁨 혹은 열락(jouissance)이라는 감성적 차원에서 몸을 중시한다. 이때의 기쁨은 몸의 달력으로 삶의 매순간을 체험하는 여성스러움과 관련되는 것[19]이다. 정진규 시에 나타나는 여성스러움은 작품 속에 에로스를 지향하는 강렬한 힘으로 표출된다. 여성의 관능에 대한 이끌림은 여성을 일차적으로 생명을 잉태하고 낳아 키울 수 있는 원천적 힘으로 인식하는 데서 출발하는데, 그가 표현하는 에로스는 단순히 성적 행위나 소재적인 편향성에 그치지 않고 충만한 원초적 세계를 갈구하는 내면의 열망과 맞닿아 있는 것으로 보인다.

정진규 시에서 육체적 관능성은 성적 충동의 범위를 넘어서는 어떤 지대에 있다. 에로티즘에서 추구하는 생명으로 충만한 원초적인 세계는 생태학에서 추구하는 이상적인 세계와 일치하기 때문[20]이다. 여기서 이상적인 세계란 생명의 기운이 충만한 곳이다. 에코페미니즘은 자연이 인간과 다르지 않다는 전제에서 출발하기 때문에 에코페미니즘에서 자연은 몸의 상상력을 통해 은유화되는 경우가 많다. 관능적인 자연의 몸을 통해 생명력의 극대화를 유도하는 시인의 상상력은 다음과 같이 표출된다.

① 기억나지 않지만 물 속엔 깨끗한 물 속엔 꽃의 두근거림이
있다고 누군가가 말했다 이른 새벽에 봄날 새벽에 안개를
헤치고 가서 풀밭을 한참 걸어가서 물가에 당도하여서 젖
은 발로 그걸 보고 들었다고!

---

19) 정화열, 앞의 책, p.195 및 이혜원, 앞의 글, p.25.
20) 전미정, 『에코토피아의 몸』, 역락, 2005, p.79.

그는 다시 말했다 햇살이 그의 따뜻한 혀로 이슬들 핥기
시작한 바로 그때쯤, 마침내 물 속에서 솟아오른 꽃을
두고 오, 물이 알을 낳았다고!

그러니까 꽃은 알이다 그러니까 물은 子宮이다 두근거림
이란 회임한 내 아내의 배에 귀를 대고 내가 듣던 바로 그런
소리다 내게도 그런 날이 있었다

상처를 핥아다오, 물 속 꽃의 두근거림아!

-「몸詩 · 36-물 속엔 꽃의 두근거림이 있다」 전문

①에서 물은 알인 "꽃"을 낳는 자궁으로 묘사되며 양수로 가득한 자궁은 물과 다르지 않다는 인식을 보여준다. 생명의 근원이 되는 물과 생명체의 근원적 공간인 자궁은 생식력을 가지므로 서로 동일시된다. 바슐라르에 의하면 물은 자연의 나체를 환기시키며 자연의 순환성을 간직하고 있기 때문에 존재의 순수성을 회복하는 정화력을 가진다[21]고 한다. 물에서 나타나는 존재는 조금씩 자기 자신을 물질화해가는 반영으로서 어떤 존재가 되기 이전의 이미지 혹은 어떤 이미지가 되기 전의 욕망으로 나타난다는 것이다. 다시 말해 물은 현상으로 일어난 모든 존재를 용해함으로써 정화, 재생, 새로운 탄생의 힘[22]을 가지게 한다. 여기서 물은 무엇인가를 잉태할 준비를 갖추고 있으므로 모든 생명들의 설렘을 가지는 것으로 볼 수 있다. 이 설렘은 알이 되기 전의 순수한 욕망이나 잉태에 대한 설렘, 즉 여성성의 숭고함과 생명에 대한 경외심을 동시에 나타

21) G. 바슐라르, 이가림 역, 『물과 꿈』, 문예출판사, 1980, p.205.
22) M. 엘리아데, 이은봉 역, 『종교형태론』, 형설출판사, 1979, p.216.

내는 것이다.

위 시에서 물은 생명의 가능성으로서 살아있으며, 물 속에 있는 꽃의 "두근거림"은 바로 화자가 아내의 배에 귀를 대고 들었던 생명의 두근거림과 연결되고 있다. 그리고 물과 꽃은 자궁과 알로 각각 병치된다. 자연과 여성성이 하나가 되고 이 지점에서 식물과 동물, 그리고 인간의 경계가 해체된다.[23] 물이라는 생명의 매개항을 통해 모든 것이 하나가 되는 것이다. 물이 그 자체로 자궁이라는 상상력은 에로스적 본성에 사로잡힌 시인이 보여줄 수 있는 최고의 상상력이자 인식[24]이기도 하다.

② 쩌억 벌리고 있는 살들의 입, 입술들의 바다, 대음순 소음순들의
바다, 분홍바다, 속은 차마 들여다보지 못했다 햇살들은 살들의
끝에 그 정수리에 쥐눈을 하나씩 달고 반짝거리며 떼로 달겨
들고 있었다 그러나 웬 까닭이냐 적멸이 가득 넘쳤다 만져지
도록! 지난 봄 도봉산 진달래 꽃바다, 거기서 나는 혼절했다
내 혼마저 지웠다 알마저 지웠다 애를 지웠다

-「도봉산 진달래 꽃바다-알 51」 전문

③ 지난 늦봄 우리집 담장 위에서 마지막으로 붉은 生理를 끝낸,
마지막답게 기저귀도 차지 않고 세상에! 부끄러움도 없이 골목
길 가득가득 마구 적시던, 넝쿨장미를 오늘 다시 본다 이파리들
이 깊고 푸르다 넝쿨이라는 말은 뻗어나간다는 말이 가장 정확
하게 몸이 되어 있는 말이다 …(중략)… 아, 둥글다 열매는 둥글
다 마침내 이르고 있는 모든 길은 둥글다 열매는 자신의 길마저

---

23) 장정렬, 『생태페미니즘의 두 양상』, 문예시학, 1999, p.60.
24) 정효구, 『정진규의 시와 시론 연구』, 푸른사상, 2005, p.174.

지운다 천천히 제 몸으로 환한 봉분 하나 만들고 있었다

-「넝쿨장미-알 52」에서

④ 이젠 生理의 날들도 다 지나고 꽃부터 서둘러 피워내던 우리집 마당 산수유, 목련, 앵두, 영산홍, 넝쿨장미, 맨 마지막 대추꽃들의 날들도 다 지나고 몰큰몰큰하던 날들도 다 지나고 모두 알들을 배고 있다 볼록하다 다만 나 혼자서 마당 가득 쌓이는 적요를, 적요의 햇살들을 담장 밖으로 퍼 담아내고 있다

-「늦봄-알 56」에서

②에서는 진달래꽃을 여성의 성기로 형상화하고 있다. 구체적이고 은밀한 여성 신체의 부분을 "대음순 소음순"이라고 표현함으로써 자연의 여성성을 사실적으로 형상화하고 있다. 작품 속 화자는 붉게 물든 "도봉산 진달래 꽃바다"를 여성의 바다로 은유화하며 그 바다 속에 밀려드는 "대음순 소음순"들의 에로스적 움직임을 보고 있는 것이다. 이 시에서 보이듯이 에코페미니즘의 세계에서는 자연이 의인화되지 않은 현상은 오히려 부자연스럽게 여겨진다. 어떤 수사법이라도 시인의 감수성이나 세계관을 굴절시키지 않은 경우는 없다. 인간과의 유기적 관계로서 자연을 의인화시키는 시적 장치는 자연 친화적인 시인의 태도에서 생성된 것이다. 이것은 자연과 인간과의 차별을 깨고 인간과 동등한 위치로 놓겠다는 시적 의도에 속한다. 더 나아가 관능적 몸을 통한 의인화는 생태학적 정신을 동시에 반영하는 것이 된다. 관능은 생명을 생성하기 위한 에너지로 쓰이고 있다는 점[25]에서 그렇다.

---

25) 전미정, 앞의 글, p.81.

③에서는 골목길에 가득 피어있는 장미가 생리를 하는 여성으로 묘사되고 있다. 넝쿨 장미가 골목길에 가득한 것을 생리가 골목길을 마구 적신다는 표현과 동일시함으로써 꽃을 피우는 자연과 생명을 잉태하기 위해 생리를 하는 여성의 몸을 완전히 일치시키고 있음을 알 수 있다. 여기서 시인의 시선은 장미의 붉은 색과 생리혈의 붉은 색을 일치시키는 데서 그치지 않고 "모든 길은 둥글"고 "열매는 둥글다"는 인식으로 나아가고 있다. 둥글다는 것은 원환(圓環) 상징으로서 존재의 근원, 태초의 회귀, 근원성을 함축하며, 시인은 생명을 잉태하기 위한 생리가 결국 존재를 잉태하기 위한 가장 근원적인 현상임을 지적하고 있다. 마르쿠제에 의하면 인간의 일차적 충동은 가장 완전한 생명의 충일을 지향하는 것이며, 그것이 생태학 운동의 핵심이 된다고 한다. 에로스에 함축되어 있는 해방과 자유에의 욕망은 원초적인 생명 상태라 할 수 있는 모태로 회귀하려는 경향이 있다. 그리고 원초적 세계의 추구는 완전한 세계에 대한 욕망과 통한다[26]는 것이다.

④에서도 역시 꽃들이 생리를 끝내고 알을 가진 것으로 은유화시키고 있다. 시인은 생리를 끝낸 꽃들이 회임을 하고 있는 것으로 보는데, 꽃이 지면 씨를 맺는 꽃들의 씨방을 동물의 알과 같이 표현하여 식물을 동물, 혹은 여성의 상징으로 바꿔놓고 있다. "생리를 끝내고 알을 밴 꽃들의 배가 볼록하다"고 하여 둥근 형태미를 강조함으로써 더욱 구체적으로 자연의 회임 현상을 시각적으로 묘사하고 있다. 이 시는 자연과 인간이 경계 없이 똑같이 알 혹은 생명을 잉태한다는 것을 표현한다. 자연과 여성을 동시에 생산성의 근원으로 강조하는 수사법은 생명에 대한 새로운 인식을 수반함으로써 에코페미니즘의 세

---

26) H. 마르쿠제, 문순홍 편저, 『생태학의 담론』, 솔, 1999, pp.50-65.

계관이나 감성으로 나아가는데 기여한다고 하겠다.

> 아직도 따먹지 않은 겨울 사과 한 알- 이미 에덴시절에
> 그것도 맨몸으로 따먹었는데 이제 와서 그렇게들 비켜간
> 다고 죄가 씻어질까? …(중략)… 기다림으로 온몸을 새카맣게
> 태운 숯덩이, 별미일 거야 쓴맛을 알아야 인생을 안다고 했어
> 그런 여자가 있다면 내가 따먹겠어 그 황홀한 죄를 내가 짓
> 겠어
>
> -「쓴맛 김윤배 시인에게-알 55」에서

관능의 몰입은 생명으로 충만한 원초적 세계를 추구하기에 적절한 은유가 된다. 에코페미니즘은 현실의 변화 의지에 강하게 기대고 있는 세계관이자 삶의 대안[27]이기 때문이다. 그래서 죽음의 현실을 생명으로 변화시킬 역동적 에너지로 작동하게 되며 자연과 인간이 성적인 관계로 맺어져 있는 경우, 관능은 생명을 잉태할 근원적인 힘으로 자리잡는다.

이 시에서 사과는 하나의 몸으로 은유화되고 있으며 그 은유가 궁극적으로 함축하는 바는 생명이라고 할 수 있다. 몸은 금단의 열매인 사과로 형상화되고 있으며, 사과는 알몸이라는 상징을 더하게 되면서 성적 의미로 전이되고 있다. 따라서 생명은 알몸을 매개로 성적 의미를 획득하게 되는 것이다. 촉각 이미지를 통해 관능화되고 있는 사과

---

27) 주딧 플렌트는 여성과 자연의 종속은 생물학적으로 결정된 것이 아니라 사회적으로 형성된 것이기 때문에 열등하다는 인식은 변화될 수 있다고 말한다. 이것은 인간에 의해 사회적 정치적으로 지위가 왜곡된 자연과 여성, 인간과 남성의 위치는 시를 통해 변화될 수 있다는 인식과도 상통한다. Irene Diamond & Gloria Femen, 정현경, 황혜숙 역, 『다시 꾸며보는 세상-생태여성주의의 대두』, 이화여대출판부, 1996, p.243.

의 알몸은 기다림과 호기심으로 더 농밀한 의미를 구축하며 시인은 사과가 내 몸에 흡수되어 생명의 형상을 입게 되는 과정을 그리고 있다. 사과의 관능성은 생명의 의미로 환원되는 것이다. 이 시에서 사과는 여성의 환유이다. 따라서 인간과 자연이 생명의 그물 관계라는 것을 전제로 성립하고 있음을 알 수 있다. 시인에게 사과라는 대상은 인간과 동등한 몸적 관계를 형성하고 있다. 그것은 단순히 먹고 먹히는 관계를 떠나 지배와 피지배라는 인간 중심적 사고 방식이 도치된 세계관이다. 사과라는 대상과 인간의 성적 관계와 그것으로 인해 발생하는 운동 에너지를 통해 생명력을 회복하려는 미적 인식이 돋보인다. 이러한 몸적 결합은 주체와 대상, 나와 타자 사이의 경계 해체로 전이되고 있는 것이다.

정진규 시인이 작품에서 지적하는 비자연화 · 비인간화는 문명의 병적 표상화이며 생명을 상실하는 현실에 대한 간접적인 비판의식으로 이어진다. 그래서 시인에게 자연 회복은 곧 생명의 회복을 뜻한다. 자연의 정체성을 생명력이 충만한 곳에서 찾고 있는 다음의 시도 같은 맥락에서 해석된다.

그대 기슭에
비로소 찰싹이는
물살,
물의 혀,
물의 입술,

비로소 나는
그대 위한 몸이 되고 있네
비로소 몸이 듣네

몸이 말을 듣네

이 겨울에도
얼지를 않네

-「몸詩 29-戀書」 전문

자연의 관능적 형상화는 생명체로서의 자연을 부각시키는데 상당히 효과적으로 쓰인다. 이 시도 물과 나의 접촉을 매개로 완전한 생명체로 하나가 되는 과정을 그리고 있다. "물살", "물의 혀", "물의 입술" 같은 시어들은 생명체의 온기를 강하게 담보하는 신체 감각어로서의 의미가 강하다고 할 수 있다. 생태학적 의식을 동반한 에로티즘이기 때문에 접촉의 과정을 성적인 의미로 확장하고 있다고 보기는 어려우나, 이러한 형상성을 통해 시인은 생동감 넘치고 활기있는 자연의 모습을 형상화하고자 한다. 물의 부드러움은 여성의 몸을 환기하는 촉각적 특질이다. 그것은 나에게 생명력을 불어넣는 촉매제이며 나와 그대(물)의 합일은 생명의 원동력을 생성하는 일이라고 할 수 있다. 더 나아가 나는 물과의 접촉을 통해 "그대 위한 몸"이 되고 비로소 "몸이 말을 듣"는 일종의 교통(交通)을 체험한다. 물과 나의 몸은 그 경계가 해체되고 내밀한 가시성(secret visibility)에 의해 신체 속에서 반복되고 있는 것[28]이다.

이렇게 정진규에게 관능은 생명과 만나는 한 방법이자 사물의 핵심과 교감하기 위한 시적 장치임을 알 수 있었다. 관능적 충동은 늘 열려 있으면서도 은밀한 작용으로 세상과 사물을 태어나게 하며 그것의 운행 질서를 규정한다. 그의 시에 등장하는 사물과 인간은 관능

28) 메를로 퐁티, 오병남 역, 『현상학과 예술』, 서광사, 1983, p.293.

적 충동으로 긴밀히 연결되며 서로의 관계를 풍요롭게 하고 역동적으로 만들어나가는 공생의 관계에 놓여있는 것이다. 이것은 '나는 누구인가'라는 개체의 존재론적 질문을 '우리는 누구인가'로 확대시키려는 에코페미니즘의 핵심적 가치관[29]을 만날 수 있는 부분이기도 하다.

4. 원형의 형상과 시원(始原) 회귀

에로티즘이 생태적 인식과 만나게 될 때 몸은 자연스럽게 우주적인 차원으로 확장된다. 그 이면에는 인간의 몸을 우주(cosmos)라는 거대한 몸의 일부분으로 보는 미적 인식이 자리잡고 있는 것이다. 그래서 생태학적 몸은 자연과 일체가 되는 경험을 꿈꾸고 또 실현한다.

그의 시에서 빈번하게 등장하는 단어는 "알몸", "맨발", "맨몸" 같은 시어들이다. 그는 어떤 인위적인 조작이나 가공을 배제하기 위해 이러한 시어를 사용하고 있다. 정진규는 알몸을 억압하거나 이를 은폐하려는 이성의 시대에 맞서 그 알몸에 숨겨진 가치와 진실을 찾고자 노력하는 시인이다. 그래서 그에게 알몸을 찾아낸다는 것은 인간과 모든 존재의 자연성을 찾아내는 일이며 동시에 그들을 자연의 상태로 이끌어내는 행위[30]이기도 하다. 알몸인 몸은 죽어있는 것, 부동의 것을 찾아내는 것이 아니라 불연속적으로 존재하는 것에 생명의 숨결을 불어넣어 이를 새롭게 생성하는 일이다.

정진규에게 알몸은 관능적인 의미를 넘어서 큰 생명의 모습을 표상하는 자족적 세계, 혹은 인간의 근원적 고향에 연결된다. 알몸은 폐

---

29) 이혜원, 앞의 글, p.35.
30) 정효구, 앞의 책, p.269.

쇄적 상태, - 다시 말해 불연속적으로 존재할 때와는 대립적인 것으로 - 발가벗기는 자신에의 웅크림 너머로 존재의 연속성을 계시하는 교통(交通)의 상태[31]이기도 하다. 여기서는 그의 시에 반복적으로 나오는 알의 형상, 알몸의 존재 양태에 대해 분석하고 이것이 신성(神性)의 세계와 어떻게 연결되어 있는지를 고찰한다.

① 눈물이야말로 알 중의 알이라고 비로소 내가 말한다
눈물은 젖은 슬픔의 몸이 아니다 무너지는 몸이 아니다
가장 슬플 때 사람의 몸은 가장 둥글게 열린다 가장 처음
의 자리로 돌아간다 알로 돌아간다 젖은 핵이다 가장 둥글
다 눈물은

새들도 마찬가지다 새들은 모두 알에서 나왔기에 더욱 그러
하다 그들의 노래를 울고 있다고 새들이 울고 있다고 말한 우리
말은 아주 뛰어난 母國語다 노래는 울음이다 눈물이다 최초의 말
이다 둥근 알이다. 사람들도 마찬가지다 처음 태어났을 때 우리는
누구나 울었다 최초로 거기에 있거라 둥글다를 이 최초를 들고
오늘 내가 너에게 간다

-「눈물-알 16」 전문

② 날을 수 있다는 것은 가장 좋은 일이기 때문이다
몸 속에 따뜻한 알을 품고 있다는 뜻이 되기 때문이
다 새들은 언제나 알 그 자체로 거기에 있다 새와
알을 나는 언제나 따뜻한 한몸으로 읽고 있다 낳는다

---

31) 조르주 바타이유, 조한경 역, 『에로티즘』, 민음사, p.17.

로 읽고 있다.

-「따뜻한 한몸-알 20」에서

원형상징에서 원은 가장 완전한 형태이며 생명의 참모습을 이루는 상징이다. 바슐라르에 의하면 원형의 이미지는 인간의 마음을 정화시켜 스스로의 존재 성격을 되찾게 해준다고 한다. 원형의 형상은 모든 생명의 원형적 형식이기도 하다. 외면의 형상을 모두 제거하고 모든 생명의 원형적 형상인 원형에 접근할 때, 인간은 가장 근원적인 존재 형상과 조우할 수 있다는 것이다. 이러한 원형은 빈틈없이 보호되어 있는, 하나의 살아있는 구체 안에 둘러싸여 있는 생명의 집중으로서 최상의 통일성을 이루고 있는 존재를 표상해준다.[32] 정진규에게 원형은 비어있으면서도 가득 차 있는 원만구족(圓滿具足)한 역설적인 생명 공간이다. 그래서 그의 시에 등장하는 둥근 형상은 기하학적인 평면이 아니라 입체적인 구체(具體)의 형상으로 받아들여야 한다. 구체로서의 원형 안에 생명의 원형이 응집되어 있는 것이다.

①에서 시인은 둥근 형상의 눈물과 알을 본다. 눈물이 알로 보이는 것은 그것이 둥글기 때문이다. 시인의 시선은 눈물에서 울음으로, 최초의 말로, 그리고 생명으로 이어진다. 모태에서 탯줄을 끊고 세상에 나올 때 누구나 울었다는 사실과 둥근 눈물과 생명은 모두 하나로 연결되어 생명의 근원을 받들어 준다. 눈물, 알, 핵, 몸, 울음, 태초, 모국어는 모두 둥근 형상을 가진 것으로 형상화된다. 그래서 "사람의 몸도 가장 둥글게 열린다." 신화에서 원은 하늘의 통일성, 태양의 순환을 나타낸다. 원의 세계에서는 모든 것이 완전하기 때문에 신성(神性)에 의한 질서와 균형이 자리잡힌다. 알에서 생명이 태어난다는 것은

32) G. 바슐라르, 이가림 역, 『공간의 시학』, 민음사, 1990, pp.401-411.

바로 이러한 완전성, 순환의 출발, 신성의 세례를 의미한다.[33] 가장 슬플 때 사람의 몸은 둥글게 열리며 알로 돌아간다는 진술은 감정이 가장 맑게 순화되는 상태에 이르러서 인간은 근원적인 곳을 응시하거나 회귀한다는 인식과 맞물려 있는 것으로 볼 수 있다.

또 정진규의 시에 나타난 생명 의식의 표출 양상을 살펴보는데 있어 함축적 의미를 가지는 시어는 "열리다"이다. 이것은 "낳다"와 "알몸"이라는 말에 이어지는 것으로 존재와 존재가 만나 더 큰 온전한 하나로 통합되는 데에 매개 역할을 하는 동사[34]이다. 그리고 진정한 몸과 몸적 세계는 그것이 타존재를 향해 열릴 때 비로소 통합적인 존재가 될 수 있다는 점을 인식하게 한다.

②에서 시인은 새와 알을 둥근 생명체로 인식하고 있다. 새가 둥근 형태로 인식되는 것은 새의 생명이 원형을 함축하고 있다는 의미가 된다. 새와 알은 시인이 도달하고 싶은 생명의 원형적 형상을 가지고 있다. 그래서 시인은 생명의 바다라고 할 수 있는 생명의 풍부하고도 원초적인 형태 속에서 동화되고자 하는 자아의 욕구를 표현하고 있는 것이다. 정진규는 둥근 형상의 새와 알을 통해 우주를 본다. 이 우주는 생명의 에너지와 기운이 넘쳐흐를 뿐만 아니라 모든 생명이 고리처럼 서로 연결되어 그물망을 형성하는 관계의 체계이다.

> 누구나 문맹의 최초의 숲으로
> 알몸이 되어 돌아간다
> 그걸 수정해 본 적이 없다
> 오늘도 희망이 필요해서 이를테면 어두워서
> 한참을 눈감고 구걸하고 있었다 나의 절대들에게

---

33) 정한용, 「울림과 들림」, 『시와 시학사』, 1999, 겨울호, p.311.
34) 정효구, 앞의 책, p.215.

…(중략)…

그렇구나, 다른 별에는 가지 말자
나는 지금 지구라는 별에 기대 앉았다
나는 나를 바꿀 수가 없다 지구를 버릴 수가 없다
수정된 것은 아무것도 없다

-「아름다운 지구-알25」에서

한 존재가 자아의 확장을 통해 자아 해체와 초월로 나아갈 때 존재와 존재는 알몸인 몸의 상태에서 또 다른 알몸인 몸을 만남으로써 더 큰 알몸인 몸의 상태로 나아갈 수 있다.[35] 알몸은 존재와 세계의 첫 자리이자 마지막 자리이고, 모든 존재와 세계의 출발점이자 도착점이며, 모든 존재와 세계가 살아가는 토대이기 때문이다. 알몸의 존재성을 귀중하게 여기고 그 몸을 재발견할 때 비로소 생태계의 균형과 회복이 가능해진다. 나와 타자 사이에 진정한 연합을 이루어야 하는 목적은 생명을 보존하고 생명을 만들기 위함이라는 생태학적 의식이 잘 반영되어 있는 부분이기도 하다.

이 시에서 지구는 버릴 수 없는 삶의 터전이자 세계의 중심으로 묘사된다. 지구는 무수한 생명들이 그물망처럼 서로 연결되어 상호 작용하고 있는 생명 질서의 총체를 상징한다. 생명의 원형인 지구의 공기와 기운이 형성하는 자장(磁場)안에서 모든 생명은 서로 침투하고 조응하며 만다라로 피어난다. 또 이 지구는 문명의 폐해와 고통을 안고 있기도 하지만 진화의 과정 속에서 인간사의 고통과 슬픔을 딛고 끊임없이 생성·변화하는 역동적인 공간이기도 하다. 이 지구 속에는 모든 생명들의 삶이 응축되어 있다. 회전하는 지구의 공간 속에는 생

35) 정효구, 앞의 책, p.217.

명의 원형적 모습이 있고, 생명이 상호 작용하며 이루는 관계의 체계가 있으며 그들이 이루는 삶의 모습이 있다. 이들은 모두 알처럼 둥근 형상을 하고 있는데, 무수한 알들은 메아리를 이루고 이 메아리는 우주의 원리 속에 흡수된다. 만다라가 우주의 정신과 성스러운 자아를 동시에 표상하는 것처럼 "알"과 "지구"는 등가적 가치로 귀결되고 있다. 원형적 상상력을 바탕으로 생명의 원형과 우주의 순환 원리에 대한 발견은 정진규의 시가 성취한 하나의 극점이라 할 수 있다.

> 그 애 엄마는 아무것도 들고 있지 않았다 빈손이었다
> 빈 가슴이었다 사실 그는 그럴 필요가 없었다 달려온
> 그 애는 우리들 앞에서 조금 머뭇거리다가 초콜릿 앞
> 에서 바나나 앞에서 조금 머뭇거리다가 제 엄마의 품
> 으로 뛰어들었다 본시 그것이 제자리였다 알집이었다
> 튼튼하게 비어 있는, 아, 둥글구나!
>
> -「아, 둥글구나-알 34」에서

알은 생명체의 근본이자 잉태의 선험적 조건이다. 시인에 의하면 "알은 알몸을 가둔 알몸이며 순수 생명의 실체이며 그 표상"(시집 『알詩』 <자서>)이고 "그 자체가 완성이며 원형이며 소우주"이다. 이 작품에는 시인이 궁극적으로 지향하는 의식의 일단을 엿볼 수 있다. 시인이 꿈꾸고 있는 순수 생명, 무애(無碍), 원형, 무봉(無縫), 둥근 세계, 전체성 등의 의미를 함축하는 존재가 바로 알이다. 이 절대 순수 생명체에 기대어 시인은 어둡고 계몽적인 이성의 세계를 응시하는 것이다.

아무 것도 들고 있지 않은 빈 손의 엄마를 찾아가는 아이의 움직임을 관찰하는 데서 이 시는 출발한다. 아이는 두 손에 간식을 들고 있

는 할머니와 할아버지의 품을 뿌리치고 빈 손으로 있는 엄마의 품으로 뛰어든다. 엄마의 자궁, 그것은 태초로의 회귀를 꿈꾸는 "알집"이며 역설적으로 튼튼하게 비어있는 "둥근 알집"이 된다. 아이와 엄마, 내부/외부의 경계가 해체되고 모두 하나로 존재하는 순수한 신성의 세계를 이 작품에서 엿볼 수 있다.

에코페미니즘에서는 남성 중심의 근대적 이성과 계몽주의가 지배하기 이전의 여성적인 영성의 세계를 지향한다. 시인은 여성적인 둥근 세계, 근원의 세계를 복원하고 싶은 토대로 여겨 이를 충실하게 재현해낸다. 그것은 직선적이고 계량적인 현대 산업사회에서 잃어버린 둥근 것으로의 회귀이고, 근원에 대한 갈망이자 자연과 인간 사이의 불평등한 관계를 회복할 수 있는 하나의 대안이 되는 것이다. 이성에 억눌려 잠재되어 있던 자신의 몸성과 신성을 깨닫고 시인은 이를 실천하고자 한다. 문명과 이성에 대한 강박증이 심해질수록 그에 비례하여 생명에 대한 관심도 커지게 된다. "알집"은 문명에 의해 파괴되지 않은 원시적 자연 그 자체를 상징하는 공간이다. 문명은 직선적 세계관 위에서 발전[36]하기에 문명의 세계에서 최초나 시원의 공간으로 돌아간다는 것은 어떤 의미에서 퇴행이나 후퇴를 의미한다. 그러나 자연의 세계는 순환의 구조를 바탕으로 눈에 보이지 않는 신비한 균형을 이루며 정화와 재생이라는 치유적 의미를 가지고 있기에 단순히 퇴행이라는 관점에서만 볼 수 없는 원형적·실천적 가치를 포함한다.

정진규 시에 나타나는 생명과 에로스에 대한 경사는 관념에 사로잡히지 않고 구체적인 일상과 사물에 기대어 형상화되기 때문에 더 풍요롭고 생생한 시의 울림을 전달한다. 신화적 신성과 원형적 공간

36) 정효구, 앞의 책, p.291.

이라는 구조를 통해 과거의 원시적 생명력을 회복함으로써 현재의 삶을 새롭게 갱신하는 시적 상상력을 펼쳐나가고 있는 것이다.

욕망과 위선, 속도가 난무하는 현대 사회에서 시인은 원형적이고 신성한 시적 모티프를 통해 인간과 인간, 인간과 사물, 인간과 자연이 화해롭게 공존할 수 있음을 보여준다. 시인은 이기적이고 맹목적인 자아를 버리고 자기 성찰과 순환, 재생 같은 여성적 가치를 실현하고자 한다. 관계와 친밀감을 중시하는 에코페미니즘의 윤리적 덕목들은 공생을 위한 인간 삶의 근본적 가치와 덕목으로 여성적 가치를 구현하기 위해 노력한다는 점을 미루어 볼 때, 정진규 시에 펼쳐지는 시적 상상력은 원형적 형상 속에 새롭게 새겨진 탈현대적 세계의 대안이라 할 수 있을 것이다.

5. 새로운 대안을 꿈꾸며

이 글에서는 에코페미니즘의 관점을 적용·응용하여 정진규의 시를 조망해보았다. 에코페미니즘은 최근의 주요한 비평적 담론인 생태학, 탈식민주의, 페미니즘과 연관되면서 이들을 포괄할 수 있는 최신 이론으로 주목받고 있다. 정진규 시에 대한 에코페미니즘적 고찰은 현재적 관점에서 그의 시가 갖는 원시성과 생명성을 조명하고 탈현대의 위기를 극복할 수 있는 어떤 의식의 방향을 모색하려는 시도에서 나온 것이다. 본고에서는 정진규의 시를 크게 세 가지 관점에서 분석해보았다.

첫째, 몸을 통한 관계 회복과 차별의 해체. 생명과 자연을 소재로 삼는 정진규의 시편에서는 어떠한 것도 지배/피지배의 구도로 설정되어 있지 않다. 시인은 인간의 근원을 있게 해준 친자연적인 원형의 삶을 복원함으로써 훼손된 현실의 문제와 맹목적인 문명의 속도를 반성하게 한다. 그에게 자연은 세계의 중심이며 인간의 이성을 통해 예찬받는 탈속적인 무위의 공간도 아니며 더우기 단순한 감정 이입의 대상도 아니다.

둘째, 감각의 다양성과 에로티즘의 추구. 정진규에게 관능은 생명과 만나는 한 방법이자 사물의 핵심과 교감하기 위한 시적 장치임을 알 수 있었다. 관능적 충동은 늘 열려있으면서도 은밀한 작용으로 세상과 사물을 태어나게 하며 그것의 운행 질서를 규정한다. 그의 시에 등장하는 사물과 인간은 관능적 충동으로 긴밀히 연결되며 서로의 관계를 풍요롭게 하고 역동적으로 만들어나가는 공생의 관계에 놓여 있는 것이다.

셋째, 원형의 형상과 시원(始原) 회귀. 만다라가 우주의 정신과 성스러운 자아를 동시에 표상하는 것처럼 알과 우주는 등가적 가치로 귀결되고 있다. 원형의 상상력으로서 생명의 원환과 우주의 순환 원리에 대한 발견은 정진규의 시가 성취한 하나의 극섬이라 할 수 있다.

이렇게 정진규의 시는 90년대 이후 새로운 담론으로 떠오르고 있는 생태학이나 페미니즘과 모두 연결되면서 지배적인 시적 패러다임을 구축할 수 있는 모델이 되고 있다. 몸에 대한 감각을 바탕으로 에로스와 신성의 세계를 통해 만물이 살아있는 관계임을 인식한 그의 미적 감수성과 자의식은 2000년대의 오늘의 시점에서 귀중한 실천적 가치를 함축하고 있다고 생각한다. 이러한 메시지를 통해 에코페미니즘은 인간에게 자연과 원형, 여성의 본질을 새롭게 인식시킨다. 더 나아가 이 세계가 인위적인 권력과 제도로 왜곡되어 있음을 인식하게 하며 공생 의식과 살아있는 관계의 의미망을 통해 윤리의 회복과 몸의 소중함을 강조한다. 이것은 무분별한 개발과 경쟁 논리에 휩쓸려 자연과 생태계의 파괴가 위험 수위를 넘어선 현대의 시점에서 우리가 지향해야 할 인간적인 가치와 진실을 직시하게 한다. 그래서 에코페미니즘은 남성과 여성, 인간과 자연, 정신과 육체의 분리 같은 이분법적 사고를 지양하고 위기에 처한 생태계와 세계를 구원할 수 있는 새로운 대안이 되는 것이다.

가이아(Gaia), 에코토피아, 만다라로 피어나기

–정현종의 시세계–

1. 에코페미니즘의 부상과 몸의 존재론

에코페미니즘은 인간중심주의에 바탕을 둔 서구 문명의 모순을 극복하고 자연과 여성을 하나로 보려는 생명사상에서 출발한다. 에코페미니즘은 가부장제를 타파하고 인간중심적인 자연관을 단순히 비판하는 데서 그치는 것이 아니라, 지구상에서 자행되는 모든 형태의 지배·억압·불평등 구조에 깊은 관심을 갖는다. 나아가 인종이나 민족, 계급에 따라 사람을 차별하지 않으며 모든 생명의 존재 가치가 평등함을 강조한다. 에코페미니즘이 궁극적으로 추구하는 것은 인간과 자연, 인간과 인간 사이의 조화와 상생(相生)이다.

또 에코페미니즘은 심층생태학[1])을 바탕으로 전통적인 페미니즘의

1) 심층생태학과 에코페미니즘은 몸을 통한 자연 인식이라는 유사성에도 불구하고 심층생태학자들의 여성문제에 대한 무관심으로 인해 양자는 환경 파괴의 근본 원인에 대해 본질적인 차이를 드러낸다. 심층생태학자들은 현대의 생태계 위기를 초래한 원인을 성구별을 초월한 보편주의적 '인간'조건에서 찾고 있으며 그들에게는 성구별에 따른 불평등 같은 문제는 지엽적인 것으로 관심의 대

대안 이론으로 등장한 것이기도 하다. 기존의 페미니즘이 남성 패권주의적인 억압과 차별 속에 존재하는 여성의 실상을 폭로하고 비판하는데 논의의 초점을 맞춘 것과 달리, 에코페미니즘은 여성성과 자연의 회복을 통해 조화로운 사회 질서를 수립하려는 데 초점을 맞춘다.[2] 문학에 있어서도 시대적 흐름에 따라 생명사상과 생태주의 문학의 논의에 이어서 자연과 여성성의 회복을 이루려는 에코페미니즘 문학이 등장하게 된 것이다.

정현종은 1965년 『현대문학』을 통해 등단한 이후 6권의 시집과 4권의 시선집, 그리고 3권의 산문집과 다수의 번역시, 번역서를 편찬한 바 있다.[3] 그는 등단 초기부터 현란하고 서구적인 이미지와 역동적인 상상력, 그리고 시적 대상에 대한 인식의 참신함으로 문단의 지속적인 관심을 받아왔다. 1960년대 중반부터 2000년대에 이르기까지 창조의 에너지를 과시하면서 지속적으로 펼쳐지는 그의 시세계는 세속적인 삶의 차원을 넘어선 깨달음과 상상력의 경지를 추구하면서 동시에 초월에의 꿈을 가로막는 힘들로 인한 분노와 고통을 형상화하기도 한다. 등단 이후 독자적인 시세계를 추구한 정현종 시인의 시력이나 시사적 영향력에 비추어 볼 때 다양한 관점에서의 조망과 연

상이 되지 않는다. 반면 에코페미니스트들은 환경과의 근본적인 원인을 남성중심적 세계관에서 찾고 있다. 에코페미니스트들은 대부분 남성으로 구성되어 있는 심층생태학자들이 은연중 가부장적 편견에 젖어있기 때문에 그들이 타파할 대상으로 지목하는 인간중심주의의 개념에 내재된 가부장적 함의를 깨닫지 못하고 있다고 지적한다. 신두호, 「남성과 에코페미니즘」, 『영미문학 페미니즘』 9권 1호, 2001, pp.59-60; Karen J. Warren, *Ecofeminism*, Indiana University Press, p.189.

2) 구명숙, 「생태페미니즘 문학의 양상과 전망」, 『한국사상과 문화』 22권, 2002, pp.171-173.

3) 그동안 정현종이 출간한 시집은 다음과 같다. 시집 『사물의 꿈』(민음사, 1972), 『나는 별아저씨』(문학과 지성사, 1978), 『떨어져도 튀는 공처럼』(문학과 지성사, 1984), 『사랑할 시간이 많지 않다』(세계사, 1989), 『한 꽃송이』(문학과 지성사, 1995), 『갈증이며 샘물인』(문학과 지성사, 1999), 『견딜 수 없네』(시와 시학사, 2003), 『광휘의 속삭임』(문학과 지성사, 2008)

구가 기대되는 시인임은 분명하다. 그의 시가 현재적 의미를 넘어 계속 관심이 증대하는 이유는 후기자본주의 사회를 지나 탈현대의 맥락을 초월하는 근원적이면서도 독창적인 어떤 세계를 내포하고 있기 때문이다.

인식의 궁극적 완성이 몸의 지각을 통해 이루어진다고 보는 현상학자들은 신체와 의식, 신체와 주관의 일체를 주장하면서 인간이 몸을 통해 세계와 관계할 수 있음을 역설[4]한 바 있다. 이것은 몸을 통해 인간 존재와 세계에 대한 인식을 표현한 정현종의 시의식과도 맞닿아있는 것으로, 정현종은 인간의 생태학적 존재론을 제기하는 데 있어 몸의 의미를 부각시킨다. 그는 인간의 몸이 유기체적인 자연의 구성 성분으로 되어 있음을 강조하며, 우주론적 혹은 신화적 상상력과의 결합을 통해 이를 형상화하고 있다. 이를 통해 그는 근대화의 미명 아래 놓치기 쉬운 인간 존재와 자연의 가치를 신성한 것으로 육화시킨다. 자연성이야말로 인간과 분리된 것이 아니라 인간이 망각한 가장 소중한 가치임을, 그리고 그것을 되찾는 것이 지구를 복원하는 길임을 그의 시는 드러낸다. 그래서 정현종 시에 나타난 몸과 자연은 모든 존재의 의미를 생성하는 일차적 장소가 된다. 이러한 자각은 몸을 자연친화적인 위치에 올려놓게 하며 자연친화적인 몸은 자연에 대해 인간 중심적 사고가 가질 수 있는 우월감을 해체한다. 이러한 의식을 통해 모든 생물들과 인간의 몸은 유기적인 관계망 속으로 들어오게 된다.

이 글에서는 정현종 시가 갖는 미학적 가치와 의의를 조명하기 위해 에코페미니즘의 관점에서 그의 시들을 분석해보고자 한다. 에코페미니즘은 몸의 육체화를 강조함으로써 몸의 인식을 심미적인 것으로

---

4) 모니카 M. 랭어, 서우석 역, 『메를로 퐁티의 지각의 현상학』, 청하, 1992, pp.20-32.

만들고 자아를 육체를 통한 관계 속에서 파악하기 때문에 인간의 육체가 자연과 연결되어 있다는 인식을 기반으로 한다. 에코페미니즘은 첫째, 영성(靈性)을 제거한 물질 위주의 세계관과 감수성에 반발하여 주체와 객체, 남성과 여성, 몸과 정신같은 이분법에 따르는 가치 중립의 허구성을 지적하는 데서 출발한다. 60년대 말 생물학의 새로운 지평을 연 린 마귤라스는 대지의 여신 가이아라는 애칭으로 지구에 영성을 부여하기 시작[5]했는데, 가이아에 대한 우리의 정서가 귀소본능이나 신에 대한 회귀의 감정과도 일치한다는 점을 지적했다.

둘째, 이원론적 세계관을 대체할 수 있는 새로운 비전으로 에코페미니즘에서는 유기체적인 관계 혹은 관계적 자아(relational self)를 중시한다. 모든 생명체는 상호연관된 전체의 평등한 구성원이며 모든 구성원은 동등한 본질적 가치를 갖는다[6]는 것이다. 나아가 사물이나 생명에 깃든 영혼과의 교감은 여성성의 중요한 요소인 감성에 의한 것으로, 이것은 에코페미니즘적 사유의 핵심적 요소라 할 수 있다.

셋째, 자연/문명, 여성/남성, 육체/정신, 감성/이성으로 이원화되어 있는 세계 속에서 자연과 여성에게 부여된 타자성과 피지배성을 어떻게 해결할 것인가,[7] 그리고 인간의 이상적 삶의 조건으로서 평등과 평화의 문제를 어떻게 실천할 것인가 하는 문제를 제기하는 것이 에코페미니즘의 근본 성격이라 할 수 있다. 또 남성 지배적 문명 세계가 만들어낸 위계질서와 지배의식으로부터 자연과 여성을 해방시키기 위해 에코페미니즘은 반(反) 위계질서를 바탕으로 한 상호 관련성, 상호 의존성, 나눔의 힘 등을 강조한다.[8]

---

5) 김재희, 『깨어나는 여신』, 정신세계사, 2000, p.119.
6) J. R. Desjardins, 김명식 역, 『환경윤리』, 자작나무, 1999, p.353.
7) 엄경희, 「상처받은 가이아의 복귀」, 『질주와 산책』, 새움, 2003, p.95.
8) 고갑희, 「에코페미니즘: 페미니즘의 생태학과 생태학의 페미니즘」, 『외국문학』, 1995년 여름호, pp.101-106.

이렇게 에코페미니즘은 서구 사유에서 경시되었던 신체를 지각의 근원으로 중시하는 20세기 철학의 한 경향과도 맞닿아 있으며, 가부장적 남성 문화가 지나치게 이성 중심의 추상적 가치를 절대시하여 구체적 생명력인 여성적 원리와 여성성을 파괴시켰다는 점을 지적한다. 그래서 현대 사회에서 자행된 억압 구조나 물질문명의 폐해를 해결할 실천적인 대안으로 주목받아 왔다. 정현종의 시는 에코페미니즘이 소개되거나 활성화되기 이전에 이미 쓰여지고 있었지만, 그의 시들은 에코페미니즘적인 사유와 감성, 세계관의 핵심을 포함하고 있는 것으로 보인다. 그동안 정현종의 시는 초기의 언어적 실험에 대한 고찰,[9] 동양적 사상과의 관련성,[10] 이미지에 관한 연구,[11] 학위 논문 및 총서,[12] 그리고 최근의 생태학적 담론과의 연관성 아래 광범위한 연구가 진행되었지만[13] 에코페미니즘의 관점에서 그의 작품을 조망하

9) 김 현, 「술 취한 거지의 시학」, 『거지와 광인』 해설, 나남, 1985.
이상섭, 「정현종의 '방법적 시'와 시적 방법」, 『자세히 읽기로서의 비평』, 문학과 지성사, 1982.
권영민, 『한국현대문학사』, 민음사, 1993.
김우창, 「사물의 꿈」, 『고통의 축제』 해설, 민음사, 1974.
김주연, 「정현종의 진화론」, 『사물의 꿈』 해설, 민음사, 1972.

10) 김재홍, 「자유에의 의지 또는 생명사상」, 『작가세계』, 1990, 가을.
정효구, 「우주공동체와 문학」, 『현대시학』, 1993.12.
최동호, 「정현종 시와 노장적 · 불교적 사상」, 『작가세계』, 1989, 가을.

11) 김정란, 「정현종, 꿈의 사제」, 『작가세계』, 1990, 가을.
남진우, 「정현종에 대한 두 편의 글」, 『바벨탑의 언어』, 문학과 지성사, 1989.

12) 황치복, 「정현종 시 연구-이미지와 시간의식을 중심으로」, 고려대학교 석사논문, 1996.
임현순, 「정현종 시의 몸 이미지와 언어적 상상력 연구」, 이화여대 석사논문, 1998.
이광호 엮음, 『정현종 깊이 읽기』, 문학과 지성사, 1999.
정과리 외, 『영원한 시작-정현종과 상상의 힘』, 민음사, 2005.

13) 강연호, 「생태학적 상상력과 현대시」, 『한국문학이론과 비평』 39집, 2008.
엄경희, 「생태학적 존재론」, 『질주와 산책』, 새움, 2003.
우찬제, 「만공의 우주와 생명의 황홀경」, 한림대 인문학 연구소, 『인문학 연구』, 1999.

려는 시도는 아직 산발적인 차원에 그치고 있었다.

에코페미니즘의 관점에서 정현종의 시를 검토하는 것은 최근 그의 시에 가해지는 생태학적 존재론의 관점을 포괄하면서 그의 시가 내포하고 있는 생명의 정신과 자연의 생태적 인식을 읽어볼 수 있는 기회가 될 것이다. 이 글에서는 정현종 시의 위상으로 평가되었던 사물과의 교감이나 친화를 넘어 가이아적 원리로서의 자연과 이분법적 세계를 초월하는 우주적 만다라의 세계, 그리고 감각의 다양성이 어떻게 구현되는지를 집중적으로 살펴보고자 한다. 특히 그의 전 작품 중 에코페미니즘의 세계관과 감각을 잘 실천하고 있다고 생각되는 중기 이후의 작품들을 주요 대상으로 삼아 논의를 전개할 것이다.[14)]

2. 문명에 대한 반작용과 가이아(Gaia) 원리로서의 자연

정현종의 시는 남성적 지배 질서 및 근대화에 반하는 여성적 가치와 태도를 보여준다는 점에서 생태학적 세계관에 기반하고 있다. 정현종의 생태학적 사유는 인간중심주의를 부정한다는 점에서 생태학

이승원, 「생태학적 상상력과 우리 시의 방향」, 『실천문학』, 1996, 가을.
장정렬, 『생태주의 시학』, 한국문화사, 2000.
정효구, 『한국 현대시와 자연 탐구』, 새미, 1998.
홍용희, 「사랑을 향한 열림의 언어」, 『문예중앙』, 1994.2.
_____, 「신생의 꿈과 언어」, 『시와 사상』, 1995, 겨울.

14) 본고에서 대상으로 삼은 시집은 80년대 이후의 작품들로, 『떨어져도 튀는 공처럼』(문학과 지성사, 1984), 『사랑할 시간이 많지 않다』(세계사, 1989), 『한 꽃송이』(문학과 지성사, 1995), 『갈증이며 샘물인』(문학과 지성사, 1999)이며 2000년대 이후의 시집은 문학사적 평가를 내리기에 아직 시기상조라는 판단 아래 논의의 대상에서 제외시켰다. 텍스트는 『정현종 전집 1, 2』(문학과 지성사, 1999)권에 수록된 표기를 따른다.

의 관점을 공유하지만, 다른 한편으로 에코페미니즘에서 중시하는 구체적이고 감각적인 자연의 체험에 기반하고 있다는 점에서 주목을 요한다. 그의 시는 개별 생명들과의 실존적인 연관성과 구체적으로 표현된 공감의 체험을 중시한다는 점에서 에코페미니즘의 관점에 잘 부합하는 텍스트이다.

먼저 정현종의 생태적 인식은 문명에 대한 반작용에서 생기고 있음을 지적할 수 있다. 그의 시에 화두처럼 등장하는 생태학적 물음과 기획은 개체들간의 관계 양상에 대한 사유에서 출발한다. 인공적 기획과 물질문명으로 가득한 세계 속에서 생태적 사유는 곧 자연성 회복의 문제로 자연스럽게 이어진다. 그에게 생태적 사유는 인간이 다른 생명체와 공동의 영역 속에 있음을 자각하고 그것을 되돌리려는 노력이기도 하기 때문이다. 정현종 시는 자연과 인간의 몸이 갖는 생물학적 친연성을 근원적 동질감으로 드러내는데, 그의 시가 보여주는 자연 동화에의 의지는 자연에 대한 단순한 투시를 넘어 그것을 자연의 몸과 연결시키는 직관에 의해 열린다. 시인이 궁극적으로 지향하는 낙원은 자연과 인간의 공생 공존 및 상호 의존이 실현되는 세계로서, 시인은 동시대의 자연을 파괴 상태로 이끌어가는 사회적 원인들에 대해 적극적으로 저항하여 개혁해야만 에코토피아를 구현할 수 있다고 생각한다.

① 흙길이었을 때 언덕길은
깊고 깊었다.
포장을 하고 난 뒤 그 길에서는
깊음이 사라졌다.

숲의 정령들도 사라졌다.

깊은 흙 -
얄팍한 아스팔트

짐승스런 편리,
사람다운 불편,

깊은 자연,
얕은 문명

-「깊은 흙」 전문

② 가을 햇볕에 공기에
익는 벼에
눈부신 것 천지인데,
그런데,
아, 들판이 적막하다 -
메뚜기가 없다!

오 이 불길한 고요 -
생명의 황금 고리가 끊어졌느니 …

-「들판이 적막하다」 전문

정현종 시의 자연 친화적 성격을 규명하기 위해서는 먼저 생태계를 위협하는 물질문명에 대한 첨예한 자각과 그것에 대한 비판적 인식을 이해할 필요가 있다. 분별없이 진행된 인류의 물질문명은 각종 공해와 오염을 야기하고 있을 뿐 아니라 자연과 문명의 이항대립적 구도를 야기한 근본 원인이 된다. 시인은 인간의 첨단 문명에 대한 욕망이 종착점에 대한 회의도 없이 무서운 속도로 질주하고 있음을 응시한다. ①의 시에서는 "흙"과 "아스팔트", "짐승"과 "사람", "편리"와 "불편", "자연"과 "문명"의 뚜렷한 이분법적 구도를 통해 인류를 해방시키리라 믿었던 물질문명이 오히려 인류를 구속하는 억압이 되고 있음을 비판한다. 자연의 희생을 담보로 한 물질문명은 자연을 파괴할 뿐만 아니라 생존의 공간인 도시 역시 삭막한 공간으로 만들어버렸다. ②의 시는 현대화로 인해 피폐해진 농촌 현실의 평면적인 묘사인 듯 하지만, 시인은 메뚜기가 없는 적막한 고요 속에서 "불길한 고요"를 감지하고 "생명의 황금 고리"가 끊어졌다고 진단하기에 이른다. "생명의 황금 고리"가 끊어졌다는 것은 생명의 순환성과 유기적 관계망이 가사(假死) 상태에 이르렀음을 의미한다.

시인은 문명을 "죽음을 향한 발전"(「문명의 死神」)이라 말하고 "죽은 소리 죽이는 소리 저 자동차들의 / 굉음과 소음으로 밀봉된 도시"(「날개소리」) 속에서 허덕이는 인간을 "문명의 難民"(「가짜 아니면 죽음을!」)으로 규정하기도 한다. "짐승스런 편리"로 생명을 위태롭게 하는 문명에 대한 비판과 자연과의 융합적 의지로 채색된 정현종의 시들은 자본주의 사회에서 탈근대적인 삶의 지평을 열기 위한 대항적 산물이라 할 수 있다.

20세기를 거치며 발전해 온 과학기술과 물질문명은 인간에게 물질적 풍요는 가져다 주었지만, 생명을 존중하는 영성(靈性)을 지극히 홀대하는 결과를 낳고 말았다. 특히 이성 중심적이고 물질 중심적인 가부장적 산업 문명은 자연을 그저 자원으로만 파악하고 정복, 착취, 수탈의 대상으로 삼았기에 현재 인류 전체는 생존을 위협받는 심각한 위기 상황에 놓이게 되었다.[15] 가부장적 남성 문화는 이성중심의 추

15) 김재희, 앞의 책, pp.75-78.

상적, 초월적 가치를 절대시한 반면 구체적 생명력인 여성적 원리와 여성성을 파괴시킨 것이다.

현대화라는 이름으로 인간은 자연을 파괴하고 맹목적인 경제성의 원리에 입각하여 개발 정책을 추진하기에 이르렀다. 현대산업사회는 물질적인 것이 인간의 생활양식을 지배하는 구조로 이루어져 있다. 이러한 물신적인 태도는 인간으로 하여금 그 본래적인 존재 양식을 망각하게 하였고 그 결과 인간과 인간, 인간과 자연 사이의 관계는 점차 어긋나면서 공동체적인 인식도 약화되어 갔다. 이로 인해 인간은 세계와의 관계에서 고립되고 소외되었을 뿐 아니라 자기 자신과도 분리되는 분열의 상태를 겪고 있다. 따라서 에코페미니즘적 인식은 자연과 분리된 인간의 소외 의식의 극복이 무엇보다 중요하다고 강조하면서 인간 의식의 변화를 강조한다. 정현종 시인이 강조하는 것은 생명을 사랑하는 것과 생명에 대한 연민 의식이며 '몸으로 느끼기' 같은 여성적인 감수성과 자연친화적인 영성의 개발이다. 그는 우주 속에 존재하는 모든 것들을 생명으로 만나며, '생명을 사랑하기'라는 구체적 비전을 향해 시쓰기를 추진해 나간다.

③ 흙냄새 맡으면
세상에 외롭지 않다

뒷산에 올라가 삭정이로 흙을 파헤치고 거기 코를 박는다. 아아, 이
흙냄새! 이 깊은 향기는 어디 가서 닿는가. 머나멀다. 생명이다.
그 원
천, 크나큰 품, 깊은 숨, 생명이 다아 여기 모인다, 이 향기 속에
붐빈다
감자처럼 주렁주렁 딸려 올라온다.

흙냄새여
생명의 한통속이여

-「흙냄새」 전문

④ 한 숟가락 흙속에
미생물이 1억 5천만 마리래!
왜 아니겠는가, 흙 한 술,
삼천대천세계가 거기인 것을!
알겠네 내가 더러 개미도 밟으며 흙길을 갈 때
발바닥에 기막히게 오는 그 탄력이 실은
수십억 마리 미생물이 밀어올리는
바로 그 힘이었다는 걸!

-「한 숟가락 흙 속에」 전문

시인이 물질문명에 대한 대안으로 강조하는 것은 흙의 징신, 흙의 힘이다. 에코페미니즘은 여성과 자연이 자율성, 생산성, 순환성을 가지고 있음을 부정한 가부장제의 이원론적 토대가 지닌 근본적인 문제점을 전면 비판하는 데서 시작[16]되었는데, 이원론에서 자연과 여성은 언제나 열등하거나 비생산적인 대상으로 폄하되어 온 것이 그 쟁점이다. 그런 담론적 성격으로 인해 순환성과 생산성은 생명의 가치로 곧장 환원되지 않고 여성과 자연이라는 우회로를 거치는 것이 특징이다. 그렇기 때문에 에코페미니즘에서의 자연은 끊임없이 모성의 원리에 기대고 있는 가이아[17]에 그 정체성을 둘 수밖에 없다.

16) 꿈지모, 「생태비평 일각의 오만과 독선」, 『환경과 생명』 29호, 2001, pp.187-188; 전미정, 『에코토피아의 몸』, p.201 재수록.
17) 가이아란 J. E. 러브록이 정의한 개념으로서 물리적 화학적 환경을 스스로 조절

위의 두 시는 흙이 모든 생명의 원천이며 본원적 처소임을 강조한다. ③의 시를 보자. 지구상에 존재하는 모든 것은 흙으로 돌아간다. 흙냄새를 맡으며 화자는 흙의 향기 속에 붐비는 생명을 감지하고 그 생명이 "감자"처럼 향기를 따라 올라옴을 느낀다. 이것은 화자의 온몸, 모든 감각이 온전히 흙을 향해 열려 있기 때문에 가능한 상상력이다. 흙은 생명의 잉태를 상징하는 물질로서 모성의 몸과 상동적인 구조를 취하고 있는 것이다.

그렇기 때문에 무수한 생명이 흙 속에 있고, 흙을 통해 화자는 무수한 생명과 하나가 되므로 외롭지 않을 수 있다. 여기서 흙의 정기와 기운은 물(物)이나 몸 위에 있으면서 물과 몸에 힘을 실어주며, 그 존재를 지탱해주는 일종의 프쉬케(psyché)[18]에 해당한다. 다시 말해 숨이나 의식을 불어넣어주는 생명의 정기이다.

④의 시에서 "한 숟가락 흙"에 미생물이 "1억 5천만마리"라는 경이로운 사실의 발견과 더불어 시인에게 삶의 근원을 지탱해주는 것은 생명의 순환성으로 형상화된다. 흙은 생명체의 필수적인 바탕이고, "원천", "크나큰 품", "깊은 숨"을 모두 아우르는 통합적 물질로 나타난다. 시인은 미세한 흙에도 대표성을 부여하여 "삼천대천세계"로 규정하고 만물과 우주가 대등한 가치를 지니는 하나의 공생체임을 역설하고 있다.

함으로써 지구를 건강하게 유지하는 능력이 있는 자기 조정적 실체로서의 생물권을 뜻한다. 정현종은 「가이아 산문」에서 "모든 것들에는 신이 들어 있으며 이 신이란 전 생명 과정이 항상 균형을 이루도록 하는 어떤 힘, 자생력을 지니고 있는 어떤 신비한 움직임을 가리키는 말이며 한 개체의 힘이 다른 개체에 닿아 스스로의 가치를 드러나게 한다"고 말하고 있다. 정현종, 「가이아 명상」, 『작가세계』 6호, 세계사, 1990.

18) 테야르 드 샤르뎅, 양명수 역, 『인간현상』, 한길사, 1997, p.174, 역주 1) 참조. 샤르뎅은 사람의 얼을 가르킬 때 프시케와 함께 sprit를 쓰기도 한다. 프시케, 혼, 넋은 숨이나 의식이 붙어있도록 하는 그 무엇이며 물(物)과 육(肉)을 넘어 자유를 향한 순수한 정신차원을 가리킨다.

시인에게 대지는 가이아로서가 아니면 아무런 의미가 없다. 두 작품의 시적 인식을 종합하면 가이아적 존재로 사는 것이 대지의 정체성이며 곧 자연의 정체성이다. 생명은 근본적으로 다양성을 전제로 한 관계성, 그리고 순환성을 기초로 성립되는 세계이다.[19] 획일성, 고립성, 그리고 비순환성은 생명의 고립과 정지를 뜻하기 때문이다. 이렇게 생명의 순환성에 대한 관심과 탐구가 흙을 생명 창조의 원리로 삼고 있는 에코페미니즘의 세계를 가능하게 한 것이다. 그러나 생명에 대한 사랑은 추상적인 관념이나 원리 원칙만으로 가능할 수 없으며, 중요한 것은 구체적인 삶과 생활 속에서 생명을 만나고 그 속에서 사랑과 공생의 마음을 몸으로 실천하는 것이다.

3. 영성(靈性)의 인정과 주체의 해탈

정현종의 시들은 근대의 이성 중심적 사고로 억압되었던 몸의 감각과 영성을 중시한다는 점을 중요한 사항으로 볼 수 있다. 이것은 여성적인 몸의 감각이 남성의 시각중심주의와 구별되는 것과 관련[20]된다. 그의 시들은 다양하고 풍성한 감각적 경험을 묘사, 재현할 뿐 아니라 시적 주체가 이에 동화되는 면모를 보이기도 한다. 시각적 이미지 역시 빈번하지만 후각, 촉각, 청각, 미각 등의 원초적 감각들과 조화를 이루기 때문에[21] 아주 강렬하고 긴밀한 교감의 정서를 표현하

19) 문순홍, 『생태학의 담론』, 솔, 1999, pp.146-148.

20) 이혜원, 「살아있는 관계의 회복을 실천하는 시-백석시의 에코페미니즘적 이해」, 『생명의 거미줄』, 소명출판사, 2007, p.25.

21) 특히 귀와 소리로 표상되는 청각적 이미지는 정현종 초기시부터 빈번하게 등장한다. 시각적 이미지는 시적 대상을 자신의 능동적 의식으로 바라보며 객관화시킨다는 주체성의 의미를 갖지만, 대상을 피상적으로 수용하여 왜곡하거나 주관적으로 규정할 위험이 있다. 반면 청각적 이미지는 수동적이지만 존재의 내

는 데 적합하다고 할 수 있다. 그의 시에서 원초적 생명력과 주체의 충일감을 살려내는데 촉각의 역할은 특히 각별하다.

더 나아가 그의 시에 몸은 하나의 소우주로서의 적극적인 의미를 갖는다. 정현종에게 인간의 몸이란 이를 둘러싸고 있는 세계이자 사물과 교류하는 공간인 자족적 세계로 자리잡기 때문이다. 정현종 시인의 몸의식은 단순한 생물적 개체가 아닌 심리, 사고, 느낌 등을 종합적으로 체현하고 있는 역동적 복합성22)으로 드러나며, 세계에 존재하는 사물과 생명들을 끌어들이고 이들과 교류하는 역할을 한다. 그에게 몸은 정신과 육체의 통합을 지향하는 유기적 몸이며, 에코페미니즘은 이러한 몸의식과 아주 자연스럽게 어울린다.

① 몸뚱아리 하나가 구만리요 / 몸뚱아리 하나가 寸尺이다
목욕을 하면 깨끗해지기도 하고 / 기운을 빼면 맑아지기도 하는데
기쁨의 샘이며 / 절망의 주머니다
눈부신 아홉 구멍 / 만물이 드나드는 길목이 많아서
만물교통의 중심이며 / 天地를 꿰고 있다.
(…)
만물이여 내 몸이여 / 허공이여 내 몸이여

-「몸뚱아리 하나」에서

② 바깥에서 문득 / 집 열쇠를 본다
이건 뉘집 열쇠인가

밀한 꿈에 귀기울이겠다는 의지를 표상한다고 하겠다.

22) 정현종 시의 몸은 단순한 생물학적 의미로 한정해서 해석할 수 없으며 사유, 감성, 욕망의 복합적 구조물로 등장한다. 우리는 몸을 기반으로 하여 인간 우주(Kosmos Anthropos)의 구조, 즉 우리가 우리 몸과의 살아있는 접촉을 통해 체험하는 몸적 조직의 무한 복합체인 내우주(Endokosmos)를 밝힐 수 있다. 김정현, 『니체의 몸철학』, 지성의 샘, 1995, p.172.

이 열쇠의 쓰임새가 어렴풋하다
(열쇠에는 … 모두 … 무슨… 재산이 딸려있다니…
우리를… 가두는 …열쇠들…)

실은 이 열쇠로 나는/나무를 열고 싶다
사다리 같은 걸 열고/가령 강 같은 걸 열고 싶다
이 열쇠로/우리의 本然 헐벗음
시간의 나체를 열고/길들을 열고
아, 들판을 열고/(들판을 여는 손이 보이지?)
하늘을 열고…

-「이 열쇠로」에서

시인은 마음과 몸을 열어 교감할 때 한없이 확대되는 세계를 발견한다. 이성의 눈으로는 보이지 않는 영적인 세계에 공감하며 그 세계에 몰입하고자 하는 의식의 지향성을 보인다. 영성(靈性)의 인정은 생명의 신성함에 대한 경외심에서 비롯된다고 할 수 있다. ①의 시는 인간의 몸을 긍정과 부정의 양가적 가치가 포괄된 삼라만상의 중심부이며, 동시에 자정 작용을 지닌 자족적 소우주로 형상화하고 있다. 이것은 정현종의 산문 「가이아 명상」에 표현된 생물권의 무한한 생명체들의 무의식적 공생 과정에 관한 시적 설명과도 맞닿아 있다. 텍스트의 전개는 먼저 몸을 자족적 소우주로 파악하는 데서 시작한다. 1, 2행의 "몸뚱아리"는 멀고 가까운 원근법의 거리 개념을 무화시키고 내부에 모든 단위를 포섭하고 있다.[23] 몸의 양가적 가치 수용은 그 이후에도 전개되는데, 5, 6행의 "기쁨/절망", 11, 12행의 "밝음/어두

---

23) 임현순, 앞의 글, p.14.

움", 15, 16행의 "풀잎/먼지", 17, 18행의 "뛰어오름/넘어짐"등의 긍/부정성들이 이 "몸뚱아리"에 의해 포섭됨으로써 고정된 가치를 벗어나 새로운 의미를 부여받는다. 이러한 몸이 7-10행에서는 한정된 내부 기능을 넘어서 "눈부신 아홉 구멍"을 통해 외부 세계와의 교감을 이루면서 "만물교통의 중심이며 / 天地를 꿰고 있"는 존재로서의 의미를 획득한다.

②의 시는 "열쇠"라는 사물이 가지는 잠금의 기능과 관습적 의미를 깨고 자연과 하나로 동화되고자 하는 낭만적 인식을 보여준다. 여기서 열쇠는 인간을 구속하는 사물이 아니라 자연과의 충만한 기운을 느끼고 교류할 수 있는 매개항이 된다. 이 열쇠는 자연의 원시상태로 되돌아가고자 하는 주체의 열망을 담고 있으며, 상호대립적 요소들을 연결시키는 소통로의 기능을 하고 있다. 시인은 "나무", "사다리", "강", "본연의 헐벗음", "시간의 나체", "길", "들판", "하늘"을 열고 그 세계로 돌아가는 원시적 지향성을 보여준다. 여기서 몸은 '만물교통의 중심지'이며 동시에 하늘과 땅의 기운이 상호소통되는 길목이라고 할 수 있다. 이를 통해 대지적 요소가 하늘로 상승하고, 천상의 기운이 땅으로 투하되면서 자연은 인간과 하나가 되는 통합의 과정을 겪게 된다. 상상의 열쇠를 통해 자연과 인간이 하나가 되는 것이다. 자연과의 교류적 상호성은 다음의 시들에서 더 분명하게 나타난다.

③ 손이 사과를 잡는 순간, 아 / 손가락에 통증이 왔다
벌에 쏘인 것이다 …(중략)… / 쑤시는 손가락을 나는
주체할 길 없으면서도, 한편
가을 사과나무처럼 마음이 넘쳤다
아픔도 만물과 내통하는 길,
미량의 毒을 타고 나는

자연의 저 광활함 속에/그 깊음 속에 몸을 섞었으니!

-「벌에 쏘이고」에서

④ 멀리멀리 퍼지는 이 몸,
모든 살아 있는 것들에 물들어
자세히 붐비는 이 몸.
오 붐비는 숨결
이 바람결!

-「이 바람결」에서

그의 자연에 대한 묘사에서 눈여겨 봐야 할 것은 그것이 매우 구체적인 감각을 동반하여 '전신적 기쁨'이라 할만한 몸의 열락(jouissance, 悅樂)과 관련된다는 점이다. ③의 화자는 사과 속에서 나온 벌에 손가락을 쏘인다. 손가락이 못 견디게 쑤시고 부었지만, 그 고통보다는 벌을 통해 자신의 몸에 들어온 사과나무의 기운을 느낀다. 화자는 벌의 독을 통해 사과나무와 사과나무의 기운을 감지하고, 자연의 관계성과 몸을 섞게 된다. 벌에게 쏘였지만 그 아픔은 만물과 내통하는 길이며, 몸속에서 만물과 내가 하나 되는 길임을 알기 때문에 화자의 마음은 가을의 사과나무처럼 풍성한 기운으로 넘치는 것이다. 이렇게 생물체를 상생의 관계로 파악하는 것은 생태학적 자기 실현으로 이루어진다. 생태학에서의 자기 실현은 개별적인 존재가 이루는 의미의 자기 실현이 아니라 전체 우주적 차원에서 조화를 이루는 자아 실현을 의미한다. 즉 차이성의 극소화와 상생의 극대화를 통해 모든 만물이 하나됨을 의미하는 것[24]이다.

24) F. Capra, 김용정, 김동광 역, 『생명의 그물』, 범양사, 2004, pp.23-30.

④의 시는 무수히 많은 사물과 생명들의 숨결은 전체적으로 커다란 하나의 숨결로 통합할 수 있음[25)]을 보여준다. 이 작품에서 생물들의 숨결뿐만 아니라 지상의 숨결이자, 더 나아가 우주적인 숨결로 존재하는 것이 바로 "바람결"이다. "바람결"은 존재하는 모든 것들의 숨결이며 "허공의 살"이 된다. 대지와 구름, 지상의 모든 식물, 그리고 지구 전체가 숨을 쉬는 것이다. 따라서 시인은 바람을 통해 모든 존재하는 것들의 몸과 숨소리를 느끼게 된다. 이때의 바람은 "자세히 붐비는 이 몸"들의 축제이다. 이들 시에서 알 수 있듯이 정현종이 강조하는 것은 몸의 움직임과 감각이며, 그에게 몸은 만물의 소통에 의해 유지되는 유기체인 것이다.

⑤ 환합니다 / 감나무에 감이
바알간 불꽃이 / 수도 없이 불을 켜
천지가 환합니다
이 햇빛 저 햇빛 / 다 합해도
저렇게 환하겠습니까
서리가 내리고 겨울이 와도
따지 않고 놔둡니다
풍부합니다 / 천지가 배부릅니다
까치도 까마귀도 배부릅니다
내 마음도 저기 / 감나무로 달려가
환하게 환하게 열립니다

-「환합니다」 전문

25) 정과리 외, 『영원한 시작-정현종과 상상의 힘』, 민음사, 2005, p.58.

⑥ 내 살의 불안과
내 피의 불안은 이루 말할 수 없어
발걸음조차 이상하게 흔들렸습니다
그 빛과 열의 적은 감소가
나를 감기들게 했나부다 하고
나는 재채기를 하면서도
그러나 여전히 빛나는 태양의
따뜻한 은혜의 광택을
눈부시게 바라보며 나도 눈부시게 웃었습니다

-「태양 폭발」에서

마음과 몸을 열어 한없이 확대되는 세계를 발견하는 풍경은 다음의 시들에서 계속 이어진다. ⑤의 시에서 시적 대상이 되는 대지적 존재인 나무는 세계의 가장 근원적 구성 요소인 불, 물, 공기의 기초적인 원소들과 화합하며 자신의 생명을 영위한나. 나무는 시인에게 우주와 등가의 가치를 갖는 지상의 생물이며, 고통이 응결된 수액을 빨아들여 꽃을 피우고 열매를 맺는 의지적 존재이기도 하다. 이 작품에서 주목할 이미지는 감이다. 시인은 "감"이라는 대상의 표면적 묘사에 그치지 않고 그 내부로 들어가 실체를 상상한다. 감이라는 대상은 "바알간 불꽃"으로 동일화되어 천지에 환하게 불을 켜놓는 빛의 이미지로 전이(轉移)된다. 감나무에 매달린 감들은 지상의 불꽃으로 타올라 인간과의 생명 에너지를 교환할 수 있는 대상이 된다. 나아가 겨울의 새들을 위한 배려로 남겨놓는 감들은 포만감의 근원이 되기에 이른다. 개체만 느낄 수 있는 "배부름"의 감각이 감이라는 질료를 매개로 세계 전체에 퍼지며, 세계는 따뜻함과 포만감으로 넘친다. 타자에게 사랑과 자비를 베푸는 공생의 마음은 어떤 열락(悅

樂)의 상태라 해도 과언이 아닐 정도의 충만한 기운으로 넘친다. 이렇게 시인의 내면에 있는 신성의 불꽃은 세상에 환한 빛을 비추게 할 뿐 아니라, 생명체와의 긴밀한 교감의 정서를 동반한다. 자신의 마음마저 감나무로 육화되어 환하게 열리는 에피파니의 상태가 그려지는 것이다.

⑥의 시는 약동하는 생명과 몸으로 인한 희열, 그리고 그 몸의 흔들림에 의해 전개되는 생명 현상에 대한 감격을 예찬하고 있다. 정현종 시에서 대화와 교감은 몸과 몸, 혹은 몸과 사물 사이에 발생한다. 웃음에 잠긴 주체는 질서와 조화로 충만한 유토피아를 지향하는 몸이자 생명력으로 충일한 개체이다. 이 시에서 자연과의 교감은 몸의 일차적인 대화라 할 수 있는 접촉을 통해 일어나고 있다. 접촉을 통해 몸의 도미노 현상을 일으키고 있는 것이다. 감기로 인한 내 몸의 흔들림과 공기와의 접촉이 있은 후 따뜻한 햇살과 피부와의 접촉이 있고, 재채기로 이어지는 몸의 연쇄적인 움직임을 통해 자연과 인간이 하나의 질서 체계를 이루고 있음을 잘 형상화하고 있는 시이다. 이 작품에서 우주의 생명체가 유지되는 방식은 인간과 자연이 몸으로 대화를 나누는 데서 출발하며, 이러한 접촉의 원리는 지배종속의 이분법적 관계마저 불식시키고 있다. "빛나는 태양의 / 따뜻한 은혜의 광택"은 주체와 객체의 경계가 무화되는 경지를 보여주고 있으며 나와 타자 사이의 무경계화는 생명 에너지로 승화되고 있는 것이다. 생명의 실상은 이론이나 지식으로 파악되는 게 아니라 자신의 마음 상태가 이를 느낄 수 있을 때 비로소 드러나는 차원이며 경지[26]임을 감안한다면, 정현종 시에 등장하는 자연이나 몸은 우주라는 거대한 생명체 속에 모든 생물이 상부상조하는 관계의 그물망으

26) 김재희, 앞의 책, p.79.

로 직조되어 있다고 하는 생태학적 정신에서 나온 것이라 볼 수 있을 것이다. 이로 인해 그의 시에 등장하는 주체는 외부 세계와의 경계가 해체되고 스스로 그 속으로 몰입되거나 동화되는 해탈의 경지를 보인다.

이렇게 그의 시에 등장하는 사물과 인간은 생명의 연합으로 긴밀히 연결되며 서로의 관계를 풍요롭게 하고 역동적으로 만들어가는 공생의 관계에 놓여있는 것이다.

4. 원형의 상징과 순환의 상상력

나와 타자 사이의 무경계화나 생명 에너지에 대한 집착은 시인으로 하여금 사물에 대한 경탄과 신화적인 질서 체계에 대한 관심으로 이끈다. 자연에 대한 유기체적 인식은 인간의 고독과 슬픔까지 극복하게 하며 자연과 사물에게서 생명력을 느낌으로써 인간은 자신이 홀로가 아님을 인식하기 때문이다. 전일적 세계관에 바탕을 두는 생태학적 대전제는 '존재하는 모든 것이 그밖의 모든 것과 연결되어 있다'는 유기적 그물망으로서의 세계 인식이다. 세계 전체가 유기적 관계망으로 인식될 때 개인보다는 집단을, 배타성보다는 포용성을, 분열보다는 조화를 견지하는 신화적인 삶으로 환원되는 것은 필연적인 결과이다. 이런 관점에서 정현종의 시적 상상력에서 주목할 부분은 바로 둥근 원형의 심상이다. 정현종에게 원형의 심상은 자기 실현의 매개이며 원초성을 유지하고 있는 신화적 세계의 은유로 쓰이고 있다. 여기서는 그의 시에 반복적으로 등장하는 원의 형상, 원환의 존재 양태에 대해 분석하고, 이것이 에코페미니즘적 비전과 어떻게 연결되어 있는지를 고찰한다.

① 둥근 기쁨 하나/마음의 광채
둥근 슬픔 하나/마음의 광채
굴리고 던지고 튕기고 노는 내 커다란 놀이
이만큼 깊으니/슬픔의 금강석
노래와 더불어/기쁨의 금강석
지구와도 같고 血球와도 같으며
풀잎과도 같고 벌레들의 눈동자와도 같은
둥근 슬픔/둥근 기쁨

-「벌레들의 눈동자와도 같은」에서

② 이런 선물을 받다니/마음은 이미 찰랑대는데
그걸 손에 쥐고 내려온다
새로 낳은 달걀,/따뜻한 기운,
생명의 이 神聖感,/우주를 손에 쥔 나는
거룩하구나/지금처럼
내 발걸음을 땅이/떠받든 때도 없거니!

-「새로 낳은 달걀」에서

①의 시에서 시인은 구체적인 사물은 물론이거니와 "기쁨", "슬픔" 같은 추상적 단어에도 "둥근"것의 가치를 부여한다. "굴리고 던지고 튕기"는 자유로운 운동의 흐름에서 억압받거나 구속받지 않는 자유로운 존재의 충만한 기운을 느낄 수 있다. 나아가 삶의 고통과 슬픔까지 모두 포용하며 세계와의 교감을 동반하는 생명체의 호흡을 느낄 수 있다. ②의 시는 하나의 달걀을 통해 느낀 생명의 신비감을 형상화하고 있다. 화자는 방금 낳은 달걀을 선물로 받고 신성한 생명인 "달걀"을 "우주"라고 표현한다. 작은 달걀을 우주로 보는 것은 우주 역시

달걀과 같이 살아있는 생명의 집약체라는 의미이며, 이러한 인식은 통합적인 세계관에 기인하는 것이다. 원형 상징에서 원은 가장 완전한 형태이며 생명의 참모습을 이루는 상징이다. 바슐라르에 의하면 원형의 심상은 인간의 마음을 정화시켜 스스로의 존재 성격을 되찾게 해준다고 한다.27) 모든 따뜻한 것이 가지는 생명력과 조화, 그리고 안정감이 원의 상징에 보태진다. 둥글고 따뜻한 알이 안식과 편안함을 의미하는 것은 이 때문이다.

또 정현종 시에 나타난 생명 의식의 표출 양상을 살펴보는데 있어 함축적 의미를 가지는 시어는 "낳다"이다. 이것은 존재와 존재가 만나 더 큰 온전한 하나로 통합되는 데에 매개 역할을 하는 동사이다. 그리고 진정한 생명과 생명의 만남은 타존재를 향해 열릴 때 생태계의 균형과 회복이 가능하다는 점을 인식하게 한다.

③ 나무는 구름을 낳고 구름은/강물을 낳고 강물은 새들을 낳고
새들은 바림을 낳고 바람은/나무를 낳고 …(중략)…

그 길 크나큰 거미줄/거기 열매 열은 한 방울 이슬…
(眞空이 妙有로 가네)
태양을 삼킨 이슬 만유의/바람이 굴려 만든 이슬 만유의
번개를 구워먹은 이슬 만유의/한 방울로 모인 만유의 즙—
천둥과 잠을 자 천둥을 밴/이슬, 해왕성 명왕성의 거울
이슬, 벌레들의 내장을 지나 새들의
목소리를 굴러 마침내
풀잎에 맺힌 이슬 …

-「이슬」에서

---

27) B. 바슐라르, 이가림 역, 『공간의 시학』, 민음사, 1990, pp.401-410.

위의 시는 지구상의 생명체들이 하나의 원을 향해 유기적으로 조응하는 모습을 보인다. 이 시에는 나무, 구름, 강물, 새, 바람 등의 시적 대상이 모두 다른 생명을 잉태하여 "낳는" 유기체로 그려지고 있다. 이들 대상들은 모두 생명을 가지고 운동하며 생성하고 발전하는 유기체로서의 특징을 가지고 있지만 더 중요한 것은 이들이 고립적으로 존재하는 것이 아니라 상호 의존적으로 관련되어 있다는 점이다. 시인이 묘사하고 있는 생명들의 통일체인 이 우주는 모든 생명이 고리처럼 연결되어 그물망을 형성하고 있는 관계의 체계이다.

이 시에서 나무는 생명 현상의 출발이며 종착점이다. 나무에서 시작된 생명은 다시 나무로 이어진다. 생명의 고리는 수직적인 것이 아니라 순환적이다.[28] 생명의 순환적 모습을 간직한 나무가 둥근 형상이라면, 나무를 둘러싸고 있는 생명의 순환 질서도 원형의 형상이다. 하나의 생물체는 거대한 원의 형상으로 원환 운동을 하며 무수한 원형의 생명들의 원환 운동을 포용한다. 이렇게 시인이 발견한 원형의 모습을 하고 있는 대상들은 모두 생명과 그 생명의 통일체인 우주의 심상으로 수렴된다. 원환적인 자아의 우주-생태계의 참여에 의한 혈연관계로서의 에코페미니즘적 비전은 시적 주체가 추구하는 미학적 행복과 만족의 근원이다. 그래서 정현종 시의 에코페미니즘적 비전은 대부분 인간과 식물, 동물의 원환 운동을 확보하는 데에 집중된다.

④ 거기서 와서 거기로 가는 / ○은 처음이며 끝
○은 인생의 초상 / ○은 다 있고 하나도 없는 모습
꽉 차고 텅 빈 모습 / ○은 무엇일까
○은 가볍다 / 空氣의 숨결

---

28) 황치복, 앞의 책, p.86.

굴리며 놀고/ 뒤집어쓰면 후광
○은 크고 밝다/ ○은 생명의 거울
○은 사랑/ ○은 모든 곡식의 살
모든 열매의 살/ 이슬과 눈물의 精靈
천체의 정령

-「○」에서

이 시는 원형에 대한 정현종 시인의 의식을 집약적으로 형상화하고 있다. ○은 텅 빈 상태이지만 14-23행에서처럼 모든 곡식, 모든 열매, 이슬, 눈물, 천체, 금반지, 은반지, 풀잎과 나무, 물과 피, 방울, 온갖 소리, 모든 구멍 등을 포함하고 있으며 또한 생명, 사랑과 죽음이라는 근원적 가치들을 아우르고 있다. 정현종 시에서 이러한 둥근 형상은 기하학적으로 평면적인 원이 아니라 생명성을 내포하고 있는 원형적 형상29)으로 인식되고 있다. 마지막 행에서는 이러한 정의들을 집약하면서 "○은 ○의 정령"이라는 진술로 시를 맺고 있다. 이것은 비었으면서도 꽉 차 있으며, 세상의 모든 가치와 진실을 내포하고 있는 ○에 대한 집약적 표현이라 할 수 있을 것이다. 신화에서 원은 모든 것이 완전하기 때문에 신성에 의한 질서와 균형을 함축한다. 불교적 세계관에 의하면 모든 존재는 본래 아무 것도 없는 空이지만, 거꾸로 空에서부터 모든 존재와 현상이 나타나게 된다. 시인에게 있어 우주와 인생의 비밀을 간직하고 있는 ○은 有이며 동시에 無이고, 萬이며 동시에 空이다. 그래서 그는 ○을 가리켜 "다 있고 하나도 없는 모습", "꽉 차고 텅 빈 모습"이라고 표현한 것인데 이러한 ○의 모습은 타자에게 사랑과 연민을 베풀고 평화로운 공존을 모색하고자 하는 시인의 정신적 등가물로도 파악할 수 있을 것이다.

29) 임현순, 앞의 글, p.98.

또 ○은 둥글기 때문에 공격적이고 날카로운 직선의 폭력성과 달리 "굴리며 놀"수가 있고 "뒤집어 쓰면 후광"이 빛난다. 이런 점에서 ○은 모성성과 여성성, 그리고 신성성까지 겸비한 숫자이며 모양이라고 할 수 있다.[30)]

모성적 포용력을 대변하는 원의 형상은 차별과 지배의 원리로 작용하는 근대화의 세계와 대비를 이룬다. 그것은 이기주의와 배타성으로 가득한 현대 산업 사회에서 잃어버린 둥근 것으로의 회귀이고, 근원에 대한 갈망이자 근대적 지배 권력과 불평등한 관계를 회복할 수 있는 하나의 대안이 되는 것이다. 경쟁과 지배에 관한 강박증이 심해질수록 그에 비례하여 생명과 사랑에 대한 관심도 커지게 된다. 정현종 시에 나타나는 생명과 원형에 대한 경사는 추상적 관념에 사로잡히지 않고 구체적인 자연 현상이나 일상어에 기대어 형상화시키기 때문에 더 풍요롭고 생생한 시의 울림을 전달한다. 신화적 신성과 원형적 공간이라는 구조를 통해 원시적 생명력을 발견함으로써 현재의 삶을 새롭게 갱신하고자 하는 상상력을 펼쳐나가고 있는 것이다. 속도와 욕망이 질주하는 현대 사회에서 시인은 여성성이 함축하는 사랑과 공존의 가치를 강조한다. 그는 남성 시인이지만 누구보다도 여성성의 가치를 인지하며 현대의 상처와 모순을 치유할 수 있는 상징적 원리로서 이를 제시하고 있는 것이다. 원환적인 생명체의 혈연관계로서의 우주의 순환 질서에 대한 발견은 정현종 시가 성취한 중요한 자산이라 할 수 있을 것이다.[31)]

---

30) 정효구, 「○의 사상과 人工自然으로서의 시」, 『우주 공동체와 문학의 길』, 시와 시학사, 1994, pp.99-100.

31) 정현종 시의 우주와의 자기 동일화는 근대적 개인으로서의 작은 자아(self)를 초월하여 거대한 자아(Self)인 우주와의 동일화를 추구한다는 점에서 폭스가 말하는 우주론적 자기 동일화에 해당된다고 말할 수 있을 것이다. W. Fox, 정인석 역, 『트랜스퍼스널 생태학』, 대운출판, 2002, pp.20-50.

5. 영적 성장의 재발견과 인간적 진실

이 글에서는 에코페미니즘의 관점을 적용하여 정현종의 시를 분석·조망해보았다. 정현종 시에 대한 에코페미니즘적 고찰은 현재적 관점에서 그의 시가 갖는 생명성과 가이아적 존재인 자연의 의미를 조명하고 탈현대의 위기를 극복하려는 어떤 의식의 방향성을 모색하려는 시도에서 나온 것이다. 필자는 정현종의 시를 크게 세 가지 관점에서 파악해 보았다.

첫째, 문명에 대한 반작용과 가이아 원리로서의 자연의 발견. 시인은 인간과 그 삶을 가능하게 해준 친자연적인 원형의 삶을 지향하고 가이아적 존재로의 가치를 강조하여 맹목적인 문명의 속도를 반성하게 한다. 그에게 자연은 인간과 우주의 중심이지, 인간의 이성과 사유를 매개로 자리잡는 탈속적인 공간도 아니며 단순한 감정 이입의 공간도 아니다.

둘째, 영성(靈性)의 인정과 주체의 해탈. 정현종의 시들은 근대의 이성 중심적 사고로 억압되었던 몸의 감각과 영성을 중시한다는 점을 중요한 사항으로 볼 수 있다. 그의 시에서 몸의 생명력과 주체의 충일감을 살려내는데 감각의 역할은 특히 각별하다. 나아가 그의 시에 몸은 하나의 소우주로서의 적극적인 의미를 갖는다. 정현종에게 인간의 몸이란 이를 둘러싸고 있는 세계이자 사물과 교류하는 공간인 자족적 세계로 자리잡기 때문이다.

셋째, 원형의 상징과 순환의 상상력. 생명의 상호작용과 원환운동이 우주의 정신과 성스러운 자아를 동시에 표상하는 것처럼 원과 우주는 등가적 가치로 귀결되고 있다. 원형의 상상력으로서 생명의 원환과 우주의 순환 질서에 대한 발견은 정현종 시가 성취한 중요한 자산이라 할 수 있을 것이다.

몸과 자연에 대한 감성을 바탕으로 만물이 살아있는 관계임을 자각한 그의 미적 감수성과 자의식은 2000년대의 오늘날 시점에서 귀중한 실천적 가치를 내포한다. 그의 시에 나타난 에코페미니즘적 비전은 우주 자연과 생명의 질서, 그리고 영적 성장(spiritual growth)의 의미를 깨닫게 한다. 우리의 작은 자아를 극복하고 위대한 신성(神聖)을 깨달아가는 과정을 통해 이 세계가 인공적인 기획과 제도로 가득 차 있음을 인식하게 하는 것이다. 지배와 정복에 기초한 사회에서는 생태 위기의 극복이 이루어질 수 없으며, 지배/정복의 구도로 이루어진 사회적 관계는 나눔과 보살핌의 관계로 전환되어야 한다. 그의 시에 나타난 에코페미니즘적 감성은 후기 현대사회에서 상실된 자아와 생명을 모두 회복하는 원형적 질서를 표상한다. 이러한 원형적 질서를 꿈꾸는 에코페미니즘은 모든 인간이 공유하는 가장 근원적이고 보편적인 상상력이다. 정현종은 가장 보편적이면서 가장 예민한 상상력을 시적 인식으로 택한 것이지만, 그의 시에 나타난 에코페미니즘적 인식과 감성은 무분별한 개발과 진보의 논리로 몸살을 앓는 21세기 한국 사회에서 우리가 지향해야 할 인간적 가치와 진실을 직시하게 한다는 점에서 의의가 있다고 생각한다.

타자의 글쓰기와 창조적 소멸

– 이승훈 시의 미학적 특성에 관하여 –

1. 시쓰기, 타자를 찾아가는 여행

1962년 『현대문학』에 「낮」, 「바다」가, 1963년 『현대문학』에 「눈보라」가 추천 · 완료됨으로써 등단한 이승훈은 독자적인 시와 시론으로 평단의 주목을 받아온 중진 시인이다. 특히 우리 시문학사에서 자아에 대한 존재론적 인식과 시쓰기를 통한 구원의 문제를 추구하고 있는 많지 않은 시인중의 하나로 40년이 넘는 시간 동안 '나라는 존재의 의미는 무엇인가', '나는 존재하는가', '시와 나의 관계는 무엇인가' 같은 주제를 화두로 던지면서 시쓰기를 실천하고 있는 시인이다. 특히 그의 초기시들은 60년대 「현대시」 동인으로 활동하면서부터 보여주기 시작한 시적 징후를 담고 있다. 「현대시」 동인은 개인의 내면의식을 중시하며 개성적인 실험정신으로 시의 서정성을 확대시켰을 뿐 아니라 "시 정신의 깊이와 미적 현대성을 구축했다"[1]는 점에서 시

1) 김은영, 「<현대시> 동인의 시의식과 미적 지향성」, 『한국현대문예비평연구』 19집, 2006.4, p.26,

사적 의의가 있는 그룹이다.[2)]

60년대의 시사적 흐름 속에 젊은 시인들이 대거 참여한 「현대시」 동인은 개인의 내면의식을 중시하면서 언어의 본질을 모더니즘적 기법과 연결시켜 탐구하였다는 사실을 통해 이미 알려진 바 있으며, 이승훈은 바로 「현대시」 동인의 핵심 인물로 시의 지성화 작업과 언어의 탐구라는 주제를 밀고 나간 시인이다. 그의 시들은 자신의 창작과정을 바탕으로 독자적 시론을 만들 만큼 이론적 토대 위에서 쓰여지기 때문에 언어에 대한 남다른 자의식을 보여줄 뿐만 아니라, 시쓰기의 방법론에 대해서도 예민한 징후를 보여주고 있다. 그의 시는 감상을 배제하고 교훈적 주장이나 알레고리가 개입되지 않은 모더니즘 계열의 시로서 멀리는 이상, 김춘수 등과 그 계보를 같이 하고 있다.

모더니스트로서의 이승훈의 시는 첫 시집 『사물 A』 이후 지금까지 우리 시단에서 낯설고 독특한 자리를 차지한다.[3)] 그의 시가 대상을 노래하는 기존의 서정시들과 달리 '비대상시'를 추구하면서 시적 대상이 존재하지 않거나 미분화된 무의식의 세계, 추상적 환상의 세계를 추구하는 난해한 시들을 창작했기 때문이다. 그렇지만 그의 시가 한국 현대시에서 차지하는 위상은 모더니즘을 논의할 때 빠지지 않는 부분이기도 하다. 40년 넘는 시력(詩歷)에서 그는 항상 모더니스트로서의 시적 인식과 방법적 갱신의 과정을 거쳐 왔다. 그만큼 그의 시

2) '현대시' 동인은 이상, 김기림 등이 중심이 된 30년대 식민지 모더니즘, 후반기 동인과 김수영, 김춘수, 전봉건 등이 중심이 된 전후 모더니즘을 비판적으로 극복하는 근대화 초기 혹은 산업화 초기 모더니즘이라는 의미를 가진다. 식민지 모더니즘이 제 1세대, 전후 모더니즘이 제 2세대라면 '현대시' 동인은 제 3세대 모더니즘에 해당된다. 이승훈, 『한국모더니즘 시사』, 문예출판사, 2000, p.238.

3) 지금까지 출간한 시집은 다음과 같다. 『사물 A』(1969), 『환상의 다리』(1976), 『당신의 초상』(1981), 『사물들』(1983), 『당신의 방』(1986), 『너라는 환상』(1989), 『너라는 신비』(1989), 『밤이면 삐노가 그립다』(1993), 『밝은 방』(1995), 『나는 사랑한다』(1997), 『너라는 햇빛』(2000), 『이것은 시가 아니다』(2007)

는 이상으로부터 김춘수의 무의미시를 거쳐, 60년대와 70년대 80, 90년대로 이어지는 한국 모더니즘 시의 역사적 전개과정에서 중요한 위치에 있다. 이승훈의 시는 현실과는 다른 세계를 추구하고 기존의 현실 원칙이 아닌 언어적 문법으로 세계를 인식하려는 반재현주의의 미학을 보여주고 있다. 이상과 김춘수, 「후반기」 동인으로 이어지는 모더니즘 시의 한 계보에서 초현실주의적 경향을 이어받아 언어의 실험과 주체의 내면 탐구를 계속한 이승훈은 「비대상」이라는 독특한 시론을 발표하면서 자신의 시적 입지점을 강화한다.

특히 그의 시에 대한 관심과 평가는 90년대 들어와 확산되는 양상을 보이는데, 이것은 90년대 이후 이념이 붕괴된 세계 앞에서 파편화된 언술 방식으로 기존의 시적 문법을 일탈하는 시인들의 약진이 두드러질 뿐 아니라, 이성 중심주의에 대한 회의를 바탕으로 총체성이나 완결성 등의 신화적 비전을 거부하는 담론이 본격적으로 강조되기 시작한 시대이기 때문일 것이다.

경험주의나 사실주의의 관념과 이데올로기를 부인하는 이승훈은 초기부터 외롭고 낯선 작업을 하면서 우리 시단에 적지 않은 충격과 새로움을 가져왔다. 그는 시쓰기의 의미를 통해 시의 정체성을 찾고 자신과 타자의 관계에 대한 통찰을 통해 부재의 세계를 드러내거나, 그로 인한 진리나 깊이를 소유하려는 열망을 보여주었기 때문이다. 이것은 세계와 언어를 연결하는 형이상학적 긴장을 유지하면서 절대적 시선이나 고정된 시선이 허구라는 끈질긴 주제를 밀고 나가는 모더니스트의 시정신과 연결되는 것이기도 하다.

지금까지 발표된 이승훈에 대한 연구는 초기의 언어 실험과 중기 이후 인칭에 대한 변화 과정을 추적하는 글이 대부분이었다. 1960년대 모더니스트로서 가지는 초기시의 특징을 규명한 글,[4] 자아탐구나 인칭의 변화를 규명하는 글들,[5] 그리고 시의 수사적 측면에 대한 글[6]

과 초기부터 후기까지의 시의 궤적을 존재론적 자아의 탐구라는 측면에 맞추어 규명을 한 글,[7] 그리고 시론을 집중적으로 조명한 글[8]들이다. 그중 정효구와 김홍진의 논문은 이승훈의 자아탐구와 언어 실험이라는 주제를 밀도있는 접근과 분석으로 한층 끌어올리고 있을 뿐 아니라, 그동안 저널쪽에서 논의되어 오던 이승훈의 위치를 재평가하고 시세계를 구조적 측면에서 분석했다는 점에서 의의가 있다. 정효구는 이승훈의 시세계를 자아탐구라는 특면에 맞추어 검토하고 있고, 김홍진은 60-70년대 초기시와 80년대 시를 대상으로 삼아 변모하는 이승훈의 시들을 분석하고 있다. 이렇게 이승훈 시에 대한 관심과 평가는 증가하였지만, 대부분의 논의는 초기시나 80년대 시에 국한된 경우가 많고, 본격적인 논문의 형식으로 90년대 이후 발표한 시집들과 시론의 상관성을 조명하거나 집중 분석한 경우는 아직 없었다.[9] 또 초기나 중기 작품에 대한 분석을 통해 이승훈 시의 의미와 모더니즘적 성격이 상당히 규명되었지만 그러한 모더니즘적 인식의 토대가 세계에 대한 인식으로 작용할 경우 특정 시기의 형상화 작업이나 이후의 시쓰기에 어떤 영향을 끼쳤는가, 그리고 개별 작품의 의미 형상

---

4) 김준오, 「현대시의 추상화와 절대 은유」, 『문학사와 장르』, 문학과 지성사, 2000.
김홍진, 「내면 탐구와 언어 실험」, 『한국문예비평연구』 19집, 2006.4.
최현식, 「데포르마시옹 시학과 현실대응방식」, 『1960년대 문학연구』, 깊은샘, 1998.

5) 김준오, 「메타시와 인칭의 의미론」, 『밝은 방』, 고려원 해설, 1995.
서준섭, 「이승훈론-시와 존재의 탐구」, 『한국 현대시인 연구』, 민음사, 1989.
안수환, 「囚人의 세계와 그 비대상」, 『현대시학』, 1982.

6) 김승희, 「형이상학적 트리스탄의 떠도는 시니피앙」, 『현대시학』, 1990.2.
김 현, 「어두움과 싱싱함의 세계」, 『심상』, 1981.9.

7) 정효구, 「이승훈의 시와 시론에 나타난 자아탐구의 양상과 그 의미」, 『한국현대시와 문명의 전환』, 새미, 2002.

8) 이재복, 「허무와 소멸의 미학」, 『비만한 이성』, 청동거울, 2004.

9) 논문의 형식은 아니지만 이승훈 시론의 독자적 특성을 규명한 의미있는 시도로 이재복의 글을 들 수 있다. 이재복, 앞의 글.

화 방식이 어떠한가에 대해 더 자세히 규명할 필요가 있다. 이승훈의 경우 자의식을 중심으로 회전하는 시쓰기는 단순한 기교의 문제가 아니라 존재론적인 세계관의 문제이기도 하기 때문이다. 특히 90년대 시가 문제적이라고 생각하는 이유는 그의 시와 시론이 불확정성을 강조하는 후기 산업사회에서의 미적 반영이 되고 있을 뿐 아니라, 반재현주의에 바탕을 둔 시학으로 언어의 절대적 자율성을 강조하면서 자동사적인 시쓰기의 가능성을 열어보이고 있기 때문이다. 그리고 초기부터 추구한 자아의 문제를 더 실험적인 차원으로 끌어올려 데카르트식의 중심주의를 해체하고 단 하나의 재현을 거부하는 타자 의식을 보여주고 있기 때문이기도 하다. 이것은 그의 시와 시론에서 "시쓰기란 타자를 찾아가는 끝없는 여행"이라는 명제로 표현된다.

한 시대의 모더니스트들이 문학적 정신을 어디서 찾고 있는가 하는 문제는 시대를 접하는 주체의 문제로 귀결된다고 할 수 있다. 아직 현역 시인이긴 하지만 문학사적으로 모더니즘의 계보에 편입될 수 있는 그의 시가 보여준 미적 모더니티가 시적 이념과 함께 시 안에서 어떻게 수용되고 있으며, 어떤 미학을 창출하고 있는지를 주목해보아야 한다. 모더니스트로서의 이승훈이 점유하는 시간적 위치가 그에게 60년대 이후 모더니즘 시의 모습을 규정하는 역할자로서의 문학적 입지점을 가능케 하기 때문이다.

이승훈 시인이 90년대 이후 발표한 시들[10]은 모더니즘에서 포스트모더니즘으로의 이행 과정에서 진행된 양상을 보이는데, 시론과의 상관성 아래 쓰여지는 그의 작품들은 예술과 자의식, 존재론, 부재와의

10) 이 글에서는 시의 방법이나 인식의 측면에 변화를 보이기 시작한 『밝은 방』(고려원, 1995), 『나는 사랑한다』(세계사, 1997), 『너라는 햇빛』(세계사, 2000)을 논의의 대상으로 삼는다. 최근 발간한 시집 『이것은 시가 아니다』(세계사, 2007)는 논의의 대상에서 제외함을 밝힌다.

유희, 주체의 소멸 같은 문제 제기로 새롭고 전위적인 시양식을 만들어나가고 있다. 이 글에서는 이런 사실을 주목하면서 90년대 이후 새로운 변화를 보여주는 이승훈 시의 미학적 특성을 통해 모더니스트로서의 인식적 측면과 시의식의 지향점을 규명하고, 그의 문학적 위치를 점검해보도록 한다.

2. 모더니스트의 미학적 자의식과 대상화된 '나'

전통적인 서정시가 대상에 대한 느낌이나 인식을 시로 형상화했다면 이승훈의 시쓰기는 시작 행위 자체에 대한 질문에서부터 시작된다고 할 수 있다. 90년대 이후 발표한 그의 시들 상당수는 시쓰는 과정을 텍스트의 본문에 드러내어 전통 문법으로부터 일탈한 메타시의 유형을 보여주고 있다.

이승훈 시에 나타나는 메타시적 특성은 어떤 대상에 대한 정확한 포착이라기보다는 그 대상을 향한 지속적인 추적 과정에 나타나는 무수한 흔적이라고 볼 수 있다. '그렇다' '아니다' 같은 확정적 정의가 아니라 더 확장된 관계인 불확정적 정의의 과정인 것이다. 모더니즘의 기본원리는 아폴론적 원리와 디오니소스적 원리의 긴장을 중심으로 하지만, 그 특성으로는 미학적 자의식이나 자기 반영성이라는 문제를 들 수 있다.[11] 이것은 창조 과정 속에 있는 자아를 탐구한다는 뜻이기도 한데 시인들은 시적 언어 혹은 시쓰기에 대해 고도의 자의식[12]을 보여주어 기존의 사실주의의 테두리를 벗어난다는 것이다.

---

11) 이승훈, 『포스트모더니즘 시론』, 세계사, 1991, p.121.

12) 자의식이란 '자신을 마치 밖에서 보는 것처럼 보는 능력'으로 주체의 태도, 정서, 성격을 인식할 수 있는 능력이다. 주체가 객관화된 다른 자아를 바라보는

이승훈은 작가와 작품, 텍스트와 텍스트의 경계를 넘나들고 해체하면서 이항대립적으로 구획지어진 것들의 경계를 부수고 사회 통념을 깨며, 이를 더 뚜렷이 부각시켜 비판하기도 한다. 그 사이에서 분열된 자아의 파편들이 하나의 시를 형성하는데, 이러한 해체주의 시론을 바탕으로 씌어진 그의 시는 자본주의 사회에서 느끼는 시와 현실의 괴리감, 언어적 표현의 한계, 시인 자신의 미결정성 등의 문제를 잘 드러내주고 있다고 본다. 이것은 언어의 지시적 기능보다 메타적 기능이 강화되는 모더니티의 실천으로서 자의식적인 시쓰기의 유희를 보여주는 것이라 할 수 있다.

> 이승훈 씨 계시오? 누군가 문을 두드린다 이승훈 씨가
> 깜짝 놀라 일어선다 시를 쓰다 말고 의자에서 일어나
> 문을 열어준다 겨울 저녁 일곱 시 낯선 남자가 이승훈 씨
> 방으로 들어온다 웬일이시오? 이승훈 씨가 묻는다
> 낯선 남자는 의자에 앉으며 담배에 불을 붙인다 도대체
> 당신 시는 무슨 소린지 모르겠소 무얼 말하려는 거요?
> 이승훈 씨가 대답한다 내가 쓰는 시는 나를 찾아가는,
> 어디에 있는지 나도 모르는 나를 찾아가는, 그러니까
> 타자를 찾아가는, 말하자면 일종의 여행이라고 할까요?
>
> -「겨울 저녁 일곱 시의 풍경」에서, 『밝은 방』

이 작품에서 주시하는 대상은 현대를 살아가는 우리들의 하루 일과와 불가분의 관계를 유지하면서 과장 혹은 미화되지 않은 일상적

양상으로 '자기를 의식하는 자신을 다시 의식'하는 것이데, 이 자의식은 곧 주체의 존재 방식을 묻는 것이기도 하다. R. May, 백상창 역, 『자아를 잃어버린 현대인』, 문예출판사, 1994, pp.83-84.

인 것으로 안온한 서정의 시세계와는 본질적으로 거리가 있다. '나'와 또다른 '나'가 대화를 나누는 형식으로 전개되는 이 시는 행위의 단편을 순차적으로 서술하면서 극적인 현장감과 함께 산문적 현실 속의 자신을 객관화시키는 듯한 자조적인 성찰의 특징을 보여준다. "내가 쓰는 시는 나를 찾아가는, 어디에 있는지 나도 모르는 나를 찾아가는 그러니까 타자를 찾아가는, 말하자면 일종의 여행"이라는 진술은 이승훈의 시적 지향점이 어디에 있는지를 선명하게 제시한다. 이승훈에 의하면 글쓰기에 의해 정립되는 자아는 소외된 자아[13]라고 한다. 그의 논리에 따르면 글을 쓰고 말을 할 때 인간은 자아를 획득하는 게 아니라, 자아로부터 소외되고 분열되기 때문이다. 사유한다는 것은 존재를 실현하는 것이 아니라 존재로부터 소외되는 것이며, 소외되지 않는 자아의 실체는 언술적 자아가 아닌 또 하나의 자아, 사유적 주체가 아닌 사유 이전의 자아로서 그는 곧 타자가 된다. 이 타자가 언어 행위를 가능하게 하고 사유적 주체를 생각하게 한다고 그는 말한다.

이승훈의 시쓰기는 일상적인 자아로부터 떠나는 모험으로 그려진다. 그는 초기시에서부터 꾸준히 '나'를 등장시켜 자아의 내면풍경을 고백하면서 동시에 그 자아의 경계선을 규정짓고 있는 바깥 풍경들 - 사회적, 제도적인 상황들 - 을 섬세하게 포착해내기도 하였다. 그가 초기부터 집요하게 추구하는 것은 바로 '자아탐구'라는 주제일 텐데, 시인은 이미 「비대상」[14]에서 대상을 부정한 자리에 유일하게 자신이

---

13) 이승훈, 『시적인 것은 없고 시도 없다-이승훈 대표시론』, 집문당, 2003, p.75.

14) '그동안 시를 써오면서 내가 관심을 기울인 부분은 소위 비대상의 문제였다. 비대상은 대상이 존재하지 않는다는 사실을 의미한다. 대상이 없다는 것은 한 편의 시에서 시인이 노래하고 있는 대상이 분명치 않다는 뜻도 되고, 우리가 전통적으로 알고 있는 자연세계나 일상세계가 시 속에 드러나지 않는다는 뜻도 된다. (…) 대상의 세계를 노래하는 시인들은 일단 대상과 시인의 세계에 대해서 소박한 태도를 제시한다고 볼 수 있다. 대상의 세계를 하나의 절대명제로

서있는 것을 인식하였고, 그때부터 그의 시쓰기는 자기 자신과의 만남과 탐구라는 주제로 수렴되기에 이른다. 이 「비대상」 시론에서 강조하는 것은 "세계는 없으며 있는 것은 나 자신 뿐"이라는 것과 자신의 시가 대상을 묘사하는 것도 아니고 사회적 제반 현상에 대한 시인의 견해를 진술하는 것도 아닌, "사물의 존재성, 존재의 내면성"[15]을 탐구한다는 것이다.

이것은 곧 존재론적인 자아와의 만남이라는 욕망과도 연결되는 것이다. 80년대의 문제적 시론인 「비대상」은 자아에 대한 회의와 부정의 정신을 보여주기는 하지만 자아의 존재를 의도적으로 해체하려는 시도는 없었다. 오히려 자아를 중심으로 철저하게 에고이스트적인 입장에서 자유로운 연상과 관념의 유희로 무의식을 심층적으로 탐구하는 모습을 보여주었다. 시인은 세계와의 불화 속에서 대상을 부정하고 실존적 자아를 만나면서 불안하고 고독한 단독자의 어두운 에너지를 드러내고, 초현실적인 풍경을 드러내기도 하였다. 어둡고 흐린 밤의 고독과 절망을 거쳐 '환상의 다리'를 건너 모든 것이 백색의 무로 화하는 '실존을 투사'하는 것이 초기시의 특징이었다. 그렇게 무의식과 '나'의 문제를 중심으로 회전하던 이승훈의 시는 90년대 들어 본격적으로 대상을 괄호 친 상태에서 '진정한 나란 어떤 의미를 가지는가' 그리고 '시쓰기란 무엇인가'라는 물음을 던지면서 새로운 자아 찾기에 몰두하고 있는 모습을 보여준다.

이승훈 씨는 바바리를 걸치고 흐린 봄날

인식하며 사는 것은 많은 일상인들의 삶의 방법이다. 대상의 세계가 어떻게 존재할 수 있는가에 대한 인식론적 회의가 한 번도 제대로 제기되지 않았다는 점을 그동안 나는 전통적인 한국시의 한계로 생각하고 있었다.' 「비대상」(1983), 『한국현대대표시론』, 태학사, 2000, pp.197-198.

15) 이승훈, 『한국현대시론사』, 고려원, 1993, pp.304-310.

서초동 진흥아파트에 사는 시인 이승훈 씨를
찾아간다 가방을 들고 현관에서 벨을 누른다
이승훈 씨가 문을 열어준다 그는 작업복을
입고 있다 아니 어쩐 일이오? 이승훈 씨가
놀라 묻는다 지나가던 길에 들렀지요 그래요?
전화라도 하시지 않고 아무튼 들어오시오
이승훈 씨는 거실을 지나 그의 방으로 이승훈 씨를
안내한다 이승훈 씨는 그의 방에서 시를 쓰던
중이었다 이승훈 씨가 말한다 당신이 쓰던 시나
봅시다 이승훈 씨는 원고지 뒷장에 샤프펜슬로
흐리게 갈겨 쓴 시를 보여준다 갈매기, 모래,
벽돌이라고 씌어 있다 아니 이게 무슨 말이오?
이승훈 씨가 황당하다는 듯이 이승훈 씨에게
묻는다 갈매기는 강박관념이고 모래는 환상이고
벽돌은 꿈이지요 뭐요? 난 그렇다고 생각합니다
아닙니다 틀렸어요 갈매기는 모래고 모래는
벽돌이고 벽돌이 갈매깁니다 틀림없습니다 그게
아닙니다 바다는 갈매기가 아닙니다 그건 모래가
벽돌이 아닌 것과 같습니다 벽돌은 바다가
아니니까요 바바리를 걸친 이승훈 씨와 작업복을
입은 이승훈 씨가 계속 싸운다 마침내 화가 난
이승훈 씨가 의자에서 벌떡 일어나 소리친다
좋아요 좋아! 문을 쾅 닫고 사라진다

-「이승훈 씨를 찾아간 이승훈씨」 전문, 『밝은 방』

시인의 자아와 분열된 또 다른 자아가 대화를 나누는 모습이 마치

한 편의 단막극처럼 펼쳐지는 이 시는 의도적으로 자신이 만든 가상의 대화와 그것을 상상하는 자신의 욕망과, 그 욕망의 뿌리까지 다중적으로 극화시켜 보여주고, 자신까지 대상화시키고 있다. “바바리를 입은 이승훈 씨”와 “작업복을 입은 이승훈 씨”라는 인물이 언쟁을 벌이는 상황은 결국 또다른 이승훈과의 대화이지만, 여기서 이승훈이라는 인물은 객관화 된 ‘너’라기 보다는 자아의 어떤 분신이라는 해석을 내릴 수 있다.

왜냐하면 이 작품에는 ‘실제 시인 이승훈’과 ‘텍스트내의 이승훈’ 사이의 경계가 모호할 뿐 아니라, 텍스트내의 이승훈은 다시 “서초동 진흥아파트에 사는 이승훈”과 “흐린 봄날 그를 찾아간 이승훈”으로 분열되어 있다. 이승훈이라는 자아가 이렇게 분열된 모습을 보이는 것은 시쓰기의 주체가 분열되어 있을 뿐 아니라 단일한 자아 개념을 부정하려는 시적 인식의 산물이기도 하다. 이러한 주체의 분열은 텍스트의 소통 자체를 안정된 구조가 아니라 불안정한 구조로 만들어 그 소통이 어렵다[16]는 점을 강조하고 있는 것으로 볼 수 있다. 발화주체가 분열되고 이것이 극단화되면 그 주체는 소멸할 수밖에 없다. 즉 주체의 소멸은 그것이 ‘없다’는 것을 의미하는 것이 아니라 역설적으로 너무 많다는 것을 의미한다. 이 작품에서 주체는 실제 시를 쓰는 시인 이승훈, 그가 글을 쓸 때 태어나는 텍스트 안의 이승훈, 즉 서초동 진흥아파트에 사는 이승훈과 흐린 봄날 진흥 아파트에 사는 이승훈을 찾아가는 이승훈으로 끊임없이 변주되어 나타난다. 또 “갈매기는 강박관념이고 모래는 환상이고 벽돌은 꿈이지요 뭐요? 난 그렇다고 생각합니다” 같은 진술에서 시인은 소통성의 문제를 제기하고 있을 뿐 아니라, ‘시’의 위상과 의의를 다시 환기시키고 있다. 시쓰

16) 이재복, 「파편적 내러티브와 우리 시의 현대성」, 『비만한 이성』, 청동거울, p.327.

기는 선택과 배제의 원리에 따른 언어예술임에도 불구하고, 독자나 수용자의 입장에서 그 가상의 기호체계에 매몰되어 현실 감각을 잃게 된다면 작품이 재창조되지 못하고 유희적 차원의 놀이로 매장될 위험을 지적해 준다. 결국 이것은 '시란 무엇인가'의 본질적 질문으로 소급되는데, 시인은 예술과 현실이라는 이항 대립적 경계를 해체하고 실제 '이승훈'과 텍스트 내의 '이승훈'을 의도적으로 분열시켜 작품과 세계와의 소통성이 그만큼 어렵고 불가능해지는 상황을 전달하고 있다. 이것은 이승훈의 시가 자아와 세계의 융합을 지향하는 동일성의 시학보다는 세계와의 불화 속에서 자의식의 심연을 탐구하면서 자신의 실체를 만나고자 하는 비동일성의 시학에 기반을 두고 있다는 부분이기도 하다. 이렇게 이승훈은 메타적인 시쓰기를 통해 자기 자신의 맨 얼굴을 여과없이 시 속에 드러냈고, 그동안 우리 시에서 타자화되어 온 일상적 자아나 존재하는 그대로의 분열된 자아를 시 속에 도입하고 있는 것이다. 그래서 이승훈의 시들을 읽고 분석하는 일은 그동안 배제시켰던 세계- 그렇지만 우리 삶의 대부분을 차지하는 있는 그대로의 사실적인 세계 -를 만나는 일이기도 하다.

그는 시를 쓴다 그는 그가 무엇을 하는지 모른다 그는
강의를 한다 그는 강의를 한다고 생각한다 그는 잡지를
편집한다 잡지가 그를 편집할 때도 있다 그는 술을
마신다 그는 전화를 건다 그는 바람부는 거리를 걷는다
그는 박카스를 마신다 그는 바지를 입는다 그는 저고리를
걸친다 그는 가방을 든다 그는 바람부는 거리를 걷는다

…(중략)…

그는 창밖의 겨울 운동장을 바라본다 그는 이렇게 산다
그는 그가 무엇을 하는지 모른다 한트케는 지옥이라고 했지만

그는 시를 쓴다
시쓰기는 살아가는 한 가지 방법이다.
-「그는 그가 무엇을 하는지 모른다」에서, 『밝은 방』

자전적인 요소가 강한 이 시에서 '그'로 표상된 이승훈 시인의 하루 일과는 가치 판단이 배제된 채 지루하게 나열되어 있다. 강의를 하는 일, 전화를 거는 일, 술 마시는 일, 박카스를 마시는 일 같이 일상적인 삶의 편린들이 전경화되면서 중요한 것과 그렇지 않은 것의 구별이 없는 시적 공간을 보여준다. 무수한 반복과 친숙성으로 대변되는 일상세계는 망각의 대상이고, 그런 의미에서 일상의 존재나 행위는 형이상학적 차원에서는 어둠에 묻혀있는 것이다. 일상이 자신만의 얼굴을 가지기 위해서는 누군가에 의해 새롭게 발견되어야 하는데, 이승훈의 메타시에서는 시쓰기가 일상의 존재와 어떻게 만나고, 그 의미의 발견에 이르는지를 암시해준다. 시인은 일상이 자신의 일부를 이루는 비일상과의 충돌을 통해 재구성되거나 드러나는 것이 아니라, 오히려 일상속으로의 침몰로 인해 오히려 자아의 본모습을 알 수 있다고 말한다. 제목에서처럼 ("그는 그가 무엇을 하는지 모른다") 그는 자신의 하루가, 그리고 하루의 삶으로 구성되는 자아의 실체가 무슨 뜻을 가지고 있으며, 무엇을 지향하는지, 자신의 행동이 무슨 심오한 뜻을 가지고 있는지, 더 나아가서는 절대적 진리와 연결되어 있는 것인지 알 수 없다[17]고 말한다.

이렇게 절대적 진리나 형이상학적 존재에 대한 회의를 보여주는 그의 시들은 자기동일성의 증명이나 확인이 불가능하다는 인식을 보여준다. 대상을 괄호 친 상태에서 '나는 무엇인가', '나는 누구인가',

17) 정효구, 앞의 글, p.192.

'나의 의미는 무엇인가' 같은 문제의식과의 대결을 통해 자기의 실체를 증명하려는 노력은 니체의 허무에의 의지를 연상시키기도 한다.18) 이것은 대상에 대한 회의를 한 번도 제대로 제기하지 않았던 전통적인 한국시가 가지는 인습에 대한 미적 저항이기도 하다. 이 저항의 강도가 높았기 때문에 그의 시는 늘 난해하고 복잡해보였던 것이다.

재난을 너머 백지를 너머 펄럭이는 하늘을 너머
권태를 너머 상처를 너머 그가 오다 기댈 곳 없는
저녁에 오다 그가 오다 회의 — 코기토 —
개인 — 유령을 너머 주관성을 너머 그가 오다
얼굴도 코도 없이 오다 도대체 그는 누군가?
그러나 그가 오다 오늘도 그가 오다 나 대신
술 마시러 오다 나 대신 방황하러 오다 그가
오다 이 추운 길을 그가 오다 피비린내 나는
세월 속에 오다 오다 오다 서럽더라 서럽더라
그가 오다 이 땅에 술 마시러 오다 이 땅에 시
쓰러 오다 그가 오다 오늘도 하루종일 그가 오다

-「그가 오다」에서, 『밝은 방』

이 시에서는 이른바 데카르트적인 코기토 cogito에 대한 부정이 나타난다. 코기토는 선험적 자아 혹은 그런 자아의 통일성을 지탱하는 개념이다. 모든 합리적 이성주의나 관념론은 이 코기토에 근거를 둔

---

18) 그는 비대상에서 '시를 절대적 필연성이라고 할 수밖에 없는 무의 세계로 나가는 하나의 과정이었으며, 동시에 언제나 실패하고 마는 과정이었다'고 밝히고 있다. 이것은 그의 비대상 시론이 허무주의와 실패를 수반하면서 이루어지는 모순의 시론이며 부조리의 시론이라는 것을 암시한다. 김준오, 「한국모더니즘 시론의 사적 개관」, 『문학사와 장르』, 문학과 지성사, 2000, pp.458-459.

다. 이승훈이 문제 제기하는 것은 그런 코기토에 대한 지적 회의이며, 그 회의는 다시 언어에 대한 회의를 낳는다. 언어에 대한 회의는 '나'라는 존재에 대한 회의로 이어지고 이것은 다시 "나 대신" '나'가 비어있는 공간에 '그'를 치환하여 "그는 누군가?"라는 물음으로 이어진다. 그는 "나 대신 술"마시고 "방황"하며 "추운 길"을 걸어오는 존재로서, '나'와 '그'는 동시에 현존하면서 부재하는 인물로 그려진다. 결국 이런 자의식의 공간에서 시인이 획득한 인식은 '나'에 대한 부정이 곧 '그'에 대한 인식을 낳고, '나'와 '너' 모두 불완전한 결핍의 존재라는 것이다. 결핍이 있는 상태에서 완전한 합일이나 자기 동일성을 유지한다는 것은 불가능한 일이다. '나'와 '그'가 언어로 지시될 때 이미 그 '나'와 '그'는 소외나 결핍의 양태로 존재하기 때문이다.

이렇게 존재에 대한 회의와 자기 동일성을 증명하려는 노력을 반영한 이 시는 어떤 경험의 세계도 수용하기 어렵다는 지적 회의와 함께 '나'와 '그'의 몸바꿈, '나'와 '그'는 부재하면서 동시에 현존한다는 인식을 보여주어 이항대립적인 경계가 무너지고 소멸하는 과정과 그 과정을 복사하는 인생에 대한 통찰을 보여준다.

이렇게 『밝은 방』에서 보여준 그의 시적 사유의 전위성과 실험성은 더 과격하고 해체적인 면모로 나아가기에 이른다. 이제 시인은 시쓰기를 추동하는 힘의 근원을 자아의 밖에서 찾는다. 이것은 자아가 창조하는 것도 아니고, 자아의 욕망이 만드는 것도 아니다. 그것은 오직 언어의 힘으로만 가능하다.

3. 자의식의 영점화(零點化)와 주체의 소멸

이승훈에게 '나'와 언어는 초기부터 지속적으로 주어진 시적 화두였다. 그의 여정은 그 화두를 풀어나가는 과정에 있으며 그는 '나는 모두 언어 속에서만 존재하고 언어의 본질은 차연(差延)에 있다'고 말한다. 데리다의 어법을 빌려 시인은 "시 속에서 나는 하나의 차이로 존재하며" "그 차이는 계속 연기된다"고 쓰고 있다. 이제 '나' 대신 '그'로 치환하려는 자아 증명의 욕망은 자아 해체나 자아 소멸로 전환하게 된다. 그는 자아를 인식론이 아닌 존재론적인 회의를 통해 새롭게 보게 된다. 이것을 그의 논리대로 표현하면 "내 속에서 그가 생각한다"[19]는 것이다. 다시 말해 나라는 존재는 한 시대의 경험적 현실을 뛰어넘어 선험적이거나 절대적 자아를 소유하는 게 아니라, 그저 상대적으로 존재할 뿐이라는 인식의 표현이기도 하다.

이렇게 자아와 세계에 대한 존재론적인 회의는 1996년 발표한 시론 「시적인 것은 없고 시도 없다」와 1997년 발표한 「비빔밥 시론」에서 더 극단적으로 발전되어 나타나는데, 시인은 자아 보존이나 자아 증명의 욕구를 넘어 '주체의 상실', '나를 지우기'라는 극단적인 지점으로 나아가기에 이른다.

> 나는 시를 쓴다 지금 나는 "달이 뜬 밤 나는 A시에서 술을 마신다"고 쓴다. 시라고 합시다. 시속에 나오는 '나'는 지금 이 방에서 이 글을 쓰고 있는 '나'가 아니다. 그리고 그런 '나'이다. 그럼 내가 A 시에서 술을 마신다고? 시를 쓰는 '나'는 시 속으로 들어가지만 그 '나'는 지금 시를 쓰는 '나'가 아니다 . 그렇다면 시를 쓰는 '나'는 누구이며 시 속에 있는 '나'는 누구인가? 독자 여러분들도 한 번 생각해 보시오. 시를 쓸 때 시를 쓰는 '나'는 사라지고 다른 '나', 말하자면 시 속의 '나'가 생긴다. 탄생한다. 그런 점에서 시쓰기, 문학이라는 이름의 글쓰기는 나의 소멸, 나

---

19) 이승훈, 「내 속에서 그가 생각한다」, 『해체시론』, 새미, 1998, p.114.

를 지우기, 지금 여기 있는, 그동안 있다고 믿어온 나를 없애기, 결국 부재를 증명한다.

-「시적인 것은 없고 시도 없다」, 『문학사상』, 1996.11, 『해체시론』, 새미, 1998, pp.17-18 재수록.

이 글은 주체가 사라지는 상황을 강조하는 자신의 시쓰기에 대한 입지점을 분명하게 보여준다. 그가 말하는 주체 소멸의 문제는 '나의 소멸', '나를 지우기', '방법적으로 믿어온 나의 존재를 없애기'라는 개념으로 제시되며 끊임없이 '나'에 대해 본질적으로 회의하는 입장을 보인다. 이것은 결국 내가 없다는 것, 나의 부재를 확인하는 것이다.

이렇게 내가 없다면 누가 존재하는 것일까. 시인에 의하면 언어만이 존재한다고 한다. '나'가 없고 언어만 있다는 그의 논리는 곧 언어가 '나' 혹은 자아에 앞선다는 것을 의미한다. 자아보다 언어가 앞선다는 것은 신학적이며 초월적인 자아가 존재하지 않는다는 것으로서, 반휴머니즘적인 세계관을 드러내는 것이라 할 수 있다. 이것은 인간에 대한 전통적인 시각을 전적으로 부정하는 인식과도 연관된다. 주체의 소멸은 관념이나 상식을 탈각시킴으로서 모든 이데올로기로부터 벗어난 "중립상태의 말"[20]을 지향하는 것이기도 하다. 이것은 모든 언어가 이데올로기로부터 자유로울 수 없음을 자각하고 상식이나 의미의 권력으로부터 벗어나 자의식의 영점화(零點化)로 환원된 지점에서 시쓰기의 존재론을 탐색하는 것이 된다. 라캉에 의하면 주체가 주체로 서기 위해서는 언어를 요구[21]한다. 그러나 주체가 언어로 대치될 때, 혹은 언어에 의해 주체가 탄생할 때 거기 드러나는 것은 부

20) V. Jouve, 하태환 역, 『롤랑 바르트』, 민음사, 1997, p.161.
21) A. Lamaire, 이미선 역, 『자크 라캉』, 문예출판사, 1994, pp.51-60 참조.

재와 현존의 변증적 관계이다. 주체는 언어 체계 혹은 상징적 질서 속에 들어갈 때만 주체로서 성립한다. 그러나 이것은 주체로서의 산 경험을 억압함으로써 산 경험과 그것을 대체하는 언어 기호 사이에 틈이 벌어진다. 그런 점에서 주체는 언어, 말하자면 상징계, 곧 사회 속에 들어가면서 탄생하지만 동시에 죽어가는 것이다.

① 내가 사는 곳은 언어, 언어 속에 내가 있다 아니 언어
가 나다 나는 말하고 나는 침묵하고 나는 기침하고 나
는 담배를 피우고 난 정치는 모른다 난 국문과 교수도
아니다 이 글 속에서 이 언어 속에서 아니 이 언어의
들판에서 난 염소 옆에서 담배를 피우고 염소도 담배
를 피우고 비가 오면 이 언어 속에서 우산을 쓴다 당
신과 만난 곳도 여기 이 하얀 원고지 위에서! 어머니
와 싸운 곳도 여기! 이 하얀 얼음 위에서! 해질 무렵
개미를 연구한 곳도 이 백지 위에서! 그동안 난 헤맨
게 아니다 언어가 헤매고 지금 저무는 하루도 언어 속
에 저문다 물론 언어는 피로하다 당신들이 언어를 죽이
기 때문이다 지금 말하는 건 내가 아니라 언어, 그것,
알 수 없는 힘이다

-「언어」 전문, 『너라는 햇빛』

② 나는 없고 언어만 있으니 나라는 언어가 나를
만든다 이 글 이 텍스트 이 짜깁기 언어라는
실과 실의 얽힘 속에 양말 속에 편물 속에
스웨터 속에 당신의 스타킹 속에 내가 있다
나는 거기 있는가? 내가 거기 있다고? 글쎄

> 난 그것도 모르고 거울만 보며 쉰이 넘었다
> 망측스럽도다 거울만 바라보며 세월을 보낸
> 내가 갑자기 망측해서 주먹으로 한 대 갈기고
> 이 글을 쓴다 이 글 속에 이 언어 속에 아무 것도
> 없는 언어 속에 부재 속에 무 속에 내가 있도다
>
> -「텍스트로서의 삶」에서, 『너라는 햇빛』

위의 두 작품은 시를 쓰는 행위란 그 의미와 실체가 증명되지 않으며, 타자로부터 끊임없이 소외되는 일이라는 것을 강조하는 시론적 성격을 가지고 있다. ①에서 시를 쓰는 공간인 "원고지"라는 백색의 공간은 시적 언어가 만들어지고 다시 태어나는 과정을 반복하는 생성과 소멸의 장으로 나타난다. 그러나 시인에게 언어란 단일한 개념이나 인식으로 정리될 수 있는 것이 아니다. 시인은 언어가 혼란스럽고 비정형적인 실체임을 인식하면서 시를 쓴다는 것은 보이지 않는 나사를 찾는 행위라는 인식을 보여준다. 이것은 어디에도 내가 존재하지 않는다는 '자기 부재의 확인'이라고도 할 수 있을 것이다. "난 헤맨 게 아니다 언어가 헤매고 지금 저무는 하루도 언어 속에 저문다 물론 언어는 피로하다" 같은 구절은 시쓰기가 시인과 무관하게 존재하는 언어적 실체이며, 작품의 복합적인 의미망을 생성해내는 것은 다름 아닌 언어라는 입장을 반영하는 것이기도 하다.

②에서는 더 과격하게 이런 양상이 전개되는데, 시인은 시쓰기가 하나의 유희로 성립하기 위해서는 그 유희 속에서 주체가 소멸해야 한다는 인식을 보여준다. 이때의 주체의 소멸은 역설적으로 언어 사용의 창조성 때문에 생기는 것이다. 다시 말해 주체가 소멸한다는 것은 말 그대로의 사라짐의 의미가 아니라 일종의 '창조적 소멸'이라고 할 수 있다. 결국 남는 것은 언어와 시를 쓰는 공간뿐이다. 이것은 보

여주기의 언어 형식인 고전적 재현론, 곧 언어가 대상의 세계를 재현한다는 전통적 언어 이론을 극복하고 탈피하려는 전위적인 사고의 산물이다. 결국 언어가 시를 쓰며, 시쓰기란 '타자의 글쓰기'라는 것이다.

이러한 이승훈의 시와 시론은 당대의 실존적 자아와 현상학적 자아를 전복하기 위해 자아를 해체하고 주체를 결핍으로 보는 라캉의 시각에 많이 의존하고 있는 듯하다. 이것은 주체를 대상에 대한 왜곡된 집착에서 벗어나게 하고, 스스로도 오인 구조를 지니고 있다는 것을 깨닫게 하여 타자의식을 갖게 한다[22]고 보기 때문이다.

모더니즘 미학은 자아 개념을 중심으로 자아의 분열과 통합, 자아 상실과 동일성 증명에 관심을 두었지만 주체 소멸의 개념은 포스트모더니즘 미학의 철학적, 언어학적 토대가 된다. 모더니즘이 비록 회의와 부정의 대상으로 자율적 실체로서의 자아를 전제로 한다면 포스트모더니즘에서는 그런 자아가 존재하지 않는다는 존재론적 회의를 드러낸다. 데카르트는 "나는 생각한다 고로 나는 존재한다"고 했지만 라캉은 "나는 내가 존재하지 않는 곳에서 생각한다. 고로 나는 내가 생각하지 않는 곳에 존재한다"고 말한다. 이러한 라캉의 사유 구조를 그는 자신의 시에 적용하여 다음과 같이 진술하기도 한다.

> 그의 어머니는 겨울밤에 돌아가셨다 어머니를 고향 산
> 에 묻고 돌아오던 저녁에도 눈이 내렸다 그건 그만이
> 알 것이다 내가 분석하기로는 그는 그가 있다고 생각
> 하는 곳엔 없고, 그가 없다고 생각하는 곳에 있다고

22) 권택영, 『영화와 소설 속의 욕망이론』, 민음사, 1995, pp.43-46.

생각합니다 그의 삶, 그의 삶, 과연 그의 삶이 있었던가?

-「그의 삶」에서, 『나는 사랑한다』

이렇게 자아 개념을 중심으로 회전하던 그의 시들에는 주체의 문제, 소멸의 문제, 시쓰기의 문제에 대한 탐구가 집요할 정도로 전개된다. 그가 시쓰기를 통해 탐구한 나 혹은 자아는 시 속에서 차연(差延)이나 연기의 상태로 존재할 뿐이다. 그에 의하면 나는 있으면서 없고, 나는 시니피앙이라는 "기호의 흔적"[23]에 불과할 뿐이다. 곧 나는 이 세계에 실체가 아니라 이미지로만 존재하며 부재하는 존재일 뿐이다. '나는 누구인가'라기보다는 '나는 존재하는가?'라는 존재론적 회의가 그의 시적 사유와 시쓰기를 지배하고 있는 것이다. 나 라는 존재에 대한 회의는 극단적으로 가서 나의 부재로 이어지고, 나 라는 주체가 없이 시쓰기가 가능한가? 라는 의구심을 불러일으킨다. 그렇지만 그는 이 의문에 대해 시쓰기의 가능성이 곧 불가능성이라는 역설적인 답변을 하고 있다.

그는 "부르조아적 시쓰기, 그러니까 사유 주체, 창조 주체, 생산 주체로서의 시쓰기는 불가능하지만 이런 불가능성이 새로운 시쓰기, 예컨대 언어가 시를 쓰고 시가 시를 쓰는 그런 시쓰기의 가능성을 연다"[24]고 말한다. 이것은 30년 넘게 탐구한 그의 자아 문제가 주체의 소멸이라는 존재론적 회의의 한 극단적 가능성을 보여준 것이라 할 수 있다.

23) 이재복, 「허무와 소멸의 미학」, 앞의 책, p.377.
24) 「시적인 것은 없고 시도 없다」, 앞의 책, p.19.

4. 복수성의 미학과 경계 해체

언어를 습득하고 말을 익히게 되면서 인간은 주체 개념을 성립시킨다. 이때의 주체란 객체를 전제로 하는 개념이다. 즉 '나'와 '너'의 관계가 성립한다. 이 관계가 곧 사회와 조직, 국가를 만들게 된다. 그래서 언어를 익힌다는 것은 인간이 사회적 존재가 된다는 것, 이른바 사회적 자아가 됨을 뜻한다. 그러나 이승훈에게 언어 행위는 끝없는 자기 소외 과정에 지나지 않는다. 그래서 사회적 자아란 끝없이 소외되는 자아일 뿐이며 그로 인해 절망감을 느끼게 된다. 이미 앞에서 분석한 시들은 세계에 군림하는 이데올로기나 의미의 횡포, 관념의 허구성 같은 것들이 순수한 형식으로 존재하는 언어를 오염시키고 있다는 문제 의식에서 쓰여진 것으로 보인다.

> 물론 이승훈 씨는 시를 쓰신다 언어가 있기
> 때문이다 언어라? 언어라? 언어라? 도대체
> 언어란 무엇인가? 그는 언어 때문에 시를 쓰지만
> 언어 때문에 실패의 연속이다 언어 유리디체여
> 그녀를 돌아보면 안된다 차라리 불을 질르라
> 물론 어려울 것이다 그렇다면 이제 남은 건
> 훔쳐오기 그렇다 이제 그는 유리디체를 훔친다
> 그가 읽은 책, 그가 읽는 책, 그가 읽을 책,
> 그리고 최근의 경험, 말라빠진 현실, 엉터리 꿈,
> 한낮에 졸고 있던 약방, 카페에서 그의 담배에
> 불을 붙여주던 사람(얼마나 고맙던가?) 그는
> 작은 일에 약하다 말하자면 예민하다
>
> …(중략)…

나처럼 조금 미친 이승훈 씨도 있고 겨울 저녁
불을 켜고 앉아 언어를 훔치는 시인도 있다 그럼
이승훈 씨여 부디 분발하시기 바란다

-「이 시대의 시쓰기」에서, 『나는 사랑한다』

해체주의적 관점에서는 우리가 진리라고 여겼던 일체의 이데올로기나 관념들이 모두 일상적인 언어적 구성물, 다시 말해 허구로 파악된다. 이 시에서는 언어가 현실의 총체성을 반영하는 것이 아니라 현실의 파편을 끌어 모은다는 것, 그래서 시쓰기는 완성된 언어적 조형물이 아니라 끊임없는 실패와 과정의 연속이라는 것, 그래서 세계를 텍스트로 보는 것이 아니라 텍스트를 세계로 보겠다는 인식의 전환을 보여준다. 그리고 시인은 언어가 곧 '나'라는 인식을 통해 자기증명을 하려는 시도를 보인다. 대상과의 관련성이 탈락된 언어 속에서 '나'라고 명명할 때 그 '나'가 지시하는 것은 '나'라는 실체가 아니다. 여기에서의 '나'(이승훈)는 현실적으로 존재하지 않는다. '나'는 언어로 명명될 때 이미 죽거나 부재한 상태에 놓이는 것이다. 이때의 '나'는 거울 속의 '나'와 같은 것이기도 하다. 그 거울 속의 '나'는 진정한 '나'가 아니라 나의 이미지에 불과하다. 거울 속의 '나' 혹은 언어로 명명될 때의 '나'를 나 자신과 동일하다고 인식하지만 사실은 그것이 하나의 허구에 불과하다는, 이 자기 증명의 욕구는 결국 '나'를 '나'로부터 소외시키는 결과를 초래하게 된다.

이러한 '나'의 자기 동일성 보존에 대한 회의는 시적 사유를 '너'에 대한 관심으로 돌려놓는다. 그는 '너'와의 만남을 통해 '나'가 '나'로부터 소외되는 이른바 자기 소외를 극복하려 하는 것이다. '나'와 '너'와의 관계에서 성립되는 이 자기 동일성 보존의 욕구는 다음과 같이 행해진다.

어제 저녁 사랑에 도달한 나는 어제 저녁 너라는 역에
도달한 나다 너라는 역에 금잔화 불타는 작은 역에
금잔화만 불타는 너의 몸에 너의 가슴에 너의 눈에
너의 코에

지금도 도달한다 사고의 극한에 네가 있다 너라는 몸
이 있다 덧없는 순간들이 진리다 이 덧없음 속에 활활
타는 금잔화 속에 포옹 속에 눈물 속에 죽음과 삶 속에
저무는 가을

-「너라는 역」 전문, 『너라는 햇빛』

시인은 '나'와 '너'에 양가적 가치를 부여한다. 이때의 '나'나 '너'는 어떤 절대적 대상이 아니라 그 의미가 끊임없이 미끄러지고 유예되는 대상으로 존재한다. '사랑에 도달한 나'는 '너라는 역에 도달한 나' 이면서 '사고의 극한'에 갈 때 너의 육체성을 느낀다고 쓰고 있다. 시인은 본질적으로 '나'와 '당신'(너)이 동일성을 유지하기 위해서는 '당신'이 부재해서는 안되고, 영원히 현존만 계속되어야 한다는 욕망을 표출하고 있다. 이른바 순환성의 욕망이다. 이러한 시적 전개는 의식의 논리를 따른다고 볼 수도 있지만 이 시에서는 그런 의미가 드러나지 않는다. 의식하는 자아가 아니라 본능적으로 반응하는 무의식적 실체, 라캉이 말하는 타자가 존재하는 것으로 나오기 때문이다. 라캉은 무의식이 원초적인 것도, 본능적인 것도 아니라고 주장한다. 무의식은 우리가 말하고 행동하는 그 모든 것 속에 암시되어[25] 있기 때문이다. 이렇게 덧없는 순간과 인생의 희노애락이 변전하는 과정을 그

25) Modan Sarup, *Postmodernism & Poststructualism*, the university of Gergia Press, 1989, pp.20-21.

리는 듯한 이승훈의 시들에는 일상적이고 사소한 삶의 파편들이 가득하지만 그 일상적인 사물과 사건들은 그의 시집에서 입체적이고 역동적인 공간을 만들어내며 기표/기의, 자아/타자, 의식/무의식, 이성/욕망, 현상/본질 같은 대립을 해체하고 인간이 의도적으로 만들어낸 기호의 공허성을 지적한다. 이런 이항대립 체계의 무의미성을 해체하고 '나'를 지운다는 입장을 견지한 시인이 강조하는 것은 다름 아닌 해체의 논리이다. 그가 보여주는 해체는 주체와 객체, 현상과 본질, 작가와 독자, 의식과 무의식 등은 말할 것도 없고 시와 비시, 장르의 경계 해체까지도 포함하고 있다. 그의 해체의 논리에서라면 존재하는 모든 것들은 그 경계가 모호하고 불투명할 뿐 아니라, 이미 그 자체로 섞여있는 것이 된다. 이런 해체의 전략은 텍스트의 모순성, 비일관성, 모호성을 추구하고 텍스트를 단일한 공간으로 보는 개념 자체를 해체하는 것이다. 결국 텍스트는 두 개의 풍경을 가지고 노는 유희의 세계라고 할 수 있다. 이런 복수성의 세계를 그는 "비빔밥"에 비유하고 있다.

> 독자의 참여를 요구하는 시라고 할까? 그리고 완성이 아니라 만드는 과정, 생성이 중요하고 그런 생성이 무슨 단일한 세계가 아니라 복수성, 파편의 세계로 뒹구는 것도 중요한 점이다. 비빔밥에서는 안과 밖이 섞이고 밥과 반찬이 섞이고 당신과 내가 섞이고 시와 비시가 섞인다. 섞임의 미학이다. 이런 복수성 세계는 이른바 이항대립체계, 위계질서를 해체한다는 점에 의미가 있고 무의미가 있고, 철학이 있다.
>
> -「비빔밥 시론」, 『현대시사상』, 고려원, 1997, 봄호, 『해체시론』, p.35 재수록.

그는 비빔밥이 밥도 아니고 밥과 반찬의 경계가 모호할 뿐 아니라 재료들을 섞고 비비고 만드는 과정이 먹는 과정보다 중요하다는 점을 들어 자신의 해체적인 사유를 "비빔밥 시론"이라고 명명하고 있다. 이렇게 "비빔밥 시론"을 통해 그가 중요하게 내세우는 것은 즐거운 언어 놀이로서의 시쓰기의 의미와 함께 개방성, 복수성, 무의식, 타자, 흔적같은 개념임을 알 수 있다.

> 그러나 쓴다는 것은 나를 버리는 행위입니다 종이 위에 나를 버리고
> 나는 하나의 차이로 존재합니다
> 그러나 쓴다는 것은 계속 쓴다는 것은 나를 연기시키는
> 일입니다 종이위에서 나는 계속 연기됩니다 나는 이미 내가
> 아닙니다 나타나고 사라지는 무수한 텍스트, 밝은 방 속에
> 드러나는 이 흔적!
>
> -앞의 글, p.35.

그가 시쓰기를 통해 탐구해 온 '나' 혹은 자아는 시 속에서 하나의 차이와 연기의 상태로 존재할 뿐이다. '나'는 있으면서 없고, '나'는 시니피앙이라는 기호의 흔적에 불과할 뿐이다. 곧 '나'는 이 세계에 실체가 아니라 이미지로만 존재하는 부재하는 존재인 것이다. '나는 누구인가'가 아니라 '나는 과연 존재하는가' 하는 존재론적인 회의가 그의 시적 사유를 지배하고 있는 것이다. '나'라는 존재에 대한 회의는 극단으로 가면 나의 부재로 이어져 '나없이 어떻게 시쓰기가 가능한가?'라는 의문을 불러일으키게 한다. 그러나 그는 이 의문에 대해 시쓰기의 불가능성이 곧 가능성이라는 역설적인 답변을 하고 있다.

결국 이승훈 시인의 시를 이해하는데 있어 중요한 것은 자아의 문제와 함께 바로 시쓰기의 문제라고 할 수 있을 것이다. 시인은 끊임없이 존재의 심연을 응시하면서 나는 누구인가, 나는 왜 방법적으로 회

의하는가, 또 시쓰기를 통한 구원은 가능한가라는 물음을 끊임없이 던지면서 자신의 실존을 치열하게 탐구하는 모습을 보여주고 있다.

5. 진실한 거짓 세계를 뒤집기

90년대 이후 변모를 겪은 우리 시단의 중심에는 이승훈이 있다. 그의 자아탐구와 시쓰기는 '시를 왜 쓰는가' '나는 누구인가?'라는 자의식적 질문에서 촉발된 것이다. 그 자의식의 공간은 하나의 의미로 구획짓거나 단정할 수 없는 미분화된 것이어서 그의 시를 읽는 작업은 난해한 일이다. 이승훈의 이러한 시쓰기는 후기산업 사회의 미학적 전략이라는 문제와도 일정 부분 공유하는 점이 있는 것으로 보인다. 90년대 이후 제기된 주체의 소멸, 거대 담론의 공동화 현상, 욕망하는 기계 등의 문제는 언어의 비지시성, 곧 언어의 사물화를 통해서만이 가능하다. 이승훈이 제기한 언어의 이러한 존새싱은 주제가 인이에 지나지 않는다는 사유, 내면이 있는 것이 아니라 밖과 외부가 있다는 사유, 그리고 언어가 영원히 사물이나 세계를 완전하게 재현할 수 없다는 사유에서 싹튼 것이다. 그의 논리에 의하면 시인인 내가 시를 쓰는 것이 아니라 언어가 시를 쓰는 것이다.

기존의 서정시가 언어와 세계 혹은 언어와 대상의 관계를 형상화할 때 시인은 주로 언어와 자아의 관계에 대해 형상화한 것이라 할 수 있다. 시는 말하는 세계가 아니라 보여주는 세계라는 재현주의적 입장에서의 서정성을 표현하는 것이 된다. 그것은 구체적 현실이나 대상을 전제로 하는 것이다. 그렇지만 이승훈은 우리가 바라보는 현실이 혼돈, 불확실성, 모순으로 가득하다는 허무주의적인 인식을 보여준다. 세계의 질서를 재편하는 것은 자아와 세계가 공유하는 가능성으로서의 소박한 질서를 제시하는 일에 지나지 않음을 그는 실험적인 시쓰기의 형식으로 제시한다.

지금까지 살펴본 이승훈의 시와 시론의 특징으로 다음과 같은 결론을 도출할 수 있을 것이다. 첫째, 이승훈의 시는 언어의 자율성을 강조하는 해체주의적 사유방식과도 접맥된다. 언어란 재현의 도구일 수 없다는 점에서는 여전히 모더니즘적 인식을 유지하고 있지만, 해체 구성에서 말하는 언어 자체의 극단적 자율성에는 더 이상의 의미론적 배경이 형성되지 않으며 극단화된 언어의 자율성이란 언어에 의해 구속되는 타율성을 바탕으로 한 자율성[26]이라는 점에서 모더니즘을 이탈하여 포스트모더니즘으로 이행하는 징후를 보인다.

언어 기호를 소쉬르처럼 시니피앙/시니피에라는 이분법으로 이해하면 시/산문, 삶/죽음, 일상/예술, 개인/사회같이 형이상학적인 모든 분야에서 이분법의 현상[27]이 나타난다. 이승훈은 이러한 이분법이 이끄는 질서나 기호의 체계에 저항하기 위해 이분법의 틀을 깨고, 기호의 안과 밖을 넘어서는 제 3의 의미공간이 필요하다고 본다. 이 제 3의 의미공간을 그는 "복수성의 세계", "섞임의 미학"으로 제시한다. 이 복수성의 세계는 30년 넘는 시간 동안 이승훈이 추구한 언어의 미학적 역사성 위에 세워진 새로운 의미화 실천으로서 존재하는 것이기도 하다.

둘째, 이승훈의 자아탐구는 포스트모더니즘의 테두리에서 수행된 탈근대성의 징후를 보인다. 그는 이미지, 무의식, 환상, 차연, 시니피앙의 가치를 누구보다 믿고 그것이 진실이라고 말하는 시인이다. 그래서 그에게 모든 것은 '진실한 거짓'의 세계로 읽히고 자아와 세계는 모두 끊임없이 미끄러지거나 유예되는 흔적들에 불과하다고 파악

26) 최문규, 『탈현대성과 문학의 이해』, 민음사, 1996, p.194.
27) Henri Mechonic, 김다은 역, 『모데르니테, 모데르니테』, 동문선, 1999, pp.2-3.

된다. 자아의 정체성을 이미지, 환상, 차연, 시니피앙 등의 개념으로 파악한 것은 우리 시사에서 보기 드문 경우이다. 이것은 자의식의 회전과 이분법의 폭력으로부터 벗어나 인간 중심의 권위적 사유방식을 탈피하려는 자각과 더불어 텍스트 내부에 '주체의 소멸' 현상을 불러온다. 주체의 소멸이 가져오는 것은 의미의 소멸인데, 이것은 삶의 무의미성이나 덧없음을 뜻한다기보다는 의미 생산 자체의 불가능성이나 허망함을 나타내는 것으로 해석된다.

무겁고 관념적인 것에 대한 거부와 저항의 일환으로 시인은 이성적 사유를 해체하려는 미학적 노력을 보이고 있을 뿐 아니라 사회적 탈을 쓴 자아의 개념을 버리고 그 대신 존재론적인 자아를 탐구하고 있다. 이렇게 그의 시는 존재론적 사고가 보여주는 진리의 가능성과 사고의 새로운 형식인 자유의 가능성이 긴장을 유지한다. 요컨대 이승훈만의 미적 경험이 노리는 가치는 진리의 가능성과 자유의 가능성을 동시에, 그러나 동일성의 원리가 아닌 비동일성의 원리에 따라 결합시키는 일일 것이다.

셋째, 이러한 시적 실험의 일환으로 그는 누구보다도 개방적이고 유희적인 시쓰기의 공간을 만들어내고 있다. 비빔밥이라는 음식이 개방적이고 과정이 중요한 음식이듯이, 시도 만드는 생성의 과정이 중요하며 그 생성은 복수적이며 즐거운 언어 놀이가 된다는 것이다.

90년대 이후 문제적인 시와 시론을 발표한 이승훈 시인이 앞으로 어떤 시적 여정을 모색할지 사뭇 궁금해진다. 시인으로서 사로잡혀 있던 모든 고정관념이 '외부의 사유'[28])로 해체되었다면, 그 빈 공간에 무엇을 세울 것인지가 그의 새로운 화두인 듯 하다. 최근에 그가 발표한 시론에는 데리다의 논리 외에 동양의 선불교 정신이나 노장

---

28) 서준섭, 『시적인 것은 없고 시도 없다』 해설, 집문당, p.306.

철학에 대한 관심이 나타나고 있는 것으로 보인다. 그의 탈근대적 사유의 언어와 형식은 한국적인 근대 안에서의 해체론을 모색하는 시적 여정이기도 한데, 변화하는 시쓰기 방식을 통해 생성되는 창조적 가능성이 앞으로 어떻게 전개될지, 이 부분에 대한 논의는 또다른 지면을 기약하기로 한다.

장정일과 황지우 시에 나타난 유희적 해체의 서정성

– 포스트모더니즘의 시학적 특성을 중심으로 –

1. 시에 대한 인식의 전환과 새로운 문화의 패러다임

1980년대 한국시는 다양한 시가 공존하고 교류하는 시의 르네상스기였다. 주지하다시피 1980년대는 사회 문화적 복합성과 역동성이 공존하면서 민주화 운동에 발을 맞춘 문학 기능의 사회화 현상과 상업자본주의의 급속한 팽창, 월북 작가의 해금 조치로 인한 이데올로기의 개방 등으로 새로운 전환을 맞고 있는 시기이기도 했다. 1980년대는 민중 연대성과 저항의 서사가 보다 심화되고 예각화된 시기[1]이기도 하지만, 1960년대 이래 제기된 참여문학과 순수문학의 이원론이 민중문학과 모더니즘의 대립 구도로 구획지어져 또다른 쟁점을 만들어낸 시기이기도 했다. 또 1970년대 이후 고도로 진행된 산업화의 물결 속에서 많은 시인들이 진취적이고 의욕적으로 새로운 시의 척도를 만들기 위해 고투한 것도 시의 르네상스기를 이루게 하는데 결정

1) 하정일, 「80년대 민족문학, 탈식민의 가능성과 좌절」, 『작가연구』, 2003 상반기호, p.16.

적인 역할을 했다. 문학에 대한 사회적 · 이데올로기적 요구 속에서 시인들은 스스로의 자율적 존재 방식을 탐구했던 것이다.

방법이나 기교의 면에서는 차이가 있을 수 있지만 1980년대 시의 흐름을 주도했던 민중시나 모더니즘 시가 궁극적으로 노린 것은 현실 부정과 현실 파괴이며, 체제에 대한 저항의 정신이라고 할 수 있을 것이다. 그렇지만 그 방법은 엄연히 다르다. 리얼리즘이 재래적인 형식을 지킨다면 모더니즘 시는 형식을 파괴[2]하는 것을 제1원칙으로 삼는다. 무겁고 관념적인 정치적 성격의 소재가 시의 제재가 되는 경우도 있었지만, 도시라는 공간에서의 삶, 일상적이면서 대중적인 삶, 그리고 유희적인 삶이 1980년대의 시대적 배경속에서 시의 제재가 되기 시작하였고, 이에 따라 도시시, 일상시, 해체시 등 다양한 용어들[3]이 등장하면서 1980년대의 다양한 시문학을 설명하는 키워드로 자리잡기 시작한다. 특히 1980년대 시에서의 유희적 어조는 현대시에서의 반(反)서정주의의 가장 두드러진 시적 태도이기도 하다. 기존의 서정시가 주로 자연을 통해 자아의 정서를 담아내는 것이라면 이 전통적 서정시에 대한 반발과 새로운 시의 형식 추구를 통해 자신의 존재 방식을 주장하는 것이 모더니즘 시이다.

1970년대 말부터 이성복 같은 시인이 추구한 초현실주의적인 시의 미학은 1980년대 박남철, 오규원, 장경린, 장정일, 황지우 등이 추진하는 모더니즘으로 이어져 이전과는 다른 새로운 양상을 보여주기에 이른다. 1980년대 모더니즘 시는 해체의 서정에서 출발했다고 해도 과언이 아닐 것이다. 무엇보다 1980년대 시는 한국 근대성의 모순과

---

2) 이승훈, 『한국모더니즘 시사』, 문예출판사, 2000, p.301.
3) 김준오, 이윤택 등의 논자에 의해 이런 용어가 사용되기 시작하였다. 김준오, 『도시시와 해체시』, 문학과 비평사, 1992; 이윤택, 『해체, 실천 그 이후』, 청하, 1988 참조.

문제에 정면 충돌하면서 이를 전면 부정하려는 움직임에서 싹튼 것이라 볼 수 있는데, 전면적인 부정을 보인다는 점에서 1980년대 모더니즘 시는 그 이전의 모더니즘 시와는 많은 차이를 보여준다. 세계의 덧없음을 극단적인 반미학[4]을 통해 보여주고 있다는 점이 가장 큰 차이일 것이다. 이런 반미학의 정신을 보여주는 데에는 다원주의적 세계관에 입각한 대중문화의 영향력을 빼놓을 수 없을 것이다. 사회적으로는 거대 소비사회로, 문화적으로는 전자 · 기계 · 영상 문화 등을 위시한 탈-문자 문화의 단계로 돌입한 시기에 이를 반영하여 나타난 새로운 모더니즘 문학이 한국 자본주의의 큰 변화에 많은 것을 빚지고 있는 셈이기도 하다. 문화의 수평화 현상과 수평 문화의 확대[5]라는 산업 사회에서 1980년대 시는 새로운 자가 증식을 하게 된다. 거대 도시의 생성과 인구 집중, 개인주의의 심화, 일상을 침투한 매스미디어의 범람, 환경 파괴 같은 다양한 삶의 변화들이 우리 시 곳곳에 침투하기 시작했기 때문이다. 그리고 물신화되고 기계화된 산업사회에 편승하면서도 한편으로는 비판의 정신을, 한편으로는 유희의 정신을 가진다는 이중성의 모순에 1980년대 모더니즘 시의 리얼리티가 있다고 본다. 이런 점에서 1980년대 모더니즘 시의 유희적 해체의 현상은 이중성과 모순성, 복합성을 동시에 가지고 있다. 이들 시가 보여주는 이중성과 모순성에는 기존의 권위적이고 종속적인 존재 형식에 대한 해체의 정신이 나타나며, 시적 자아와 긴장을 유지하고 있는 세계에 대한 인식론적인 회의를 보여준다. 이러한 인식론적인 회의를 통해 이들은 시적 자아를 둘러싸고 있는 세계의 부조리함을 전경화한다.

---

4) 구모룡, 「억압된 타자들의 목소리」, 『현대시사상』, 1995, 가을호, p.181.
5) 문선영, 『현대시와 문화의식』, 청동거울, 2003, p.151.

시를 부정하기 위해 시를 쓴다는 이들의 태도에서 자기반영성이나 상호텍스트성의 문제를 수반하는 것은 당연한 일이다. 이러한 기법의 전략으로서 80년대 시인들은 시의 전통적 개념을 해체하려 했고, 여기서 언술 행위의 자유로움을 극대화하여 보여준다. 모더니즘이 강조하는 것은 아폴론적 원리와 디오니소스적 원리 사이의 날선 긴장이지만, 80년대 한국시에서 보여지는 급진적인 실험과 상상력의 유희는 외래적 영향보다는 자생적인 원리에서 태어난 측면이 강하며, 아폴론적 원리를 거부하는 특징이 강하게 나타난다.

새롭게 부각한 산업사회의 배경에서 극단적인 반미학을 실천하는 80년대의 시인들로 황지우, 오규원, 이윤택, 장정일, 유하, 하재봉 같은 시인들을 거론할 수 있을 것이다. 이들의 시는 전통적인 시학과 방법론으로는 급변하는 세계를 담아낼 수 없다는 전제하에 새로운 창조적 가능성과 실험 정신을 보여준 것이다. 특히 80년대 해체시의 기수로 많은 주목과 평가를 받았던 황지우와 장정일은 시단의 한 흐름을 형성했던 가장 큰 저수지라고 해도 과언이 아닐 것이다.

이 글에서는 장정일과 황지우, 두 시인의 언술방식에서 빚어지는 형태적 실험에 초점을 맞추되, 작품 속에 구현되는 유희적 해체[6]의 양식에 주목하여 논의를 진행하고자 한다. 이들 시에는 '나는 누구인가', '세계의 본질은 무엇인가?', '가치있는 삶은 무엇인가?' 같은 인식론적인 회의를 바탕으로 문명의 세속화에 저항하는 부정의 정신이

6) 언술 방식의 자유로움과 상상력의 유희를 보여주는 이들 시에는 기존의 모더니즘 시에서 볼 수 없었던 부르조아적 삶의 방식, 말하자면 이성이나 합리성으로부터 탈주하려는 움직임이 강하게 나타난다. 이들 시에 나타나는 형식의 해체는 자유분방할 뿐 아니라 물질적 토대가 인간의 삶을 장악하고 있는 현대 사회에 대한 회의를 바탕으로 특정한 사조나 주의를 부정한다는 점에서 다분히 유희적 속성을 가지고 있다고 본다. 이들이 지향하는 해체는 이항대립 체계와 이성중심주의의 모순을 드러내고, 이런 모순으로부터의 해방을 노린다는 점에서 전통적인 시적 규범을 강하게 부정하고 있다.

잘 구현되어 있다고 보기 때문이다. 전통적인 시의 개념을 해체하면서 시쓰기의 자유로움을 구사하는 두 시인의 작품은 자아와 객체의 불화와 긴장을 유지하면서도 예술의 자율성에 대한 질문을 던지며 문학의 정체성에 대한 도전을 보여준다는 점에서 여전히 의미있는 텍스트라고 생각한다. 이들의 시는 현실의 무한성과 역동성을 강조하면서도 일체의 관습화된 제도에 도전하는 아방가르드적 속성을 가지고 있다. 제도성에 대한 이들의 도전은 세계가 텍스트에 불과하다는 포스트모더니즘적 인식과도 관련있는 것이다. 이런 인식에 의하면 외부에 존재하는 현실이나 물질 역시 텍스트성에서 면제되지 않는다. 장정일과 황지우의 시는 모더니티의 세계에서 포스트모더니티의 세계로 이행하는 과정 속에서 우리가 체험하는 삶의 양상을 적나라하게 그려내고 있다.

주지하다시피 1980년대는 정치적 억압이 극대화된 시기로 극도의 분열을 경험한 시기이기도 하다. 이런 시기에는 모더니티의 계몽성과 이성이 파괴됨으로써 사물과 세계에 대한 인식은 파편화되고, 언이는 안정성을 잃게 된다. 이들의 시에 나타나는 분열된 자아는 스스로를 하나의 통일체가 아니라 파편들로 인식한다. 모더니즘의 세계는 주체의 소외를 강조하고 그런 소외를 보다 나은 미래를 추구함으로써 극복하고자 하지만, 포스트모더니즘의 세계는 보다 나은 미래 추구를 포기하고 단편화 자체를 수용[7]하는 양상을 보인다.

이 글에서는 이러한 전제를 바탕으로 포스트모더니즘 시 자체 기법의 변별성을 강조하기 위해 각 텍스트 층위에서 의미 형상화의 역할을 수행하고 있는 주체로서의 화자층의 분석과 수사적인 측면을 중심으로 논의를 전개하고자 한다. 이를 통해 이들 시인들의 시 장르

7) 이승훈, 『포스트모더니즘시론』, 문예출판사, 1991, pp.107-108.

자체에 내재되어 있는 시적 원리로서의 포스트모더니즘 시학의 특징을 규명하고 이들의 문학적 가치와 의의를 평가할 수 있을 것이다.

2. 탈모방과 메타시

전통적인 서정시가 대상에 대한 느낌이나 인식을 시로 형상화했다면 장정일의 시쓰기는 시작 행위 자체에 대한 질문에서부터 시작된다고 할 수 있다. 시인은 시쓰는 과정을 텍스트의 본문에 드러내어 전통 문법으로부터 일탈한 메타시[8]의 유형을 보여주고 있다. 『햄버거에 대한 명상』(1987)과 『길안에서의 택시잡기』(1988)는 장정일만의 시쓰기의 전략과 기교를 보여주는, 80년대 해체시의 전범이 된 시집들이다.

장정일 시에 나타나는 메타시적 특성은 어떤 대상이나 사건에 대한 정확한 형상화라기보다는 그 대상을 향한 지속적인 추적 과정에 나타나는 무수한 흔적이라고 볼 수 있다. '그렇다' '아니다' 같은 확정적 정의가 아니라 더 확장된 관계인 불확정적 정의의 과정인 것이다. 모더니즘의 기본 원리는 아폴론적 원리와 디오니소스적 원리의 긴장

8) 디이터 람핑은 메타픽션의 이론을 시장르로 확산시켜 메타시 이론을 설명한다. 그는 야콥슨의 체계(발신자, 수신자, 메시지. 접촉, 기호체계, 맥락 등의 6 요소)에 의존하면서 메타시적 기능을 신호체계, 곧 코드와 연관되는 모든 서정시로 보고 그 예로 시론적 서정시와 패러디시를 들고 있다. 그는 메타시를 서정적 시의 기초적 신호체계로서의 일반적인 의미의 언어가 아니라 시적 언어와 시의 형식이 중요시되는, 다시 말해 시문학을 주제화하는 시론적인 서정시로 정의하고 있다. Dieter Lamping, 장영태 역, 『서정시, 이론과 역사』, 문학과 지성사, p.185. 이 글에서는 람핑의 정의를 수용하면서 메타시의 정의를-기존의 텍스트를 대상으로 또 하나의 텍스트를 창작한 시작품으로서, 시인의 목소리를 개입시켜 텍스트의 창작과정에 대해 진술하는 시쓰기의 한 형태-로 보도록 한다.

을 중심으로 하지만, 그 특성으로는 미학적 자의식이나 자기반영성[9]이라는 문제를 들 수 있다. 이것은 창조과정 속에 있는 자아를 탐구한다는 것인데, 시인들은 시적 언어 혹은 시쓰기에 대해 고도의 자의식을 보여주어 기존의 사실주의의 테두리를 벗어난다는 것이다.

장정일은 작가와 작품, 텍스트와 텍스트의 경계를 넘나들고 해체하면서 이항대립적으로 구획지어진 것들의 경계를 부수고 사회통념을 깨며 더 뚜렷이 부각시켜 비판하기도 한다. 그 사이에서 분열된 자아의 파편들이 하나의 시를 형성하는데, 이러한 해체주의 시론[10]을 바탕으로 씌어진 그의 시는 소비 자본주의 사회에서 느끼는 이상과 현실의 괴리감, 언어적 표현의 한계, 시인 자신의 미결정성 등의 문제를 잘 드러내주고 있다고 본다.

> 길안에 갔다.
> 길안은 시골이다.
> 길안에 저녁이 가까워왔다. 라고
> 나는 썼다. 그리고 얼마나
> 많이, 서두를 새로 시작해야 했던가?
> 타자지를 새로 끼우고, 다시 생각을
> 정리한다. 나는 쓴다.

---

9) 이승훈, 앞의 책, p.121.

10) 해체주의란 인간의 삶을 지배한 이성중심적 세계관의 허구를 깨뜨리고, 그 허구를 논리적으로 파악하고 새로운 삶을 지향하는 일종의 지적인 모험이라고 할 수 있다. 이성중심주의는 이성이 중심이라는 점에서 비이성을 배제하고 이성중심주의적 편견을 드러낸다. 무엇보다 이성중심주의는 한 번도 존재한 적이 없는 현존 개념을 전제함으로써 인식론적 허위를 보여주고 이성중심 개념에 위협이 되는 타자, 죽음, 여성 등을 배제한다. 김상환, 『해체론 시대의 철학』, 문학과 지성사, 1996, pp.40-70 및 Ihab Hassan, 정정호 · 이소영 편역, 『포스트모더니즘 개론』, 한신문화사, 1991, pp.45-60 참조.

길안에 갔다.
길안은 아름다운 시골이다.
그런 길안에 저녁이 가까워 왔다.
별이 뜬다.

이렇게 쓰고, 더 쓰기를
멈춘다. 빠르고 정확한 손놀림으로
나는 끼워진 종이를 빼어
구겨 버린다. 이 놈의 시는
왜 이다지도 애를 먹인담, 나는
테크놀로지와 자연에 대한 현대인의
갈등을 추적해보고 싶다. 종이를 새로
끼우고 다시 쓴다.

-「길안에서의 택시잡기」 1-2연, 『길안에서의 택시잡기』

「길안에서의 택시잡기」는 첨단의 도시 공간과 "안동 근교의 면소재지" 인 "길안"의 공간을 대비시키면서 화자가 써놓은 시를 지우고 다시 쓰고, 또 고쳐쓰는 시들로 구성된(총 21연) 장문의 메타시이다. 이 시는 작품의 구상과 시작 행위, 그리고 독서 행위와 퇴고 과정이 동시에 이루어지는 중층적인 공간을 형성하여 서술적 자아가 겹치는 두 개의 텍스트로 복합적인 서술 구조를 이루고 있다. 시를 쓰는 행위와 그것을 읽는 행위가 한 편의 텍스트에 동시에 나타나며, 또 이를 경계로 여러 겹의 층위에서 끊임없이 반복되는 가운데 이러한 소통의 과정이 창작에 절대적인 영향을 미친다는 사실을 보여준다. 텍스트 내에서 수용자의 역할이 극명하게 드러나며 그것을 의식하고 있는 창작자는 작가이자 또 한 사람의 독자로서 시쓰기란 과연 무엇인가라는 근본적인 질문을 던지고 있다. 이것은 장르와 경계를 강조하는 모더니즘 문학의 기본 정신과도 통하는 부분이다.

이 시는 시인과 텍스트의 경계가 해체된다. 이렇게 시인과 텍스트 사이의 거리가 붕괴되면서 독자가 읽는 것은 전통적으로 강조된 시인 혹은 저자의 절대적 권위에 대한 조롱이다. 이 작품은 현상적 화자("나")와 함축적 화자("여행자")가 동시에 존재하면서 텍스트 안팎 시 쓰기의 모든 과정을 보여주고 있다. 게다가 현상적 화자는 "나는 이 여행자를 존재론적 자기 인식에 이르게 할 작정"이라면서 작가 자신의 의도를 관철시키려는 글쓰기 절차와 시의 향방까지 미리 예고하는 흥미로운 구성으로 되어 있다. "나는 테크놀로지 이용에 대한 이율배반의/모순성을 갈파하고자 한다"는 구절은 현상적 화자의 창작 목표이자 실제 작가가 전체 텍스트를 쓰는 의도로도 읽힌다. 또 화자인 나는 "여행자"의 속마음과 미래의 행동 반경까지 결정할 수 있는 전지적 시점을 취하고 있다. 예를 들면 "여행자는 자신이 혼자임을 느낀다/여행자는 간간이 심한 부끄러움에 휩싸인다"(8연)라든가 "여행자의 고독이 너무 비현실적이다"(9연) "여행자는 이미/충분히 불안해졌고, 그는 테크놀러지화되지 않은/길안의 자연상태에 대하여 추악을/느끼고 있다" 등의 표현을 보면 도시문명에 익숙했던 여행자가 길안의 시골 풍경에 적응하지 못하는 모습을 현상적 화자는 "여행자"의 심정과 동일한 감정을 느끼듯이 감정이입하여 표현하고 있는 것이다. 특히 11연에서 "어떻게 될까?/그런 상황 앞에서 비로소 테크놀로지의 불편함을/느끼기도 하겠고, 도리어 테크놀러지화되지 않은/자연에 대해 신경질 부릴 수도 있겠지" 같은 진술은 "여행자"의 심리를 추측해보는 현상적 화자의 독백이면서 동시에 실제 시인 장정일의 시적 상상력이 개입되어 있는 부분으로 보인다.

시인은 더 나아가 시작 과정의 노출을 통해 시인으로서의 고뇌와 함께 지향해야 할 바를 깨우쳐주고 있다. 현상적 화자는 여러 차례의 퇴고 과정을 거쳐 다음과 같이 쓴다.

> 다 썼다. 3연의 시.
> 나는 그것을 읽어본다. 엉망이구나.
> 한숨을 쉰다. 이렇게 어려운 시.
> …(중략)…
> 나는 방금 쓴 3연의 시를 찢는다. 커피를
> 한잔 끓여마신다. 생각이 이어졌다. 유년시절에
> 계집애들이 하던 고무줄 놀이가 아닐까, 시같은
> 것은. 점점 새로운 세계로 나가는 것. 자꾸
> 고무줄 놀이를 높이면서 고통을 즐기는 것,
> 고통을 즐기는 것! 이 밤 기어이, 길안에서의
> 택시잡기를 쓰고야 말겠다. 나는 무섭도록 새하얀
> 종이를 끼운다. 다시 쓴다.
>
> -「길 안에서의 택시잡기」, 17연.

시쓰기에 대한 자의식을 노출하고 있는 이 부분에서 우리는 장정일의 시관(詩觀)과 지향점을 알아차릴 수 있다. 아무리 훌륭한 시라도 실용적인 가치와는 무관하며 시인은 실질적인 세계를 변혁시킬 수 없는 무상(無償) 행위에 종사하는 자라는 것. 현상적 화자는 자신의 시쓰기를 고무줄 놀이에 비유하면서 "시같은 / 것은. 점점 새로운 세계로 나가는 것. 자꾸 / 고무줄 놀이를 높이면서 고통을 즐기는 것"이라고 진술한다. 글쓰기의 완성을 향해 끊임없이 나아가면서 단일한 자기 동일적 주체를 해체하고 자아에 이중적 성격을 부여하고 있다. 단일한 주체가 시쓰는 과정 속에서 해체되면서 하나의 통일체로서의

'시'라는 개념을 해체하는 지점으로 나아가고 있는 것이다. 주체는 자신을 부인하는 텍스트 속으로 흡수되고 본래 지시적인 텍스트였던 것이 텍스트의 텍스트, 비유의 비유가 되고 있는 것이다. 두 겹의 텍스트를 오가며 시를 썼던 시인은 환상과 현실, 작가와 독자, 시와 일상 사이의 경계를 넘나들며 탈일상과 탈승화의 욕망을 실천해 보고 있는 것이다.

장정일은 이렇게 자기 부정과 모멸을 통해 시란 미완성의 것이며, 이런 미확정성의 원리가 시를 쓰게 하는 원동력이 되고 있음을 고백한다. 그리고 작품 마지막에서는 "나는 계속, 쓸 것이다"라는 진술을 통해 '과정이 전부'라는 주체의 미학적 지향성과 이성중심주의에 회의를 느끼는 해체주의적 세계관을 보여준다.

다음의 시는 좀더 입체적이고 연극적인 형식을 도입한 메타시로서 역시 시쓰는 과정을 노출하면서 시쓰기의 자의식을 드러내고 있는 경우다.

어제 저녁, 나를 주제로 시를 쓰면서
① 그녀는 나에게 모욕을 가했다
이해할 수 없다. 이해할 수 없다고 운을 맞추어가며
그녀는 나를 우스꽝스러운 동성연애자로 각색했다
험프리 보가트에게 빠지다니, 빠진다는 표현은
얼마나 잘 숨기어진 외설인가?

여보 실비아는 이렇게 썼어요
여보 실비아가 놀랍지 않아요? *아아 지겨워라*
② 실비아에겐 어떤 섬찟함이 있어요. *아아 지겨워*
가령 <피의 분출은 시>이라거나

<나의 시간, 시간은 허영과 결혼했어요>같은 구절은
자살하기 전의 실비아의 심경이 잘 드러나 있지요.

나는 그녀가 이해할 수 없다고 말할 수
있는 것이 놀랍다. 이해할 수 없다니?
③ 나는 그녀가 풀려고 애쓰는 퍼즐 게임을
도무지 이해할 수 없다. 그리고 매일 저녁
그녀가 읽어주는 실비아 플라스를
나는 이해할 수 없다
…(중략)…
아무래도 그녀는 미쳤다
원고지 앞에 멍청히 쭈그리고 앉아 중얼거리는
아내는 미쳤다. 제발 현실을 직시하라구
할 때마다, 몽상가들이 꿈꾸는 것은
바로 현실입니다. 제발, 할 때마다
몽상가들이 꿈꾸는 것은 현실입니다.

-「실비아 플라스에게 빠진 여자」에서, 『햄버거에 대한 명상』

이 작품은 한 편의 텍스트이자 동시에 시론적 서정시의 특성을 동시에 가지고 있다.[11)]

현상적 화자인 "나"는 험프리 보가트에게 빠진 사나이가 사용한 구절을 일부 발췌하고 토를 달면서 아내가 쓴 시의 내용과 형식을 분석

---

11) 이 작품은 「험프리 보가트에게 빠진 사나이」와 연관시켜 읽을 수 있다. 두 작품이 상호연관성을 가지면서 의도적으로 함께 창작된 연작임을 알 수 있다. 미국의 여성시인 '실비아 플라스'에게 빠져 시를 쓰는 아내와 미국 영화배우인 '험프리 보가트'에 빠져지내는 남편의 각 시의 시적 화자가 되어 소통 불가능한 서로에 대해 갈등을 느끼고 불만을 드러내는 구조로 이루어져 있다.

하고 있다. 다시 말해서 실비아 플라스에게 빠진 여자의 현상적 화자인 "나"(남편)는 험프리 보가트에게 빠진 사나이의 독자이면서 동시에 비평가인 것이다. ①은 "그녀"가 썼던 시 험프리 보가트에게 빠진 사나이에 나오는 구절의 일부이면서 동시에 그녀의 시에 대한 "나"의 가치 판단이 개입되어 있다. "험프리 보가트"에게 빠진다는 것이 "숨기어진 외설"이라는 야유를 보내면서 시에 대한 가치를 의도적으로 폄하하거나 격하시키는 모습을 보이고 있는 것이다.

②에서는 실비아 플라스의 시에 몰두해있는 그녀(아내)가 남편에게 들려주는 시에 대한 견해로 이루어져 있지만, 이에 대응하는 남편의 반응은 냉랭하다. 남편은 "아아 지겨워"를 반복한다.[12] 7년이라는 시간을 한 편의 영화만 관람한 남편이 자신의 모습은 망각한 채, 실비아 플라스라는 한 명의 시인에게만 열광하는 아내를 오히려 못마땅해하고 있는 것이다. ③에서는 화자인 남편은 아내를 향해 "미쳤다 제발 현실을 직시하라"고 소리높여 외친다. 연작시 「험프리 보가트에게 빠진 사나이」에서는 7년간 한 영화만 관람한 남편이 미쳤다는 진술을 하지 못한 것과는 달리 "이해 못할 삶"이라며 감정을 배제한 것과는 대조를 이룬다. 이렇게 험프리 보가트에게 빠진 사나이가 영화에 빠져 생활에 무관심한 남편을 차분한 어조로 지적하고 있음과 달리 실비아 플라스에게 빠진 여자는 다소 거센 목소리로 시를 쓰는 아내의 욕망과 몽상을 비난하고 있다. 그렇지만 시의 마지막 행에서는 질타하는 남편의 목소리에 주저하지 않고 자신의 입장을 강조하면서 말한다. "몽상가들이 꿈꾸는 것은 현실입니다"라고. 마치 한 편의 연극 무대에 선 배우처럼 그녀의 어조는 시를 쓰는 것의 덧없음과 불확

12) 이 부분이 진한 글씨체로 표기된 것은 작품 속 화자의 심정을 부각시키기 위한 시각적 기법이면서 동시에 독자들에게 이 부분이 아내의 발화로 읽혀지지 않도록 의도적으로 강조한 것으로 보인다.

정적 의미를 독자에게 상기시키고 있다. 시쓰기란 실제 생활과 거리가 먼 환상의 세계에 빠지는 것이 아니라, 오히려 몽상의 언어로 현실과 소통하려는 몸짓임을 말해주는 것이다. 결국 이 시는 미국 시인에 빠진 화자의 존재를 통해 아내/남편, 감성/이성, 의식/무의식, 시/영화, 작가/평론가, 순수예술/대중예술 등으로 구획지어진 모든 영역의 논의를 수렴하는 구조를 취하고 있다. 덧붙이자면 현대 작가들의 무분별한 외국문물 수용이나 예술의 무상성에 만족하여 지내는 자기 기만과 나태함을 질타하고, 또 자기 것에만 몰두하는 배타성은 상대에 대한 몰이해를 가져와 스스로를 소외시킬 뿐이라는 허무주의적인 사실을 환기하여 주고 있다. 이항대립 체계로 구획지어진 다양한 개념과 인식들이 다층적인 상호 연관성으로 경계를 파괴하고 소통할 때 서로 화합하거나 공존하게 될 것임을 말하고자 하는 것이다.

장정일은 시쓰기의 행적을 모든 독자들에게 내보이고 자신이 작가이자 동시에 독자 입장에서 면밀한 수정 작업을 함으로써 '몽상의 현실화'를 이루려 했다. 그러나 결국 '언어로 현실을 말한다는 것', '문학을 완성한다는 것', 그리고 '진정한 시인되기'야말로 타자, 즉 세계에 대해 자신을 열고 소통하지 않고서는 불가능한 일임을 몇 편의 메타시들을 통해 선명하게 보여준다. 이것은 장정일 자신의 고도의 자의식과 시에 대한 반성에서 연유한 것으로서, 시쓰기를 단순한 재현으로 보는 시각을 부정하고 탈모방의 감각을 지향하는 시인의 세계관을 자유롭게 표출한 것이라 할 수 있다.

3. 미적 저항과 형태 파괴

황지우는 첫 시집 『새들도 세상을 뜨는구나』(1983)를 발간한 이후 다양한 실험과 모색을 거듭하면서 80년대 이후 현대시의 중요한 분수령을 이루었다. 그의 시적 작업은 우리 현실이 담고 있는 근대의 혼란과 모순에 대한 첨예한 자각을 바탕으로 삼아 현재에 이르고 있다. 황지우 자신이 근대에 대한 자의식을 드러낸 바 있거니와 전통적인 의미의 서정시에서 해체시에 이르기까지 다양한 시적 실험을 거듭하는 그의 작업은 '전근대와 근대, 후기 근대'가 역동적으로 혼재하는[13] 모습을 보여주고 있다. 한국적인 근대 안에서의 해체를 지향했던 황지우는 첫 시집 『새들도 세상을 뜨는구나』(1983)에 대해 '그렇게라도 쓰지 않으면 미쳐버릴 것 같은 광적인 필연성으로 기록한 젊은 날의 괴상한 팬터마임'이라고 말하면서 자신의 시적 입지점에 대해 다음과 같이 쓴다.

> 그 팬터마임은 좀 넓게 말하면 제 삶을 이끌어온 모더니티의 은폐된 본질이 파시즘임이 여지없이 드러나버린 시점에서 파시즘의 진짜 얼굴인 공포에 대응하는 방법이었다고 할까요? (공포를 이기는 방법 중의 하나는 그 공포를 직시하는 것입니다) 아마도 그것이 저의
>
> 악명이 된 '형태파괴의 시'로 나타난 것이 아닐까 생각됩니다. 그러니까 형태파괴의 전략은 1) 우리 삶의 물적 기초인 파편화된 모던 컨디션과 짝지워진 '훼손된 삶'에 대한 거울이며,
>
> 2) 파시즘에 강타당한 개인의 '내부파열'에 대한 창이며, 3) 의미를 박탈당한 언어의 넌센스, 즉 지배 이데올로기에 대한 교란이었으며, 4) 검열의 장벽 너머로 메시지를 넘기는 수화의 문법이었다고 할까요?[14]

---

13) 이기성, 「수원(水原)을 향한 속인의 시쓰기」, 『행복한 시인의 사회』, 소명출판사, 2004, p.78.

14) 황지우, 「끔찍한 근대성,」 『문학과 사회』, 1992, 겨울호, p.1514.

여기서 황지우는 형태 파괴의 전략에 대한 배경을 서술하고 있지만 중요한 점은 당대 현실의 정치 구조와 폭압을 '끔찍한 모더니티'로 인식하고 있다는 점이다. 알려진 바대로 우리의 근대는 일제 치하의 식민지와 해방 이래의 정치적 구조 속에서 주체를 억압하는 야만적 힘으로 성장[15]했으며, 그것은 주체를 억압하는 폭력적 기제로 자리 잡았다. 다양한 실험과 해체 전략으로 평가되는 그의 모색은 파행적인 굴곡을 겪은 우리 현대사와 첨예한 미학적 자의식을 가진 한 모더니스트의 행방으로도 파악될 수 있는 것이다. 현실의 다양한 국면에 의혹의 시선을 던지면서 시적인 것을 수용하려는 실험의 바탕에는 야만적인 현실, 즉 끔찍한 모더니티에 대항하는 주체의 의지가 개입된다.

이미 많은 평자들이 지적하였듯이 황지우 초기시의 특징적인 요소는 다양한 형식적 실험과 해체의 전략이다. 그의 시는 신문기사, 만화, 오락실의 소음, 각종 비속어와 외설들을 수용하는 모습을 보여준다. 황지우는 "돈범벅, 피범벅인 프로야구"로 대변되는 자본주의 욕망의 메커니즘과 정치적 폭력이 결합되어 곳곳에 편재한 당대의 현실을 '소음'으로 인식하며 이 소음을 텍스트에 직접 수용하여 당대의 정치적 담론에 저항하는 양상을 보여준다.

① 나의, 문학, 행위는 답이 아니라, 물음이, 다, 속, 없는 질
문이, 며 덧 없는, 의, 문이, 다. 끝, 없는 의혹이, 며 회의,
이며…… 끝없는의혹이며회의일까?
…(중략)…
天地神明이시여, 이게 우리의 地上의 糧食이랍니다. 퍼부어
주세요. 퍼먹여 주세요.

15) 이기성, 앞의 책, p.79.

그러면 농수산부 장관, 나와서 답변하시오. 도대체 추곡수매
가를 인상 못하는 이유거 머시오? 이제 와서 어디다 顔面 내세
울 것도 없는 國民黨 의 ㄱ 의원이 단상을 치고 핏대를 세우고
아무리 언성을 높혀 보이, 農村은 그들의 과거이고.

-「버라이어티쇼, 1984」에서, 『겨울-나무로부터 봄-나무에로』

복잡하고 어지러운 현실의 사건들이 한 편의 "버라이어티쇼"를 연상시키듯 분광(分光)처럼 펼쳐지면서 시인은 그 시끄러운 잡음을 시에 수용하는 전략을 보여준다. ①의 시 1연에서 황지우는 자신의 문학적 기획이 "답이 아니라 물음"이며 "질문이며 의문이며 의혹, 회의"라는 입장을 보여줌으로써 자신의 문학이 과정으로서의 글쓰기 전략이라는 입지점을 보여준다. 이 작품에서는 국회 단상에서 서로 언쟁을 벌이는 국회의원의 모습과 시사 뉴스가 서로 교차하면서 한 편의 "쇼"가 만들어지고 있다. 복잡하고 어지러운 현실의 소음이 난무하는 시적 풍경은 다음의 시에 선명하게 그려진다.

② 숑숑숑숑숑숑숑숑숑숑숑숑숑숑숑숑숑
띠리릭 띠리릭 띠리리리리리리릭
피웅피웅 피웅피웅 피웅피웅피웅피웅
꽝! ㄲ ㅗ ㅏ 0 !
PLEASE DEPOSIT COIN
AND TRY THIS GAME
또르르르륵
그리고 또 다른 동전들과 바뀌어지는
숑숑과 피웅피웅과 꽝!

-「徐伐, 셔블, 셔울, 서울, SEOUL」에서, 『새들도 세상을 뜨는구나』

전자 오락실의 기계음을 그대로 나열하고 있는 ②의 시는 일상의 서정 속에 침투한 후기자본주의 사회의 풍속과 의미없는 시니피앙의 유희를 그대로 보여준다. 절제되지 않은 요설은 현실의 소음을 벗어날 수 없는 주체의 모습을 드러내는 장치이다. 이 세계 속의 시인은 모멸스러운 현재를 살아나가는 지식인으로서의 시인 자신이다. 지배와 억압의 유구한 역사를 시인은 시 제목을 통해서 드러내고 있으며, 우리 근대사의 행보 속에서 작품의 주인공 "장만섭"과 같이 정체성을 상실한 무반성적인 소시민이 탄생하고 있음을 보여준다.

현실과 이성적인 삶의 기획은 모두 해체된다. 끔찍한 근대성은 이성적 사유의 여러 가지 기호들을 파괴한다. 시인은 이성의 형식이 아닌 요설의 형식을 선택하면서도 존재론적 고립감과 불안감으로 인해 그것을 탈피하기 위한 현실 망각의 방법을 택하게 된다. 시인이 현실에 대해 어떤 거리를 가지고 그 현실을 욕망의 지향성과의 교차점에서 현실 부정성을 통해 그로부터의 소외를 극복하지 않는 한, 현실은 주체에게 벽으로 존재한다. 주체가 현실에 현저한 거리를 두고 떨어져 있음을 보여주는 기호가 바로 '벽'이다. 이것은 현실로부터의 소외와 단절감이 내포된 기호이면서 현실의 허구성, 폭력성을 나타내는 기호이기도 하다. 이러한 시적 언어들은 정치적 억압을 내면화한 '벽'을 넘어서려는 시인의 욕망을 드러낸다.

③ 찾는 사람 누님 조정님 47세
6.25 피난시 대구에서 헤어짐
동생 조용기 아버지 조창식 큰오빠 조응섭
남동생 정섭(56)은 소문에 6.25 당시 인민군에 속해 있었다
고 함

사촌형 김창용(58)

사촌형 김준형(53)

조카 김대원(53)

고향: 만주 통화성 장백현 안민촌 풍락통

찾는 사람: 서울 성동구 마장동 김승용

292-6277

-「벽 · 3」에서, 『겨울-나무로부터 봄-나무에로』

④ 벽 · 4

1984년은 쥐띠 해이다

재앙의 날들이여

조금만 더

조금만 더

버텨다오

-「오늘 오후 5시 30분 일제히 기(붉은 글씨)를 겁읍시다」에서,

『겨울-나무로부터 봄-나무에로』

80년대 황지우 시에서 '벽'을 소재로 한 일련의 작품은 흥미로운 해석의 단서를 제공한다. 「예비군편성 자진신고」의 벽보 내용을 제시한 「벽 1」이나 아무런 활자 표기도 없이 백지로 제시된 「묵념 5분 27초」 같은 작품들은 황지우가 80년대라는 시대적 억압에 침묵하는 현실을 단절의 벽으로 인식하고 있음을 보여준다. 이른바 '텍스트의 공동화 현상'[16]으로 기존의 모든 담론을 백지화하려는 입장을 보인다. 시인은 「벽」에서 진실이 부재하는 사회의 일간지면을 "파스텔로 회

16) 김준오, 「우리시와 아방가르드」, 『현대시사상』, 1994, 가을호, p.156.

칠한 벽"으로 인식하고 있다.

벽에 쓰여진 구인 광고가 그대로 작품이 되고 있는 ③의 시는 벽보와 창작을 나열히 배열함으로써 다다이즘에서 강조한 삶과 예술의 경계가 해체되는 미학적 태도를 보여준다.[17] 벽보 혹은 구인 광고라는 일상의 세계와 시적 상상력이 해체되고, 시와 현실의 경계가 해체되는 공간을 독자에게 제시하고 있다. 이 시에 보이는 또 다른 특성으로는 언어 기호의 시니피에가 아니라 시니피앙을 강조한다는 점이다. 오래전에 전쟁으로 헤어진 가족을 찾는 구인 형식의 담화를 소재로 하고 있는 이 시에서 사람을 찾는 간절한 바램은 독자에게 아무런 의미를 주지 못한다. 헤어진 조카와 사촌형의 부재는 이미 화해나 노력으로 회복될 수 있는, 귀향할 수 있는 가출이 아니기 때문이다. 찾는 자의 바램과는 달리 이들은 이미 되돌아올 수 없는 자들이며, 그 거리는 벽을 바라보는 화자의 심리적 거리로 인식되고 있다. 결국 이 시는 찾는 자, 떠난 자, 보는 자의 삼각 관계를 통해 그 어떤 것도 화해롭게 만나지 못함을 역설적으로 암시한다.

④의 시는 콜라주의 방법을 이용하면서 해석상의 이중 구조를 만들고 있는 점이 흥미롭다. 1행에 등장하는 "벽4"는 본문인지 제목인지 혼돈의 여지를 주기도 하지만, 이것은 시인이 그간 "벽"을 주제로 몇 편의 연작시를 썼음을 암시한다. 그렇다면 이 시는 「벽」 연작시의 네 번째 작품이 된다. 그래서 「벽 4」는 이중적 의미를 가지는 제목이자 부제이면서 동시에 본문이 된다. 역시 벽보와 창작이 나란히 배열됨으로써 삶과 예술의 경계가 해체되고 있을 뿐 아니라 "조금만 더 버텨다오"라는 호소형의 언술로 인해 "재앙의 날"이라는 위기의 시간이 더 강화되는 효과를 낳고 있다. 의도적인 문자 배열과 행갈이로

17) 이승훈, 앞의 책, p.314.

인해 "조금만 더"라는 긴박한 상황이 독자에게 전달되는 이중 효과를 낳는다.

시인은 현실의 파편들을 끌어모으는 몽타주 미학을 시적 방법론으로 삼되,18) 세계를 텍스트로 보는 것이 아니라 텍스트를 세계로 보는 인식의 전환을 보여주고 있다. 다시 말해 텍스트가 현실의 총체성을 반영하지 않는다는 세계관의 표출인 것이다. 또 일상적인 의미에서는 해석이 되지 않는 문장의 반복과 나열을 통해 시쓰기의 과정을 노출하여 텍스트의 자율성과 독립성을 강조하고 있다. 이런 실험적 형식의 추구는 한국 사회의 제도, 모순, 관습을 전복하는 전략의 일환으로 주체의 분열과 의혹의 심리를 드러내는 방법론으로 기능한다.

> 나는 창제 인쇄소 주조실에 있는, 머리털이 희끗한 말없는 김씨
> 할아버지가 좋다. 그분은 고분고분, 떨어져 나간 활자를 만든다. 불에
> 납이 녹는다. 타는 기름 냄새. (나는 그때 노예의 살갗에 불붙는 문신을
> 보는 것 같았다.) 오늘 김씨 할아버지는 물음표를 한 상자나 만들어
> 놓으
> 셨다. 이게 몇 자쯤 되느냐고 물어도 그는 기계소리 때문에 말을 듣지
> 못한다.
>
> ? ? ? ? ? ? ? ? ? ? ? ? ?
> ? ? ? ? ? ? ? ? ? ? ? ? ?
> ? ? ? ? ? ? ? ? ? ? ? ? ?
> ? ? ? ? ? ? ? ? ? ? ? ? ?
> (이것을 거울에 비추어 볼 것)

---

18) 이승훈, 『한국 모더니즘 시사』, 문예출판사, 2000, p.327.

> 왜 그랬을까, 왜 그것이 낚시같이 보였을까. 왜 나는 그것을 시라고 생각했을까. 거꾸로 숙이고 있다가 문득 우리의 확신과 의혹을 낚아채는, 우리의 아가미를 여지없이 낚아채는, 그 이유를 나는 말 못한다.
>
> -「의혹을 향하여」에서, 『새들도 세상을 뜨는구나』

이 시에 표면화된 "의혹"에 대한 인식은 일체의 관습적 이데올로기에 대응하는 미학적 저항으로 발전한다. 그 저항은 인쇄소 김씨 할아버지가 만드는 물음표 "한 상자"라는 기호를 통해 나타나며 4행에 걸쳐 나열된 48개의 물음표를 거울에 비추어보라는 시적 주체의 진술을 통해 간접적으로 전달되고 있다. 물음표가 낚시로 보일 수도 있는 상대주의적 관점이 부재하는 상황에서 시인은 현실의 역동성을 강조한다. 의식의 해체가 형식의 해체를 동반하는 이런 미적 저항 혹은 개방성은 모든 형식주의의 이데올로기가 환기하는 제국성, 관료성, 소비성, 상업성의 문명을 겨냥[19]하는 것이다.

현실의 다양한 국면에 의혹을 제기하면서 '시적인 것'을 발견하려는 시적 실험의 바탕에는 '끔찍한 모더니티'에 대항하는 주체의 의지가 강렬하게 투영되어 있다. 48개의 물음표는 세계의 역설적 다원성을 탐구하며 서로 모순되는 각도에서 삶의 가치와 의미를 추구하려는, 주체의 복합적 심리를 노출하는 시적 기호이다. 자본주의 사회에서 그릇된 언어 남용의 전략은 비인간적이고 사물화되어가는 우리 삶의 축소판으로 읽힐 수 있다. 이것은 수습할 수 없는 혼란이 우리 삶의 진실이 될 수도 있다는 상대주의적 입장을 환기한 것으로 상식의 허구, 그리고 지배 담론의 이데올로기가 얼마나 기만적인가를 지적하고 있는 것으로 해석된다.

---

19) 이승훈, 『포스트모더니즘 시론』, 세계사, 1991, p.83.

4. 한국적 근대 안에서의 해체

이 글에서는 장정일과 황지우의 1980년대 시를 대상으로 하여 텍스트의 수사적 측면에 주목하되, 이들 시에 나타난 유희적 해체의 양식이 어떻게 구현되는지를 분석해 보았다. 이들의 1980년대 시가 아직도 유효하다고 생각하는 이유는 이들이 계몽적 시쓰기의 전통에서 배척당한 무의식, 환상, 요설, 우연 같은 세계를 급진적인 방식을 통해 그려냈을 뿐 아니라 일상적이고 문화적인 차원의 소재를 시에 끌어들여 형상화함으로써 시의 새로운 가능성과 미학을 보여주었기 때문이다. 이들은 자기 동일적인 시의 문법을 과감히 해체하고 현실의 구조에 몸담고 있는 관습을 안으로부터 깨나가는 전위적인 형식 자체로서 이미 풍자의 역할을 수행하도록 하는 것이었다. 여기에는 세계를 유지하는 근원적인 동력에 대한 전복과 부정 없이는 낭만주의자의 충동은 완성될 수 없다는, 서정시의 근원적 주관성의 세계조차 부정하는 시적 인식이 깔려 있다. 그래서 이들의 작업은 예술의 자율성을 스스로 철폐하는 가운데 새로운 시쓰기의 가능성을 추구하였던 역사적인 아방가르드의 미학이 남아있다고 평가할 수 있을 것이다.

시는 삶으로부터 이탈하면서 자신의 절대적 현존이나 자율성을 누릴 수 없으며, 외부세계로부터 부여받은 상대적 자율성을 바탕으로 세계를 개혁해나갈 수도 없다. 장정일이 갈파했듯이 시는 여전히 자족적 차원의 심미적 예술인지도 모른다. 그렇지만 시에 대한 낭만주의자의 환상을 거부하는 이들의 작품은 다음과 같은 메시지를 독자에게 전달한다. '오늘날의 시는 자율적 존재를 상정하는 것이 아니라, 자신의 자율적 존재를 부인함으로써 비로소 하나의 예술로서 존재한다'라고.

장정일은 자기 회귀성을 바탕으로 시가 현실을 반영하는 것이 아니라 현실이 시를 형성한다는 메타시의 미학을 세워나갔다면, 황지우는 형태 파괴를 수반한 과격한 실험적 기법으로 시적인 것과 비시적인 것의 경계를 지우는 방법론을 추구한다. 이들의 작업은 포스트모더니즘 미학이 강조한 자율성 미학을 부정하고 삶과 예술의 경계가 해체되는 지점을 탐색한 것이라 할 수 있다. 이런 해체는 당대 사회의 허구성을 비판한다는 의미에서 1980년대의 급진적인 아방가르드가 되었을 뿐 아니라, 한국적인 근대 안에서의 해체를 적극적으로 모색한 새로운 도전과 실험정신의 산물이라고 할 수 있다.

그리고 이들 시에 구현된 자유로운 언술과 형태 실험은 수습할 수 없는 혼란이 우리 삶의 진실이 될 수도 있다는 상대주의적 입장을 환기하고 있을 뿐 아니라, 이항 대립적으로 구획지어진 삶의 모든 조건들이 얼마나 억압적인가를 지적하고 있는 것으로 해석될 수 있을 것이다. 시형식이나 구성의 틀을 의식하지 않고 궁극적으로 장르의 경계선마저 무너뜨리는 이들 시의 유희적 해체 현상은 독자의 지각과 인식을 뒤흔들어 놓으면서 시적 긴장을 유지할 뿐 아니라 1980년대라는 역사적 감수성의 상대주의가 살아있다는 점에서 아직도 유효한 텍스트라고 생각한다.

장르 해체 현상을 활용한 시교육 방법

- 오규원의 시를 중심으로 -

1. 새로운 교육 방법론의 부상

90년대 이후 창조적인 시교육의 방법론에 대한 관심이 증대되면서 다양하고 창의적인 교육 모형들이 개발되고 있다. 기존의 교과서 수록 작품에 대한 교사 중심의 일방적인 강의식 교육은 학습자들에게 주입식 교육의 연장이라는 인상을 줄 뿐 아니라 시에 대한 흥미를 잃게 하고 주체적인 작품 감상 능력은 떨어진다는 반성이 일어나고 있는 것이다. 90년대 들어서 수업의 주체를 교사에서 학생으로 이동시키면서 학생들 스스로 학습 내용을 인지하고 협동적인 토의 과정을 통해 구성해내는 의미만을 진정한 학습의 가치로 인정하려는 변화가 일고 있다.[1] 문학 교육의 동향이 가치관 중심 문학 교육에서 텍스트 중심 문학 교육의 시기를 거쳐, 이제 학습자 중심 문학 교육의 시기로

1) 이상구, 「학습자 중심 문학 교육 방안 연구」, 한국교원대 박사학위논문, 1998, pp.12-13; 송지현, 「패러디와 문학교육」, 『문학교육의 본질과 방법』, 푸른사상, 2003, p.126 재인용.

변모하고 있는 것이다.

시교육에서의 문제는 첫째, 학습자들이 시에 대한 정보가 부족하거나 시를 읽지 않는다는 점일 것이며 둘째, 시 텍스트 해석시의 해석 능력 부족일 것이다. 시를 올바르게 이해하고 그 내용을 전수하기 위해서는 교사의 심미적 감식안과 해석 능력이 필수적이다. 시교육자는 시비평가 못지 않은 문학적 감수성과 열정을 갖춰야 하기 때문이다. 시교육자는 시를 연구하는 것은 물론, 시를 비평하고 한단계 더 나아가 교육자로서의 역량도 갖추어야 한다.

또 하나의 원인은 대학수능 평가라는 입시 제도의 현실에서 찾을 수 있다. 입시에 사활을 걸고 있는 많은 학생들에게 시읽기는 수험 전략과 멀리 떨어져 있기 때문이다. 텍스트를 읽지 않은 상태에서 시교육은 공소하고 비실용적인 수업이 될 수밖에 없다. 그것도 학습자 중심이기보다는 교사가 중심이 되어 내용 중심적이거나 작품의 해설 수준에 그치는 문학 교육으로 흐를 우려가 있다. 학습자의 시 읽기가 전제되지 않은 상황에서는 문제가 발생한다. 이럴 경우 교사의 텍스트 해석이 학습자에게 여과없이 수용되며, 더 심각한 사태는 참고서를 이용한 시 자료의 암기를 통해 학습자는 자신이 문학을 온전히 이해하거나 수용한 것으로 착각한다는 점이다. 이렇게 되면 문학교육의 목표 가운데 하나인 "문학에 관한 일반적인 지식을 바탕으로 작품을 바르게 이해, 감상하며 인간의 삶을 총체적으로 이해하게 한다"[2]는 기대는 충족시키기 어려워진다. 더구나 문학의 기본적인 속성인 문학적 감수성과 상상력은 더 기대하기 힘든 상황이 이어진다. 따라서 학습자에게 텍스트에 대한 호기심을 일깨우면서 한편으로는 우리의 입시 상황을 반영한 시교육을 모색해야 한다. 아무리 이상적인 기획 의

2) 우한용 외, 『문학교육 과정론』, 삼지원, 1997, p.70.

도가 있어도 입시 상황과 괴리된 수업은 학생들에게 거부감을 줄 수 있다고 본다. 이런 여건을 고려할 때 상황을 개선할 수 있는 시교육의 세부적인 한 방법으로 '한국 현대시의 장르해체 현상'을 새로운 아이디어로 내놓을 수 있을 것이다. 이것은 당대의 시대 현실과 멀리 떨어지지 않은 지점에서 텍스트를 접할 수 있고, 학생들에게 호기심을 유발할 수 있으며, 문학성도 갖추고 있기에 현실적인 맥락에서 일차적으로 학생들의 관심을 끌 수 있기 때문이다. 이것은 학습자 중심의 문학 교육을 실행하려는 교사의 의도와도 부합할 뿐 아니라 학생들의 작품 해석 능력을 향상시키고 수업의 집중력을 높이는 방법이 될 수 있다고 본다. 그리고 문학의 언어적 조건에 관한 탈신비화의 전략을 수행할 수 있기에 현실과의 구체적인 접점에서 작품을 수용하고 해석하는 능력을 기를 수 있을 것으로 본다.

시교육에서는 일찍 패러디에 관심을 가지고 연구가 진행되었다.[3] 패러디가 시창작과 해석의 수용 면에서 소설보다 용이하게 이루어질 수 있는 장점과 함께 많은 연구자들이 패러디를 학문적 담론[4]으로 활성화시켜 보편적이고 대중적인 문학 용어로 정착시켰기 때문이다. 그러나 패러디라는 주제를 좀 더 넓혀 장르 해체 현상을 시교육의 한 방편으로 끌어오고 있는 논의는 아직까지 없었다. 이 글에서는 앞에서 제시한 어려움을 해소하는 한 방안으로 학습자 중심의 교육에 현대시의 장르 해체 현상을 활용하는 방안을 제시해보고, 구체적인 교수·학습방법을 제시해보고자 한다. 이 글에서는 장르 해체 현상 텍스트가 많이 나타나는 시인 오규원의 작품[5]으로 한정해서 논의를 진

---

3) 유영희, 「패러디를 통한 시쓰기와 창작 교육」, 『국어교육 연구 2』, 1995; 정끝별, 「21세기 시문학의 미학적 특성과 시교육 방법론」, 『문학교육학』 9호, 2002; 송지현, 「패러디와 문학교육」, 『패러디의 본질과 방법』 등이 있다.

4) 패러디를 주제로 한 대표적인 연구 성과는 다음과 같다. 정끝별, 『패러디 시학』, 문학세계사, 1997; 이미란, 『한국 현대소설과 패러디』, 국학자료원, 1999.

행하도록 한다. 시인의 지명도와 문학적 성취도로 보아 학습자가 흥미롭게 수용할 수 있는 텍스트로 여겨지며, 패러디나 패스티쉬 등의 개념을 통해 작품을 해석하는 능력을 신장시킬 뿐 아니라 장르 해체의 다양한 사례를 파악하면서 새로운 인식 지평으로 나아가는 과정을 경험할 수 있을 것으로 판단되기 때문이다.

2. 장르 해체 시교육의 필요성

문학 작품이 사회 역사적 산물로서 시대적 맥락을 지니고 있듯이, 문학 연구 방법도 당대적 의미에서의 어떤 역사적인 필연성을 갖게 마련이다. 1980년대 이후 급격한 문화 변동을 겪은 우리 사회는 탈중심주의 원리가 전체 문화 현상의 기반으로 작용하기도 하였는데, 이것은 정치적인 의미를 떠나서 독특한 문학사적 체험으로서 당대 문학의 지형도를 크게 바꿔놓은 중요한 동인이라 할 수 있었다. 특히 80년대 이후의 현대시들은 전통 리얼리즘의 문법을 위반한 작품들을 통해 새로운 문법과 세계에 대한 대응방식을 보여주었다. 사실 장르 해체는 문학사와 연관시켜 짚고 넘어가야 할 테마이다. 문학사에서 모든 개별 텍스트는 완전히 고립·분리되지 않으며 반드시 다른 시대의 여타 텍스트들과의 '관계' 속에 형성되기 마련이다. 개개 작품의 의미와 가치는 이 관계성 속에서 태어나기 때문이다. 문학사의 이런 관계성과 연속성은 장르 해체에도 그 본질적 속성을 제공한다. 장르 해체를 장르 사이의 넘나듦이나 모방의 한 형식으로 정의하는 것은 이런 관계의 다양성에서 비롯된다. 이 관계성에 의해 장르 해체는 예

5) 『가끔은 주목받는 생이고 싶다』, 문학과 지성사, 1987.

술의 영속성과 가치를 보존해주는 것이며, 넓은 관점에서 보면 장르 해체는 주체와 주체, 텍스트와 텍스트 사이에 발생하는 일반적인 '영향과 모방'의 관점에서도 파악될 수 있다. 미메시스를 해체하여 현대 문학을 메타 언어적이게 하는 양식적 장치, 곧 문학적 기법이 또한 장르들을 급격히 해체시킨다.[6] 모든 작품은 다른 작품의 번역이며 변형이고, 그 작품은 또다른 작품에서 번역되고 변형된다는 옥타비오 파스의 지적[7]은 근대 이후 활성화된 메타 언어의 이론적 근거를 뒷받침해주는 것이기도 하다. 이것은 다양한 담론들이 서로 상대방의 존재를 드러내주고 서로에 대한 대화적 배경의 구실을 할 뿐 아니라 서로를 상호조명하고 반영한다는 바흐친의 대화이론[8]과도 접맥되는 부분이다.

영향과 모방, 대화이론, 상호텍스트성, 패스티쉬 등으로 넓혀진 장르해체 현상에서 우리는 한 작가의 작품에 나타나는 내적 범주의 상호텍스트성[9]인 내적 텍스트성(intratextuality)[10]도 포함시킬 수 있으며, 아울러 장르해체의 대상도 동일 장르 텍스트뿐만 아니라 장르가 다른 텍스트나 비문학적인 인접 장르까지 다양하게 확대될 수 있다는 것을 알 수 있다. 따라서 장르해체를 한 작가의 작품과 다른 작가의 작품 사이의 관계, 나아가 장르를 초월한 모든 텍스트 및 인접 대중문화, 예술장르 작품 사이의 관계를 망라하는 의미로 사용할 것이다.

또 장르사가 문학사의 한 법칙이란 점을 감안하면 장르해체와 문

6) 김준오, 「메타성과 탈장르」, 『문학사와 장르』, 문학과 지성사, 2000, p.52.
7) O. Paz, 김은중 역, 『흙의 자식들』, 솔, 1999, p.94.
8) M. Bakhtin, 전승희 외 공역, 『장편소설과 민중언어』, 창작과 비평사, 1992, pp.247-248.
9) 손진은, 「상호텍스트성을 활용한 시교육 방법 연구」, 『한국문학이론과 비평』, 2005, pp.388-389. 상호텍스트성에 대한 고찰은 손진은의 논문을 참고했다.
10) 김정우, 「시해석 교육 내용 연구」, 서울대 교육학 박사학위논문, 2004, p.81.

학사의 연관성은 장르 사이의 기법과 양식의 문제로 대치된다. 문학사의 전개는 새로운 시기마다 새 장르들이 재생되거나 갱신하는 과정이다. 다시 말해 장르 문제를 내포하고 있다. 특히 80년대 이후 제기된 전통문학의 해체와 극복의 문제는 탈중심주의 혹은 탈이데올로기의 지표 아래 지속적으로 한국 문단의 관심을 받아왔다. 전통문학의 관행에 대한 자기반성과 새로운 문학적 태도와 방법론에 대한 수용이라는 문제를 두고 관계성에 의한 장르 해체의 문제는 80년대 이후 중요한 문학적 화두로 떠올랐기 때문이다.

80년대는 다양한 삶의 변화들이 증대한 시기였고, 이러한 시기에 민주화 운동에 발을 맞춘 문학 기능의 극대화, 산업사회의 팽창, 월북작가의 해금 조치로 인한 이데올로기의 개방 등이 우리 문학의 배경적인 흐름으로 작용하였다. 무거운 정치적 성격의 삶이 문학의 소재가 될 수도 있겠지만 도시라는 공간에서의 일상적이고 분화된 삶이 산업 사회에서 문학의 소재가 될 수밖에 없었고, 문명의 세속화 혹은 대중화는 20세기 말 우리 문단에서 뚜렷하게 부각된 하나의 현상이 된다. 거대 도시의 생성과 농촌 붕괴, 매스 미디어의 범람, 환경 파괴 등 산업화가 가져온 이러한 삶의 변화들이 우리 문화에 깊이 침투하였기 때문이다. 이렇게 다양성과 복합성이 중층적으로 작용한 80년대라는 시기는 문학사적으로 중요한 시기일 뿐 아니라 시교육의 측면에서도 깊이있는 해석과 성찰을 유도할 수 있는 시기가 된다.

텍스트의 외부적 요소는 다양한 경험을 바탕으로 학습자의 능동적 해석을 유도할 수 있는 부분이다. 현대시 교육에서 장르 해체 현상을 통해 텍스트의 해석 모델을 제시함으로써 학습자의 해석에 도움을 줄 수 있고, 상호 텍스트성을 통해 다양한 미적 경험이 새로운 해석의 인식 지평으로 나아가게 할 수 있다고 생각한다. 이런 과정을 통해 학습자는 텍스트 사이의 여백을 발견하고 채워나가면서 새롭고 흥미로운 의미를 발견하는 학습의 과정으로 나아갈 수 있게 된다. 1980년대 이후 현대시에서 장르 해체의 부각은 문학사적으로 매우 중요한 테마라 할 수 있는데, 장르의 영향이나 상호텍스트성의 문제뿐만 아니라 개별 작품에 미적 양식으로 나타난 여러 기법을 분석하여 그것의 문학사적 의의와 시대의식까지 읽을 수 있을 것으로 본다. 또 시해석의 차원에서 볼 때 학생들에게 읽기에 대한 흥미를 유발할 수 있고 텍스트를 분석적으로 읽는 능력을 기를 수 있다. 실제 해석을 통해 원전과의 비교·대조 과정을 거쳐 그 차이를 발견하고 시 읽는 즐거움을 누릴 수 있기 때문이다. 그리고 장르 해체된 텍스트를 통해 토론 수업을 입체적으로 끌어올릴 수 있다고 본다. 서정시의 순수성과 창의성을 강조하는 기존의 문법이나 고정관념은 장르 해체에 대한 반응과 평가를 찬반으로 엇갈리게 하면서 다양한 의견을 만들어낼 것이다.

3. 장르 해체 시의 예와 단계적 시 감상

(1) 선행 장르의 수용과 텍스트의 역동적 활성화 – 원전을 차용하여 패러디화하기

일반적으로 패러디는 기존 작품의 형식이나 특정한 문체를 존속시키면서 거기에다 이질적인 주제나 내용을 치환하는 일종의 문학적 모방11)으로 원전에 대해 비판적 거리를 두며 풍자적으로 개작한 형태의 예술작품을 뜻한다. 특히 과거의 문학규범이나 문학양식에 대한 패러디는 문학규범과 사회규범이 변해버린 현재 시점내의 과거의 규

11) Linda Hucheon, 김상구, 윤여복 역, 『패러디 이론』, 문예출판사, 1992, p.93.

범들이 낯설게 느껴지는 문맥 속에서 원래의 역사적인 텍스트 사이와의 관계의 불가피성을 밝히는 한편, 문학관습과 문화적·역사적 규범 사이의 관계를 조정한다. 달리 말해 패러디는 자동화되고 굳어버린 과거의 전형을 깨뜨림으로써 형식과 담론 내용 사이의 관계를 변증법적으로 갱신하거나 탈피하려는 적극적인 방법론이 된다.[12] 학습자에게 이론적 배경이나 지식을 전수하는 것은 실체 중심의 문학교육으로서 짧은 시간 동안 활용하는 것이 바람직하다고 본다. 이에 대한 이론적 설명이 너무 길어지면 수업에 집중하는 태도가 약해질 수 있으므로 교사는 이론을 간략하게 설명하는 것이 좋겠다.

패러디와 패스티쉬는 다같이 모방의 대상이 과거 텍스트들이라는 특징을 가진다. 그러나 패러디는 그 원전들과의 비판적 거리를 유지하기 때문에 패러디 문학은 자기반영적이고 반성적인 성격을 가진다. 반영 자체에 이미 반성이 내포되어 있기 때문이다.[13] 자기반영성, 자기반성은 모더니즘의 주요한 원리이며 자기반영성은 필연적으로 상호텍스트적일 수 밖에 없다. 현대 시인들에게 패러디는 자신의 시와 기존 자기 작품 사이의 상호텍스트성을 부여하기 위한 장치이다. 선행작품을 패러디 대상으로 삼는 경우는 패러디를 통해 드러나는 자기반영적[14] 특징이 자신의 시작 과정과 인식의 변화를 드러내는 지표가 된다. 시인은 이러한 메타적 기법을 통해 시쓰기의 원리로 구현되는 시정신과 세계관을 드러낸다. 선행장르에 비판적 재인용과 해석을 겸비한 패러디를 통해 새로운 작품을 창출하게 되는 것이다. 여기서는 시인이 기존의 문학작품과 장르를 출발점으로 삼아 자신의 문

12) 앞의 책, pp.93-95.
13) 김준오, 「패러디, 패스티쉬, 키취」, 『현대시의 환유성과 메타성』, 1992, p.135.
14) 권택영, 「패러디, 패스티쉬, 그리고 독창성」, 『현대시사상』, 1992, 겨울호, p.180.
김욱동, 『모더니즘과 포스트모더니즘』, 현암사, 1992, pp.214-215.

학 속에 각색하고 재배열하는 특징을 살펴본다. 패러디에서 주목받는 시인 오규원도 이런 시형식을 새롭게 하려는 전위적인 실험 정신에서 패러디 텍스트를 창작했을 것이라고 본다.

> 10월에는 죽은 者들이 다시는
> 돌아오지 않게 하소서.
> 돌아오지 않게 죽어서
> 우리에게 다른 우리로 가는 고통을
> 없게 하소서.
> 골목에서 우리가 다른 우리로 가는 소리가
> 우리의 짧은 잠을 깨우고
> 창문을 깨우고 이슬을 깨우고 달빛을 깨우고
> 마지막에는 밤과 하늘까지 깨우는 소리가
> 되지 않게 하소서.
>
> 10월에는 산 者들이 홀로
> 사색하며 잠들며 그 사색의
> 편협한 小路와 의견을
> 만나게 하소서.
> 小路에서 그리고 방구석에서
> 10월에 죽을 者와 친하고 10월에
> 죽을 者와 농담할 여유가 생긴 사람은 龍山이나 光化門에서
> 나와 소주 한 잔 하게 하소서.
>
> -「소주 한 잔 하게 하소서」 전문

이 시는 김현승의 「가을의 기도」의 문체와 어법을 차용하고 있

다.[15] 「가을의 기도」가 가지는 경건함과 엄숙함은 사라지고 어조의 변화와 어휘의 차용에서 흥미로움과 희극성을 유발하고 있다. 패러디되는 작품의 형식적 특징들을 밀접하게 모방함으로써 시 읽기의 흥미로움을 배가시킨다. 어조, 리듬, 어휘 등의 문제에 있어서 「가을의 기도」가 가지는 형식적 관습들을 가능한 한 밀접하게 모방함으로써 텍스트를 만들어내고 있는 경우다.

「가을의 기도」에서의 10월이라는 계절이 가지는 풍요로움과 내실은 "산 자/죽은 자", "우리/다른 우리", "10월에 죽은 자/10월에 죽을 자"의 대립 구도를 통해 일차적으로 소시민의 옹졸한 일상과 생활을 풍자하고 있다. 10월이라는 시간적 배경은 원래의 진지함이 소거되고 있을 뿐 아니라 "10월에 산 자"들은 "사색의 편협한 小路"나 "방구석"에 틀어박혀 있는 인물로 그려지고 있다. 어떤 의미에서 위악적이라고 할 수 있는 이 자기 풍자의 어조는 어떤 대상이나 사건에 부딪쳐 그것에 동화되려하기 보다는 그 모순에 비판적으로 대응하려는 일종

---

15) 가을에는
기도하게 하소서 …
낙엽들이 지는 때를 기다려 내게 주신
겸허한 모국어로 나를 채우소서.

가을에는
사랑하게 하소서 …
오직 한 사람을 택하게 하소서.
가장 아름다운 열매를 위하여 이 비옥한
시간을 가꾸게 하소서.

가을에는
호올로 있게 하소서 …
나의 영혼,
굽이치는 바다와
백합의 골짜기를 지나,
마른 나무가지 위에 다다른 까마귀같이 …

-김현승, 「가을의 기도」 전문

의 산문적 정신을 내포한다. 시인은 "大路/小路"의 대립구도에서 시민정신을 상실한 채 자신의 안위에만 열중하는 소시민의 일상사를 해부하고 있는 것이다. 이런 어법은 진지한 자기 반성적 사고와는 거리를 두고 있는 것 같지만 여기에는 오히려 시인의 반어적 의도가 강조될 뿐 아니라 일상 속에 숨겨진 시인의 비애와 희극성을 복합적으로 보여준다. 오규원의 패러디는 과거의 문학작품이나 장르를 출발점으로 하되, 그것의 은유적 각색을 바탕으로 하여 자신의 시에 적극적으로 수용하는 모습을 보여준다.

이 작품에 나타난 '모방적 인용'은 과거 작품에 대한 향수어린 모방이 아니라 현실과 불화하는 주체의 모습을 의도적으로 감추고 비틀려놓아 간접적으로 자신의 모습을 풍자하려는 이중적 전략을 가지고 있다. 시인 자신의 자의식의 공간에서 주체가 분열되고 그 과정이 복사되는 예술에 대한 통찰을 보여주는 것이다. 후기 자본주의 사회에서 부르조아적 개인의 존재근거는 사유의 절대성, 정신의 자율성[16]에 그 의미가 있다고 본다면, 시인은 사유 자체의 절대성과 자율성이 허위임을 이런 시쓰기 방식을 통해 증명하려는 것이다.

오규원의 텍스트에서는 작가의 절대성이라든가 권위가 파괴되어 시인과 텍스트 사이의 거리가 허물어진다는 점이 또다른 특징이라고 할 수 있다. 이렇게 거리가 해체됨으로써 언어에 대한 절대적이고 고정된 시선이 허위임을 보여주는 것이다.

> 성경에 가라사대 마음이 가난한 자에게 福이 있다 하였으니
>
> 2백억을 축재한 사람보다 1백 9십 9억을 축재한 사람은 그만큼 마음이 가난하였으므로

16) 이승훈, 『포스트모더니즘 시론』, 세계사, 1991, p.208.

天國은 그의 것이요

1백 9십 9억원 축재한 사람보다 1백 9십 8억을 축재한 사람 또한
그만큼 더 마음이 가난하였으므로
天國은 그의 것이요

그보다는 훨씬 적은 20억 원이니 30억원이니 하는 규모로 축재한
사람은 다른 사람과는 비교가 안 될 만큼 마음이 가난하였으므로
天國은 얻어놓은 堂上이라

돈 이야기로 詩라고 써놓고 있는 나는 어느 시대의 누구보다도
궁상맞은 시인이므로
天國은 얻어놓은 堂上이라

-「마음이 가난한 者」 전문

이 시는 "마음이 가난한 자는 福 이 있나니 천국이 저희 것임이요" 라는 마태복음 5장 3절을 패러디하고 있다.[17] 시인은 의미의 층을 겹쳐놓아 성경이 가지는 규약적 의미를 뒤집고 새로운 의미의 창출을 시도하고 있다. "가난"이라는 개념은 상대적인 개념이며 특히 "마음이 가난하다"는 것은 인간의 주관적 판단에 의한 윤리적인 논평이라고 할 수 있다. 시인은 여기에 촛점을 맞추어 자본주의 사회의 상대적

17) 심령이 가난한 자는 복이 있나니 천국이 저희 것임이요
애통하는 자는 복이 있으니 저희가 위로를 받을 것임이요
온유한 자는 복이 있나니 저희가 땅을 기업으로 받을 것임이요
의에 주리고 목마른 자는 복이 있나니 저희가 배부를 것임이요
긍휼히 여기는 자는 복이 있나니 저희가 긍휼히 여김을 받을 것임이요
-『마태복음』 5장 3-12절에서

빈곤감과 박탈감의 문제를 다루고 있다. 패러디를 통해 시인이라는 존재에 대한 모멸감을 표출할 뿐 아니라 '절대 善'의 상징인 성경구절을 인용함으로써 절대 善이라는 개념이 존재할 수 없는 물화된 자본주의 사회의 현실을 풍자적으로 해석하고 있다. 시인은 성경에 함축된 의미를 부정함과 동시에 화해되지 않은 상태로 존재하는 경험세계 사이의 모순과 갈등을 보여주어 산업화의 도구적 이성에 대항하는 의미까지 함축하고 있다. 이러한 해석 과정을 통해 학습자는 성경의 의미를 풍자적으로 재해석하고 있는 시인의 의도를 발견해 나가게 된다.

① 내가 그의 이름을 불러 주기 전에는
그는 다만
왜곡될 순간을 기다리는 기다림
그것에 지나지 않았다.

내가 그의 이름을 불렀을 때
그는 곧 나에게로 와서
내가 부른 이름대로 모습을 바꾸었다.

내가 그의 이름을 불렀을 때
그는 곧 나에게로 와서
풀, 꽃, 시멘트, 길, 담배꽁초, 아스피린, 아달린이 아닌
금잔화, 작약, 포인세티아, 개밥풀, 인동, 왕국 등등의
보통명사나 수명사가 아닌
의미의 틀을 만들었다.

우리들은 모두
명명하고 싶어했다.
너는 나에게 나는 너에게.

그리고 그는
그대로 의미의 틀이 완성되면
다시 다른 모습이 될 그 순간
그리고 기다림 그것이 되었다.

-「<꽃>의 패러디」 전문

② 나는 봄에게로 가서 어떤 의미가 되지 않았다 나는
기혼 남자였고 아내가 무서웠기 때문이다
나는 봄에게로 가서 꽃이 되지 않았다 내가
인간으로 태어난 사실을 남들도 다 알고 있었기 때문이다
나는 봄에게로 가서 부활하지 않았다 나는
호적에 사망 신고가 되어 있지 않았기 때문이다

-「나는 부활할 이유가 도처에 없었다」에서

이 두 편의 시는 널리 알려진 김춘수의 「꽃」을 인용한 패러디 시들이다. 모두 원텍스트의 문체를 차용하여 동일성을 전제로 하나, 그 문체를 의도적으로 비틀려 놓아 원텍스트의 문맥과 아우라를 전도시키고 있다. 먼저 ①의 시를 보도록 하자. 이 시를 접하는 독자라면 김춘수의 「꽃」을 떠올릴 수 있을 것이다. 원텍스트인 김춘수의 작품에서는 꽃을 사물로서의 대상이 아니라 하나의 인격적 존재, 절대적 관념으로 파악한다. 원문을 대조해본다.

내가 그의 이름을 불러주기 전에는
그는 다만
하나의 몸짓에 지나지 않았다.

내가 그의 이름을 불러 주었을 때
그는 나에게로 와서
꽃이 되었다.

내가 그의 이름을 불러 준 것처럼
나의 이 빛깔과 香氣에 알맞는
누가 나의 이름을 불러다오.
그에게로 가서 나도
그의 꽃이 되고 싶다.

우리들은 모두
무엇이 되고 싶다.
나는 너에게 너는 나에게
잊혀지지 않는 하나의 의미가 되고 싶다.

-김춘수, 「꽃」 전문

김춘수의 시에서 "꽃"은 지상의 아름다움과 고귀한 가치, 순결한 영혼을 상징하는 시적 기호이다. 존재함으로써 그대로 아름다움의 표상이 되는 자족적인 생명체이며, 생명의 가치를 극대화시킨 지상의 불꽃이기도 하다. "꽃"은 김춘수에게 형이상학적인 관념을 구체적으로 드러내는 대상이기도 하다. 이 작품에서 시인은 "꽃"이 지닌 관습적인 언어의 의미에 인격화된 "꽃"의 의미를 겹쳐 놓아 존재 의의와 실존에 대한 의미를 묻고 있다. "그"와 "나"의 관계와 존재를 가치있게 만드는 것은 "이름"이다. 이름이 부여되어야 한 사물이나 인격이 그 존재성을 인정받을 수 있기 때문이다. 이름을 불러주기 전에 그와 나는 서로를 깨닫지 못하는 낯선 존재들이기에, "다만 하나의 몸짓"에 지나지 않는다. "나"는 이름을 불러 그를 "꽃"으로 존재하게 했던 것처럼 내 이름을 부르는 누군가에 의해 "꽃"이 되고 싶은 욕망을 드러낸다. 그래서 "그"라는 하나의 "몸짓"에 불과했던 무명의 존재는 "이름을 불러주는" 행위를 통해 "너"라는 의미를 얻게 된다. 김춘수에게 이름을 불러준다는 것은 인격화된 존재성을 인정받고 실존의 깊이에 도달할 수 있는 행위가 된다. 이름을 불러주는 행위를 통해 의미를 완성하고 절대적인 동일성을 성취할 수 있다는 믿음이 깔려 있기 때문이다. "꽃"이 가지는 은유적 의미는 '언어'에 대한 형이상학적 사유 때문이다. 형이상학적 사유에서 말은 모든 것의 기원으로서 완전한 존재를 보증하는 것으로 인식[18]되었다.

호명을 통해 무명을 극복하고 자기 존재를 자각하고 싶은 열망[19]과 믿음이 이 시를 지탱하는 주제라면, 오규원은 김춘수가 탐구하는 언어에 대한 형이상학적 관심을 냉소적으로 표현하고 있다. ①의 시를 자세히 읽어보도록 하자. 김춘수가 언어와 호명에 대한 관심을 실존적으로 형상화시킨 반면, 오규원은 텍스트의 화법을 거의 그대로 유지하면서도 어휘들을 바꿔놓음으로써 작품을 보다 형이하학적인 차원으로 끌어내리고 있다. 「<꽃>의 패러디」는 원 텍스트와 시적 구

18) 이미순, 「김춘수의 꽃과 해체론적 수사학」, 『한국현대시와 언어의 수사성』, 국학자료원, 1997, p.268. '꽃'의 은유가 지닌 동일성의 의미를 해체하는 이 글에서 저자는 김춘수의 초기시에서 꽃은 핵심적 위치를 차지하는데, 꽃은 하나의 형이상학적 관념을 구체적으로 드러내는 기호일 뿐 아니라 자연 대상인 까닭에 선험적인 원리의 육화로 나타난다고 해석한다.

19) 이은정, 『현대시학의 두 구도』, 소명출판사, 1999, p.285.

조 및 통사구조가 거의 일치한다. 이 시에서 "그"는 내가 이름을 불러주기 전에는 호명에 의해 어떻게 굴절되고 어떻게 왜곡될지 모르는 채 기다리는 "기다림"에 불과하다. 어떤 하나의 이름으로 불린다는 것은 대상의 본질에 가까이 간다기 보다는 허상에 이름을 덧씌워놓은 것인지도 모르기 때문이다. 그래서 내가 그의 이름을 불렀을 때 그는 곧 내게로 다가와 그 이름에 걸맞는 존재가 되기 위해 본래의 모습을 잃어버리거나 모습을 바꿔버린다. 이름과 언어가 갖는 한계에 의해, 그리고 그것을 부른 자의 주관적 관념에 의해 "그"는 존재의 본질을 잃어버리고 오히려 더 "왜곡"되거나 모습을 "바꾸어" 버리는 것이다.

그렇지만 내가 그의 이름을 불렀을 때 그는 나에게로 와서 "풀, 꽃, 시멘트, 길, 담배꽁초, 아스피린, 아달린"이 "아닌" 다양한 꽃이름들을 만든다. 그러나 그것은 꽃이긴 하지만 김춘수 시인이 부여한 "꽃"의 의미와는 동떨어진 꽃들이다. 또 "금잔화, 작약, 포인세치아, 개밥풀, 인동, 황국 등등"은 존재로서의 "꽃"이라기보다는 고유한 이름늘로서의 꽃이다. "보통 명사나 수명사"도 아니고 관념적이고 인격화된 "꽃"도 아닌 이 이름들은 오히려 "꽃"이라는 존재의 아름다움과 내밀함을 깨는 '의미의 틀'에 지나지 않는다. 언어의 순수성을 의심하고 회의하는 시인에게 명명이라는 행위는 고정관념을 파기하기는커녕 의미를 가두어놓고 한정시키는 '틀'에 불과할 뿐이다. 존재의 본질에 가까이 다가가고 합일하고자 하는 과정에 의미를 부여하기 위해 "꽃"을 빌어온 김춘수의 시에 비해 이 시는, 이미 실재하고 있는 꽃이름들을 통해 이름과 존재의 본질 사이에 놓인 거리를 더 강조하고 있다.

그래서 이 시에는 순수한 언어와 명명을 통해 창조할 수 있다는 물음이나 그것을 이루기 위해 시인이 시를 쓴다는 것은 허상일지도 모른다는 자조가 섞여 있다. 그렇기에 이 시에서는 언어의 순수성과 언어가 갖는 한계에 대해 회의하고 부정하는 시인의 관심만이 부각되는 것이다. 이러한 해석 과정을 통해 교사는 오규원 시인이 반어적인 모방을 통해 김춘수의 「꽃」이 의도하는 존재론적 탐구에 대한 풍자와 비판을 수행하고 있음을 전달할 수 있다.

②의 시에서는 좀더 산문적인 진술방식으로 「꽃」이 가지는 의미가 세속적으로 굴절되어 있다. 이 시에서는 김춘수의 「꽃」을 그대로 모방하고 있지는 않지만 "봄"이라는 어휘에 대해 시대적 의미를 부여하고 있음이 주목된다. "봄"은 시간적 의미를 지닌 배경이라기 보다는 한 시대의 이데올로기적 함의를 지닌 사건의 맥락에서 이해되어야 한다. 왜냐하면 이 작품에서는 "화염 방사기", "역사의 행간", "전경", "최루탄" 같이 한 시대의 사건을 반증해주는 구체적인 어휘가 작품의 앞뒤에 등장하여 문맥을 형성하고 있기 때문이다.[20]

첫 행에서는 "나는 봄에게로 가서 어떤 의미가 되지 않았다"는 진술로 의미 자체에 대해 회의하는 모습을 보인다. 시의 화자는 "기혼남자"이고 "아내가 무서웠"으며 "사망신고가 되어 있지 않았"기 때문에 "나는 봄에게로 가서 어떤 의미가 되지 않았다", "나는 봄에게로 가서 꽃이 되지 않았다"라고 말하고 있다. 이 구절은 "그는 나에게로 와서 / 꽃이 되었다"에 대한 반대적 진술이다. 다시 말해 김춘수의 "꽃"이 존재론적 명명행위를 의미하는 데 반해, 이 시의 "꽃"은 사회역사적인 이데올로기소를 함축하고 있는 것이다. 오규원은 원텍스트가 가지는 존재론적 의미를 전복하고 이념적・당대적인 차원에서 인

---

20) 봄은 부활절 이전에 부활해서 신문에 난 자신의
사진을 확인한 뒤에야 화염방사기를 주문했다.
……
나는 부활절 이전과 이후에도 부활하지 않았다 전경처럼
개나리 편대의 노란 폭발음에 더 독해지는 최루탄처럼
화장을 하고서야 안심하는 아내의 화장독처럼 나는
살아 있었으므로 부활할 이유가 도처에 없었다.

용함으로써 그 의미를 새롭게 구축하고 있다. 이것은 단순한 인용이나 인유라기보다는 강력한 양텍스트적(bitextual) 결정성을 지니는[21] 것으로 볼 수 있고, 시인은 인용된 텍스트와 부조화스런 관계를 가지도록 함으로써 텍스트를 역동적으로 활성화시키고 있기도 하다. 오규원의 패러디 시가 보여주는 특징은 시인과 텍스트 사이의 거리가 허물어진다는 점일 것이다. 이렇게 거리가 해체됨으로써 독자가 마주치게 되는 것은 전통적으로 은폐된 시인의 절대적 권위와 시의 가치에 대한 고정된 믿음이다.

이렇게 패러디는 반복이지만 차이를 내포한 반복이라는 지적을 상기해 본다면, 의도적이고 희극적인 반복과 어휘구사를 통해 언어의 인식론에 대한 회의를 시쓰기를 통해 실천하려는 시인의 의도를 읽어낼 수 있다, 이 회의와 냉소는 당대 시인들이 취한 문학정신의 한 단면일 것이다. 시인은 부정에 대한 참다운 인식뿐 아니라 부정의 방식에 대해 진지하게 접근하고 있다. 시인은 일상적 언어나 존재론적 언어의 자명성을 파괴하고 부성의 한 역설을 패러디를 활용한 시쓰기를 통해 제시하고 있는 것이다.

이렇게 텍스트를 읽고 분석한 뒤에는 이에 대한 점검이 필요하다. 패러디의 경우 원작과 패러디의 대상 작품이 분명하고, 비교와 대조의 관계를 쉽게 파악할 수 있으므로 시의 통사론적 요소 중 어떤 것들이 변화하였는지를 항목화하는 것이 좋을 것이다.

(2) 혼성모방과 혼합형식 – 원전을 차용하여 패스티쉬화하기

장르의 뒤섞기와 혼융은 장르 해체 현상의 대표적인 한 예라 할

---

21) Linda Hucheon(1993), 앞의 책, p.72.

수 있을 텐데, 이것이 모더니즘 시인들의 가장 큰 특징이자 전범이라 할 수 있을 것이다. 시인들은 언어의 의미를 절대적인 것으로 해석하기보다는 문맥의 왜곡과 굴절을 통해 언어를 유동적인 현상으로 파악하는 관점을 보인다. '반어적인 패러디'라는 모순적인 시도에서 한 장르의 관계가 공시적인 측면에서 단절되면서 동시에 연결되고 통시적인 측면에서도 지속되면서 변화한다는, 반어성의 미학[22]을 실천하고 있기 때문이다. 이는 곧 이질적 요소들의 충돌과 결합을 통해 의미의 다양성과 텍스트의 다성성을 실천할 수 있는 적극적인 문학의 장치가 된다. 오규원은 기존의 작품에 대한 인용과 재해석을 통해 새로운 맥락에서 작품을 다시 창조한다. 선행 작품을 (김현승, 김춘수의 시, 성경, 민요 등) 비판적으로 성찰하는 동시에 일반인들이 별다른 자각이나 자의식 없이 받아들이는 일상에 대해서까지 새로운 시각으로 재해석하고 있다. 이러한 시쓰기는 원작을 혼성모방한 텍스트들을 통해 분명하게 제시된다. 장르 해체의 시쓰기를 탐구하는 오규원의 작품들은 일종의 '기생문학적 paraliterary' 공간이라는 개념과 접맥되는 가능성을 열어 보인다. 크라우스(R. Krauss)가 말한 이 기생문학적 특성이란 통속적인 의미에서의 예술작품이라는 개념, 나아가 이 개념을 둘러싸고 있는 작가의 절대적 권위와 비평적 수행 양자에 도전하는 것이다.[23] 예술 작품의 관습적 특성이 해체되면서 마침내 일상과 현실, 주체와 객체 등의 경계가 동시에 해체된다. 오규원의 패러디는 장르 해체를 전제로 할 때 미학적 원리로서 성립되지만, 동시에 현실의 재현 가능성에 대한 불신과 회의를 동시에 보여준다는 점에서 텍스트의 자율성을 해체하는 지점으로 나아간다. 이러한 시

22) 이승훈, 앞의 책, 1991, p.159.

23) Rosalind E. Krauss, "Poststructuralism and the paraliterary", *The originality of the Avant-garde and other modernist myths*, MIT press, 1985, pp.291-295.

쓰기는 창조적 주체성 곧 작가의식을 불신[24]하는 시적 인식에서 비롯되는 것이다. 다른 텍스트를 모방 인용한다는 것은 시쓰기가 주체적 행위라기보다는 상호주체적 행위라는 인식에서 파생되며, 그런 점에서 부르조아적 이데올로기의 토대와 허위성을 맹렬히 비판하는 것으로 볼 수 있다. 기생문학적 공간은 그런 점에서 문학의 자율성이 해체되고 그것이 다른 텍스트나 비평 텍스트로 전이되는 양상을 보인다.

> 2월 6일, 일요일. 10시 5분전 기상. 커튼을 걷고 창밖
> 을 내다봄. 거리는 오늘도 안녕함. 안녕한 거리에 하품 나옴.
>
> …(중략)…
>
> 亡界의 수영은 김우창의 농사가 잘 되어 술맛이 좀 풀린다
> 고 히죽 웃음 . 오후 3時. 엿가락처럼 늘어져 누워 있는 나에
> 게 亡界의 쥘르형으로부터 편지 옴.
>
> 오, 정말 쓸모없는 시인이구나
> 너무 들어박혀 있으면 병들지
> 이렇게 좋은 날씨에 방구석에 박혀있는 사람은 없지
> 약방에 가서 싸구려 해열제라도 사와라
> 그것도 좀 운동이 될테니까.
> 좀 운동이 될까 하고 하품 다시 함.
>
> * 본문중 4행의 라포르그 시는 「일요일」에서 인용.
>
> -「나의 데카메론」에서

24) 이승훈, 앞의 책, 1991, p.95.

보카치오의 「데카메론」에서 제목을 따온 이 작품은 권태롭고 한가한 일요일의 풍경을 기록한 작품이다. 일기와 메모의 양식이 텍스트에 혼재하고 미당, 수영, 김우창, 쥘르 같은 문인들의 이름을 거론하고 있지만 그 이름들이 환기하는 품위나 아우라는 이 작품에서 존재하지 않는다. 다시 말해 작가의 권위나 텍스트의 정당성이 불신되고 있기 때문이다. 다만 이 다양한 요소들이 한 작품에서 혼재하는 시쓰기의 양식을 통해 이질혼성적인 어조를 낳아 텍스트의 자율성이 해체된다는 믿음을 실천하고 있다. 시인은 프랑스 상징주의 시인 라포르그의 「일요일」의 한 연을 그대로 인용하여 작품의 아이러닉한 분위기를 배가시킨다. 백여 가지 이야기가 묶인 데카메론이 당대의 풍속을 적나라하게 묘사하면서 인간의 쾌락을 예찬했듯이, 「나의 데카메론」에서도 표면적으로는 일요일 하루의 한가함과 게으름을 예찬하고 있다. 그렇지만 그 이면에는 무기력한 소시민으로서의 일상에 대한 반성과[25] 자괴감이 숨어 있다.

오규원은 이렇게 전대의 문학작품을 모방인용하면서 작가의 권위, 텍스트의 권위에 도전하고 있을 뿐만 아니라, 자본주의 사회의 첨단 기능화된 언어인 광고 언어를 그대로 복제하기도 한다. 이 상품광고 시들은 예술과 일상세계가 분열되거나 상호배타적인 관계가 아니라 일상적 언어가 일상세계의 원리에 의해 지배된다는 시적 언어의 특징을 보인다. 이것은 패러디가 문학적 언어에서 긍정적인 쇄신이 될 수 있으리라는 자각과 함께 낯설게 하기의 원리를 통해 "사물은 생소한 것으로 남아있을 수 없다"는 문학역동주의(literary dynamism)를 시사하기 때문이다. 새롭고 보다 나은 정통성을 수립하기 위해 문학적 전략으로서의 패러디는 관습화된 규범들을 깨뜨린다.[26]

25) 정끝별, 앞의 책, pp.284~285.
26) P. Waugh, 앞의 책, 1989, p.91.

\- MENU

샤를르 보들레르 800원
칼 샌드버그 800원
프란츠 카프카 800원

이브 본느프와 1,000원
에리카 종 1,000원

가스통 바슐라르 1,200원
이하브 핫산 1,200원
제레미 리프킨 1,200원
위르겐 하버마스 1,200원

시를 공부하겠다는
미친 제자와 앉아
커피를 마신다
제일 값싼
프란츠 카프카

-「프란츠 카프카」 전문

메뉴표를 작품에 그대로 도입한 이 시는 패러디와 패스티쉬가 겹치는 부분이 있음을 시사한다. 비문학장르를 혼성모방하면서도 원텍스트에 의도적인 변형을 거쳐 "시를 공부하는" 현실이 비현실적인 상황으로 인식되는 현실 비판의 정신과, 그런 현실을 벗어나지 못하는 주체의 자괴감이 텍스트에 노출되어 나타나고 있다. 시인은 세계적인 시인들과 철학자의 이름을 일상에서 흔히 접할 수 있는 메뉴판에 등장시켜 이들의 사상적 업적이 커피 한 잔 값으로 환원되는 자본주의의 물신성을 비판하고 있다. 혼성모방된 광고문안과 상품의 고유명사들은 작품의 아이러닉한 분위기를 배가시킬 뿐만 아니라 “교환가치가 보편화되고 이미지가 상품의 최종 형식”[27)]이 되는 시뮬라시옹의 현실을 강조한다. 소비 산업사회의 지배적인 체계는 산업사회의 주도적인 체계가 생산인 것과 달리 소비라는 특징을 가진다. 후기 산업사회에서 상품은 즉각 기호로 생산되고 기호는 상품으로 산출[28)]되기 때문이다. 오규원의 광고시들은 현실과 반현실, 역사와 가상, 언어와 비언어가 충돌하고 와해되는 이른바 해체적인 공간을 매개로 쓰여지는 것으로 볼 수 있다. 시인이 의도한 방법적 인용 속에 내포된 실험정신은 텍스트의 절대성, 정당성에 대한 믿음에 균열을 일으키고 자기 동일성의 관념을 교란시키려는 모더니스트의 사유방식에서 비롯되는 것이다.

> 늙어버린 아이들이 참호와 포연 사이로
> 먹을 것을 찾아
> 알프스山의 羊떼처럼
> 고개를 떨어뜨리고 걷고 있다
>
> — 눈 노화 지연 및 수정체 혼탁
> 　 예방 치유 ‘케시딘’
> 혹은 공기

27) 이승훈, 앞의 책, 1991, p.68.
28) Jean Baudrillard, 이규현 역, 『기호의 정치경제학 비판』, 문학과 지성사, 1992, p.163.

혹은 물

나는 약을 찾아 약방을 기웃거린다

-오규원, 「눈의 老化-나이 탓만은 아닙니다」에서

자아바, 쿵
(잡는다)
고올라, 자바
짝짝
(골라잡는다)
고올라, 고올라
(잽싸게 고른다)
자바자바
(끌어당긴다)

여기는 서울의 난장이다
李씨는 잡히는 대로 티를
구석으로 팽개친다

자바자바
그놈
골라자바
그놈

-오규원, 「자바자바 셔츠」에서

이 두 편의 시는 오규원의 광고시들 중에서도 혼성모방의 성격을 강하게 부각시킨다. 먼저 첫 번째 시는 "눈의 노화 남의 탓만은 아닙니다"라는 광고문구를 그대로 시의 제목으로 삼아 이를 전경화시키고 있다. 한 나라의 특정한 질병은 사회적 병리현상이나 환경과 밀접한 관계를 맺는다. 도시화나 환경오염에서 원인을 찾아볼 수 있는 질환은 무수히 많다. 과도한 입시열풍이나 자본주의 사회의 무한경쟁 논리로 인해 일찌감치 시력이 나빠진 "늙어버린 아이들"은 우리 사회에 숱하게 많다. "참호와 포연 사이로" 먹을 것을 찾아 "양떼"처럼 줄지어 서 있는 군상들은 바로 우리 사회의 독특한 메커니즘을 반영하는 시인의 풍자적 표현일 것이다. 또 대량생산과 기계화로 인해 환경오염을 가져온 것도 사실인 바, 혼탁해진 "공기"와 "물"도 여기서 파생된 것들이다. 그래서 한 개인의 질병은 사회의 구조적인 모순과 연관될 수 밖에 없는 것이다.

그러나 "케시딘"이라는 약품은 이 시에서 사회의 구조적 배경을 차단한 채 개인의 문제로만 국한시키는 효과적인 매개가 된다. 케시딘 광고는 바로 "광고의 동화"과정[29]에 흡수되어 사회의 질환이 개인의 책임으로 이월되는 현상을 반증하는 기호가 된다. 그래서 "약을 찾아 약방을 기웃거리"는 화자의 모습은 "눈의 노화"가 "나이탓만은 아니"라는 광고의 제목과 부합되어 개인 자신의 문제로 치부되고 있다. 사회 구성원의 건강이 사회 구조적 병리현상과 관계되는데도, 이것이 순전히 개인의 문제로만 국한되는 집단의 자동화된 메카니즘이 풍자되는 전략이 숨어 있다.

두 번째 시는 분주한 상업 활동이 벌어지는 남대문 시장 풍경을 묘사하되, 상인들의 판매행위와 의성어가 인용되어 보다 생생한 현실감을 느끼게 한다. 일상적 삶의 공간인 시장의 한복판을 몇 개의 의성어

29) 백한울 외, 『상품미학과 문화이론』, 눈빛, 1993, p.194.

와 명령어로 보여주는데 이 시의 특징이 있다. 부호 "( )"가 쓰인 부분은 상인과 구매자들의 행위 묘사를, 나머지 부분은 의성어의 사용으로 교차읽기(cross-reading)의 특성을 보이고 있다. 이로 인해 독자는 활기 넘치는 구매현장을 떠올릴 수 있지만, 시인의 시선은 그 이면을 향한다. 구체적인 삶의 공간인 시장에 대한 묘사와 함께 인간적 가치에 대한 냉소가 깔려있는 것이다. 감성적 소비라기보다는 군중의 소비행태가 집단적이고 획일적이며, "이씨"라는 상인에 의해 좌우되어 움직이는 상업행위의 메커니즘을 조롱하고 있다. "자아바, 쿵", "고올라, 자바", "자바자바"라는 상인의 발화는 단순한 발화행위라기보다는 한 개인의 소비욕구를 조종하고 상품소비의 경쟁적 성격을 부각시키는 첨단의 언어가 된다. 부호 "( )"에 쓰인 말들 - 잡는다, 골라잡는다, 잽싸게 고른다, 끌어당긴다 - 은 모두 소비자의 주체적인 판단에 의한 행위라기보다는 상인의 언어에 의해 상황이 좌우되는 피동적인 행위들이다. 여기에는 소비를 매개로 수반되는 사회 구성원의 감성적 만족이나 개인의 기호같은 것이 개입될 수 없다. 이런 해석 과정을 통해 학습자는 가장 개인적인 행동인 구매활동마저 상인에 의해 좌우되는 자본주의 사회의 소비행태를 비판적으로 인식하게 된다.

4. 장르 해체 시읽기의 교육적 의의와 활용 방안

이러한 장르 해체 시읽기를 집중적으로 학습한 후에 원작의 구조를 변형시킨 다른 텍스트를 읽고 학습할 수도 있다. 더 바람직한 것은 다른 시인의 패러디나 패스티쉬 작품으로도 관심을 확대시켜 시읽기에 대한 욕망을 갖도록 유도한다면 시교육에서 장르 해체의 활용과 기여도는 더욱 강화될 것이라고 생각한다. 학습자들은 또다른 패러디스트가 되어 독자로서 새로운 의미를 발견할 뿐 아니라 해석해나가는 즐거움을 누릴 수 있기 때문이다. 작품 읽기가 끝난 다음에는 그에 대한 점검이 필요하다. 특히 패러디의 경우는 대상 작품이 분명하고 비교와 대조를 통해 원텍스트를 유추할 수 있으므로 시의 요소 중 어떤 것들이 변화하였는지를 체계적으로 검토하는 것이 좋을 것이다. 이것은 창작 활동에도 필요한 자료가 될 수 있다.

이 글에서는 시교육의 한 방법으로 장르 해체의 활용 가능성과 실제 수업의 가능성을 살펴보았으며, 대상 텍스트는 오규원의 시로 한정하였다. 장르 해체는 80년대 중반 이후 문학 연구자들에게 학위논문의 테마로도 떠오른 문학 이론이기도 하다. 그런 만큼 연구 성과와 이론이 많이 누적된 부분이기도 하나, 교육적 측면에서의 장르 해체는 폭넓게 활용되지 않은 듯하다. 장르 해체가 문화적으로 많이 확산되고 대중화되다 보니 학습자에게 장르 해체는 어렵고 까다로운 문학이론이기보다는 문화생활에서 친근하게 접근할 수 있는 현상으로 부각되었다. 그러므로 이런 상황을 잘 활용한다면 시읽기의 어려움도 해소하면서 국어 교과서나 문학 교과서에 실린 텍스트를 좀더 쉽게 접근할 수 있을 것이다.

문학 영역은 문학의 이해와 감상을 비롯하여 문학의 창조에 이르기까지 문학 능력의 함양을 목표로 하고 있다. 문학의 이해와 감상은 물론 문학의 수행이나 실천을 요구하는 것이 특징[30]이다. 문학 교육은 '인간의 삶을 총체적으로 이해하고 문학적 상상력 향상'을 목표로 하면서 학습자의 참여와 활동을 강조한다. 이것이 7차 교육 과정의 특징 가운데 하나이다. 그리고 언어 문화인 문학은 주체의 적극적 참여를 전제로 하여 성립한다고 해도 지나치지 않다.[31] 따라서 장르해

30) 김미영, 「패러디를 활용한 소설교육의 방법」, 『한국문학이론과 비평』 26집, 2005, p.334.

체 시 읽기를 학습하였다면 그 다음 단계로 학습자의 능동적인 참여를 유도하는 수업 방식을 모색해야 한다. 시의 이해와 감상은 토론이나 글쓰기를 통해 다양하게 변용되고 계발할 수 있다.

특히 시교육에 관한 필요성이나 효용론에 관한 논의는 문학작품을 바라보는 가치관이나 관점과도 연결된다. 문학작품을 통한 시교육에 관한 선행 논의로는 우선, 언어 자료로서 문학 작품이 첫째, 신뢰할 수 있다는 사실성과 둘째, 문화적인 풍요로움, 셋째, 언어적인 풍요로움, 넷째, 독자로서 개인적인 참여 등의 가치를 지니고 있으므로[32] 문학작품을 교육해야 하며 그렇게 함으로써 문학작품을 통해 언어 사용법을 향상시키고 작품 독해 능력을 길러본다는 것이다. 한국 현대시의 장르 해체 현상에 주목한다는 것은 문학 연구 뿐 아니라 문학교육에 있어서도 새로운 국면을 연다고 할 수 있다. 80년대 이후 현대시들에서는 브룩스 식의 '잘 다듬어진 항아리'의 정전(正典)과 가치가 붕괴되기 시작한다. 다시 말해 80년대 이후 현대시에서 기존의 문법을 도전하고 해체하는 징후들을 발견하는 것은 어려운 일이 아니다. 달리 말하면 시인들은 현저하게 자리바꿈의 태도를 보이고 있는 것이다. 그렇다면 장르해체의 시해석을 통해 학습자는 무엇을 얻을 수 있는가.

첫째, 교과서에 실린 작품이나 이미 정전으로 인정된 작품에 대한 학습자와의 세대간 거리나 시대 차이를 인지할 수 있다. 즉 전통이나 권위에 대해 순응하기보다 반발하고 도전하려는 학습자 세대의 욕구를 적절히 표출하는 문학작품을 이해할 수 있으며,[33] 스스로 그런 텍

31) 우한용, 「문학 교사의 양성과 재교육」, 『문학교육의 새로운 구도와 실천』, 태학사, 2000, p.282.

32) Joanne Collie & Stephen Slater, *Literature in Language Classroom: A Resource book of ideas and activities*, Cambridge University Press, 1987, pp.20-40.

33) 송지현, 앞의 글, p.132.

스트를 감상하고 수용함으로써 학습자의 의욕과 호기심을 충족시킬 수 있을 것이다.

둘째, 장르 해체된 작품들의 상호텍스트성을 파악하면서 변화하는 시대와 최첨단의 실험적인 시에 대한 이해의 폭이 넓어진다고 할 수 있다. 과거의 시와 당대의 시는 어떻게 다르며 상이한 감성과 세계관이 어떻게 하여 미학적으로 구조화될 수 있는가에 대한 질문을 던져 보다 진보적이고 창의적인 상상력을 유도하고 이를 통해 새로운 지평융합의 과정으로 나아갈 수 있는 것이다.

셋째, 기존의 정전화된 작품만 시로 인정하는 태도를 탈피하여 텍스트 이면에 숨겨진 다양한 목소리를 접할 수 있고, 인접 예술 장르에 대한 관심을 고조시킬 수 있다. 일정 수준 이상의 문학 교육은 상호텍스트성을 바탕으로 해야 한다. 일반적으로 상호텍스트성이란 바흐친이 말한 대화이론과 관련된다. 상호 텍스트적인 관점에서 한 텍스트의 의미는 유동적이고 비결정적이며 무한히 확대될 수 있어서 그 의미가 다양하게 생성될 수 있다. 뿐만 아니라 장르 해체된 작품들을 연결해서 읽는 입체적인 독서는 풍부한 상상력을 자극하여 텍스트와 다른 인접 예술 장르의 다양한 의미파악을 가능케 할 것이다.

이러한 시읽기와 감상을 학습한 후 한 시인 내의 상호텍스트성을 통해 해석의 지평을 넓히고 다른 시인의 텍스트와의 대화적 의미실현을 통해 보다 입체적이고 역동적인 시읽기의 학습을 할 수 있을 것이라고 본다. 그래서 장르 해체 현상이라는 주제는 학습자의 호기심과 기대지평을 충족시키고 해석의 수준을 향상시킬 수 있는 교육방법이 될 것이다.

2부

소통과 연대를 향한 갈망

생의 무게와 서정적 파토스

– 김추인 시집 『전갈의 땅』(시작, 2006),

신종호 시집 『사람의 바다』(시작, 2006) –

1. 부대낌의 흔적을 연주하는 자들

시지프스처럼 인간은 오늘도 계속 살아야 하는 존재이다. 현실과 일상을 껴안고 전진해야 하므로 막연히 응시하며 바라보기만 하는 지금 이 순간에도 삶은 치열하고 드라마틱하다. 그리고 이 살아내는 부대낌의 흔적을 체험의 변용과 확대를 통해 변주하며, 그 연주를 지속적으로 보여주는 이가 바로 시인이다. 시인이란 막연하고 불투명한 삶의 이미지를 통해 인간의 운명과 생의 형식을 보여주는 이들이 아닐까. 그리고 인간은 영원히 외로운 존재임을 다시 한 번 확인시키는 그런 존재가 아닐까. 내 앞에 놓여있는 두 권의 시집은 시인이란 어떤 존재인가라는 물음을 새삼 떠올리게 한다.

나는 김추인과 신종호 시인의 시집에서 기존의 관념을 재구성함으로써 현실을 새롭게 응시하며, 현실적 가치들에 훼손된 인간의 의식을 각성시키고, 투명한 영혼과 순정한 정신세계에 다가가고자 하는 숨결을 느낄 수 있었다. 시인은 불확실하고 삭막한 현실에 거주하고 있지만 늘 이상을 가진다. 시간적으로 보면 현재에 존재하지만 늘 미래의 시간으로 향해 있음을 뜻한다. 현실에 거주하되, 현실을 일탈하여 순정한 정신의 깊이를 탐구하려는 것이 시인의 자세이고 존재이유인 것이다.

2. 자유의 정신과 시간의 성찰

김추인의 시집 『전갈의 땅』은 일상으로부터의 반란과 탈주에 대한 욕망에서 씌어진다. 무릇 시쓰기라는 것이 일상의 초월과 전복의 욕구에서 시도되는 것이지만 그녀의 반란과 일탈은 사색적이면서도 생의 속살과 직접 부닥치는 모습을 띠고 나타난다. 그녀가 "셀레스나 이카루스 같은 어느 작은 행성의 나그네"일지 모른다며 "숨막히는 별의 일상"에서 벗어나(「역마살」) "탈옥을 꿈꾸듯" 담을 넘고 싶다는 욕구는 끝없이 자신과 분열을 일으키는 이상적 자아의 어떤 몽상의 표출로 받아들여진다. 김추인의 시는 반복되는 일상과 이를 응시하는 개체화된 자아 사이의 불협화음 속에서 태어난다. 생활 속에서 "나"를 잃지 않고자 하는 의지와 욕구가 있는 한, 우리의 생활은 불협화음의 연속일 수밖에 없다. 그 욕구는 결국 자신의 잃어버린 근원으로 회귀하려는 갈망을 담고 있기 때문이다. 따라서 우리는 자신을 규정짓고 있는 세계와 늘 이율배반적인 관계일 수밖에 없다.

여자의 방은 정연하다
정연한 굳은 고요는 굳은 빵 같아서
바닥에서 천장까지
사방 벽이 된

책들의 침묵 딱딱하다

밤이다 여자가 격전지로부터 돌아와 제일 먼저 하는 일이
이 긴장과 뻣뻣한 규격을 패대기치는 일이다. 스타킹을 벗어
던지는 일부터 음향의 수위를 높이고 조명등의 각도를 바꾸
는 일 커피물을 올리고 커다란 헝겊 인형들과 펄럭펄럭 왈
츠라도 시늉하면 책들이 커피잔이 마른 꽃들이 뒤섞이며 헝
클어지는 방은 먼지와 소음과 커피향의 지느러미들 아름답다.
…(중략)…

띠리리 - 아침 알람과 함께
차렷, 사물들의 원대복귀와 신속한 정렬
딱딱하게 일어서는
빈방의 적막이 네모지다

여자는 침묵을 가둬둔 채 재빨리 지상으로 가는
엘리베이터 속으로 합류한다
고속으로 내리는 입방체의
침묵 한 덩이

-「그녀의 빈 방」에서

부단한 일상의 공간인 "격전지"는 시인을 늘 압박하는 것이지만 시인은 일상에 대해 양면적인 태도를 가진다. 격전지에서 돌아온 시인은 일상을 패대기치고 벗어나려고 하지만 "아침 알람"과 동시에 시작되는 하루의 일상은 어김없이 시인을 합류시킨다. 깨어있는 주체가 되기 위해서는 세계를 전유하는 동시에 자율성을 억압하는 세

계를 끊임없이 비판하고 거리를 두어야 한다. 때문에 그녀는 일상에 대해 늘 비관적이고 서늘한 시선을 보낸다. “화약내 나는 뉴스 속보도 안녕. 세상의 불화도 안녕. 내 안의 울보인 그녀에게도 안녕.”(「삐에로의 아침」)이라는 인사를 하며 시인은 끊임없이 세상의 번잡한 일상과 사건들로부터 거리를 두려고 한다. 이중화된 가면을 쓰고 있는 자신의 모습이 “삐에로”라는 자각은 사뭇 의미심장하다. 후기 현대사회 속에서 무한 경쟁과 욕망으로 얼룩진 우리의 일상은 비인간적이고 계량화되어가고 있다. 시인은 자본주의의 메카니즘이 인간의 몸을 사물화하는 현실을 냉담한 시선으로 투시한다. 우리를 포획하는 그런 현실에 대해 시인이 대안으로 들고 나온 것은 느림의 미학과 가치이다.

> 나무늘보처럼
> 세상 모든 느림을 불러 아주 천천히
> 늘보처럼 나무에서 졸린 눈 뜨고
> 늘보처럼 나뭇잎이나 질겅이고
> 내가 밥숟갈을 떠 넣으며 그에게 두 번 눈 흘기고도
> 모기를 철썩 때려잡는 사이
> 화면 속 나무늘보는
> 아직도 이 쪽으로 고개가 돌아오는 중이다
> 무심한 저 얼굴 한 송이 좀 봐
> 꽃송이 같지
> 늘보처럼 돌아보다
> 길도 잃고 시간표도 잊고
> 이제사 순금 꽃대를 뽑아 올리는
> 내 금화란도 좀 봐봐

늘보처럼 엉금엉금 사랑하다
가장 늦게 돌아선다면 생강꽃 같을 이별, 참 곱겠다
나무늘보처럼 그렇게

-「늘보의 특강」에서

시인은 느리고 천진한 "나무늘보"의 모습에서 우리가 잃고 있는 가치와 덕목을 상기시킨다. 느림의 미학을 외면하고 가파른 경쟁과 속도에만 집착하는 우리에게 나무늘보는 "특강"을 한다. 애틋하고 짧은 생의 시간 속에서 시인은 "늘보처럼 엉금엉금 사랑하다 / 가장 늦게 돌아선다면" "이별"마저 "곱겠다"고 말한다. 이런 의미에서 "느림"은 시인의 내면의식을 부단히 일깨우려는 미래의 힘이자 역전적인 에너지의 근원이기도 하다. 나아가 자신이 살아가는 현실에 대해 회의하는 시인은 늘 미래의 시간과 미지의 공간으로 떠나려고 한다. 이런 내면 의식은 "길"의 이미지로 구체화된다.

문을 나서면 문득
지도보다 먼저
길이 내 곁으로 다가서며
너 어디 갈래? 묻는다
못 들은 척 호주머니나 뒤적뒤적 딴청이면
그래 그래 그래
길이 그냥 길을 내준다
슬픈 날은 슬픔 쪽으로
쓸쓸한 날은 길도 안 난 산기슭
아직 읽어내지 못한 내 이승의 끄트머릴
힐끗 보여주기도 하면서

…(중략)…
문 밖에 서면
너 어디 갈래? 묻지도 않고
젖은 골목길이 추적추적 따라온다
구부정한 그의 어깨도 흐림이다

-「길」에서

현실적인 일상의 회로로부터 이상적인 존재로의 상승을 꿈꾸는 시인은 지금, 이곳의 삶으로부터 떠나 새로운 "길" 위에 놓인다. 문을 나서면 "지도보다 먼저" "길"이 다가와 미지의 힘에 자신을 맡기며, "길을 떠나 늘 길이 그냥 길을 내준다"는 시인의 목소리는 어딘가로 떠나고자 하는 유랑자의 목소리와 다를 바 없다. 길이 인생의 은유라는 지적은 새로울 것이 없지만, 시인은 인생살이를 슬프고 우울한 것으로 인식하고 있다. "구부정한 그의 어깨도 흐림"이란 진술은 삶의 막막함과 정처없음을 느끼게 하며, 시인은 길의 이미지를 확장시켜 시간과 인생에 대한 또다른 사유를 보여준다.

그대는 한 생애 나무였으리라
꽃이었다가 바람이었으리라
물이었다가 강이었다가 생육의 바다
그대 깊푸른 바다는 파도이며 근육이며 산맥이며
사랑, 그 무거운 벽이었으리라
시간의 하수인인 몸이여
우리 궁륭 같던 시간도 날마다 낡고 삭으면서
삐걱이는 벽이 아니던가 벽 속의 꿈은 튼튼해서
달아나라 달아나라

한 장 빨래를 꿈꾸지 않았던가
펄럭이는 자유이며 새이며 문이던
거지같은 내 사랑 부처님아 또 소쩍새 운다 내가 아픈
모양이다

문 안도 문 밖도 없는 사유의 존체여
나는 지금 네 몸에 주렁주렁 달린 상념의 나뭇잎들을
보고 있다

-「사유반가상」 전문

시인은 박물관에서 "사유반가상"을 감상하고 자신의 실존에 대한 질문을 던진다. 시인이 "사유반가상"을 응시하는 일은 새로운 자신과의 만남이자 시간에 대한 성찰이기도 하다. 시인은 "사유반가상"을 "그대"로 부르기도 하도 "거지같은 내 사랑 부처님아"라고도 하여 자신과 부처 사이의 거리를 무화시키고 있다. 무수히 긴 영겁(永劫)의 시간을 견디며 시인의 앞에 자리잡고 있는 "그대"는 시인의 의식 속에 현재와 과거를 동시적으로 살게 한다. 사유반가상은 존재의 과거체이고 존재는 사유반가상의 미래체이기도 하다. 시인은 사유상을 바라보며 또다른 현재의 시간을 발견한다. 사유반가상의 모습에는 고독한 생의 기억이 오롯이 담겨있기 때문이다. 그 기억들은 한때 나무, 꽃, 바람, 강, 바다 등의 생을 살고, 서로의 시간과 생을 나누고 공유하면서 다채로운 생의 흔적을 만든다. 사유반가상은 무수한 자연의 변화와 존재의 이동을 거치며 빚어진 삶의 한 형식이자, 그 변용의 산물이라 할 수 있다. 시인은 "네 몸에 주렁주렁 달린 상념의 나뭇잎들을 보고 있다"고 하면서 "사유의 존체"는 시간을 초월하여 존재하는 자유의 존체임을 강조한다. 시간을 초월하여 영겁의 시간을 누리는 사유반가상에 비해 인간의 몸이란 얼마나 보잘 것 없고 초라한 것인가.

나는 김추인 시인의 시집을 읽으며 시인의 예술과 생명에 대한 사랑이 시간과의 싸움을 전제로 한 것이라는 판단을 하게 되었다. 범속한 경험으로 이어지는 생의 시간 속에 불꽃처럼 나타나는 성찰과 해탈의 시간. 시인은 그 시간을 몸으로 느끼고 사유하고 실험하면서 자신의 시적 형식을 만들어나가고 있다. 시라는 것이 자신과의 싸움이며 예술의 미학적 존재 방식을 찾는 기나긴 도정(道程)이라면, 시인은 현실적 시간과 욕망의 경계를 뛰어넘어 인간의 보편성에 대한 깊은 통찰력과 자유의 정신을 만들어나가고 있는 것이다.

3. 윤리적 결단과 의지의 시학

신종호의 시집 『사람의 바다』는 생의 가장 가열한 지대를 응시하는 자의 비극적 파토스와 윤리적 결단으로 점철되어 있다. 생에서 가장 치열한 고지를 향해 자신을 채찍질하는 인내와 고독 속에 그의 시는 태어난다. 특히 1부에 실려있는 작품들은 영혼이 거주하는 가장 가파른 곳을 지향하는 극한의 서정시이다. 시인의 상상력은 가장 춥고 배고픈 곳을 향하면서 불굴의 시정신으로 자신을 단련시킨다. 시인은 새로운 인식과 의식의 각성, 안일한 일상을 돌파해나가는 구도자적 의지를 적극적으로 분출한다. 이런 점에서 신종호 시인은 가장 격렬한 고통을 내 것으로 가져와 비극적 긴장 속에서 삶을 영위하는 방법적 고행의 자세를 보여준다.

생의 절박한 순간을 빙벽(氷壁)안에 응결시키며 썰매를 타고, 바람을

타고,

우주를 끌며 온몸으로 설원(雪原)을 밀고가는 백색 투혼. 심장이 폭발하는

마지막 지점에서 망치처럼, 귓속으로 불어오는 내 영혼의 툰드라, 툰드라.

-「수목한계선」에서

나무가 자라는 북방 한계선인 툰드라 지역에서도 혹한을 이기고 자라는 생명체가 있음을 그의 시는 강조한다. 시인은 "심장을 찔러대는 침엽수림 숲에서"(「시베리아」) "잃어버린 순간의 견고함"을 노래하며 자신의 시가 "생의 절박한 순간"을 응결시키는 얼음 보석으로 빛나길 꿈꾼다. 시인은 얼음과 결빙(結氷)의 정신을 노래하면서 자신의 삶의 좌표를 흔들리지 않는 것으로 결박시키고 있는 것이다. 그의 시에 빈번히 등장하는 얼음, 눈, 바위, 이글루, 빙벽같은 차갑고 단단한 이미지들은 정신의 부동과 염결성을 상징하는 이미지들이라 할 만하다. "상징의 숲에 깃든 차가운 시(詩)여! 내 눈을 영원히 멀게 해다오"(「시베리아」)라는 시인의 가학적인 선언은 생명체가 살기 어려운 극한의 공간에서 자학적 고행 의지와 팽팽한 긴장으로 무장된 무사의 어떤 전의(戰意)마저 느끼게 한다. 인내와 초극속에서 정신적 구도를 견지하는 그의 시는 이육사로부터 조정권이나 이영광에 이르는 '정신주의' 시의 한 계보를 떠올리게도 한다.

겨울 밤. 하늘이 맑게 얼었다. 깨끗한 얼굴로 달이 웃는다

알몸으로 떨고 있는 나무들, 어깨 위로 떨어지는 시린 바람.

투명한 얼음이 되고 싶다. 내 피를 삼킨 달이 웃는다. 하얗

게 걷고 있는 얼음 덩어리.

> 그림자도 얼어버린 빙벽 속을 걸어가는 등 굽은 낙타. 뙤약볕 어지럽던
> 날들, 모래에 묻힌 흰 뼈처럼 말라버리고 싶던, 그런 꿈을 꾼 날이면,
> 달도
> 모래처럼 부서져, 흰눈으로 내리는, 여기 하얀 세상. 얼음이 되고 싶다
> -「얼음이 되고 싶다」 전문

시인이 세계와의 격정적인 갈등을 보여주는 현실 맞은 편에 있는 툰드라라는 공간은 구체적인 인간의 숨결이 느껴지기 힘든 극한의 장소이다. 그러한 극한성이 불러일으키는 긴장은 차갑고 투명한 장력을 가진 "눈"이라는 이미지로 표상되어 나타난다. 그의 시에 자주 등장하는 얼음, 눈 같은 이미지는 정신의 극한지대를 꿈꾸면서 시적 자아의 영혼을 고양시키는 상징적 의미를 갖기도 하지만, 그 차가움 속에 깃든 열정과 의지는 때로 엄청난 화기(火氣)를 만들어 정신 상태를 각성시킨다. 자신의 심장마저 얼음에게 내어주고, 냉혹하다 싶을 만큼 차가운 "설인"의 모습은 차가움과 뜨거움의 이중적 긴장을 통해 가능해진다. 그가 지니고 있는 생의 열정이 강하면 강할수록 그의 시와 심장은 차갑게 얼어붙는다.

1부에서는 주로 결빙의 이미지들을 통한 정신적 단련과 존재론적 아픔을 노래하고 있지만 신종호의 시들은 삶/죽음, 일상/초월, 떠남/머묾등 이중적 욕망의 회로에서 씌어진다. 그는 굴욕과 가난, 권태로운 일상으로 이어지는 현실로부터의 탈주를 갈망하지만 한편으로는 진정한 삶의 터전에 머무르고자 하는 열망도 간절하다. 이런 점에서 신종호의 시는 철저하게 현실의 생활을 바탕으로 씌어진다. 그의 시는 부단히 현실을 초월하지만 결코 저 너머의 삶에 대해서는 말하지 않는다. "우람한 바위능선들이 / 목덜미를 짓누르고 / 활배를 뒤틀어 / 내 일상의 발목을 / 우두둑 꺾어 버리는 순간"(「낮술」)에 그

의 영혼은 일상과 생활을 뛰어넘는 새로운 인식의 전환을 적극적으로 보여준다.

시인은 숙명적으로 "아슬한 영혼의 빙점에" "설인"처럼 서있는 존재로 태어났기 때문에 늘 팽팽하고 위태로운 삶의 한 복판에서 자신의 삶을 영위할 수밖에 없다. 그의 시에 깔려있는 비극적 정조는 "반지하의 세월"(「남극의 꿈2」)을 이어나가야 했던 가난과 굴욕의 시간으로부터 멀리 떨어져 있지 않다.

버려진 아버지의 구두는 쓸쓸하다
길 위에서 살을 허물다가
길이 끝나는 곳에서 허당을 밟고
후미진 골목에서 하늘을 향해
몸을 뒤집고 모로 누워 가슴에
쓸쓸히 눈을 담는 한 짝의 낡은 구두
삶이란 뒤축의 힘으로 일어서서
뒤축의 힘으로 무너진다
뒤뚱거리는 어수룩한 나의 뒷모습에서
또 하나의 슬픈 아버지를 본다
거친 돌부리에 체이면서
쉬지 않고 걸어가야 하는 방랑의 길
상처투성이의 검정 구두 한 켤레에
담긴 굳은살의 추억과 아픔들
뒤축의 힘으로 일어섰다 쓰러지는
아름다운 삶의 유전(遺傳)
나는 버려진 구두처럼 울고 있다

-「버려진 구두」 전문

시인은 아버지의 낡은 구두를 바라보며 삶의 힘이란 어디에서 연유하는 것인지, 자신의 삶은 근본적으로 어디를 지향하고 있는지를 고백한다. "거친 돌부리에 체이면서 쉬지 않고 걸어가야 하는 방랑의 길"이 곧 자신의 삶에 대한 화두가 아닐까.

시인은 이런 풍경의 한 장면을 독자에게 제시함으로써 우리가 살아야 하는 세계를 인식하게 한다. "구두"라는 구체적인 사물은 막연하고 불가해한 삶의 과정과 이미지를 압축적으로 보여주는 시적 기호이다. 거친 돌부리에 체이면서 쉼없이 가야하는 길 위에 슬프게 놓여있는 존재가 곧 인간이다. 인간은 인간끼리 만나 어우러지고 부대끼며 헤어지는 과정 속에서 점점 고독하고 슬픈 존재가 될 수밖에 없다. 이해될 수 없는 삶의 불가지(不可知)라고나 할까. 어느 누구도 비껴갈 수 없는 "삶의 유전(遺傳)" 같은 것이 우리를 규정짓고, 압박하는 것이다. 시인은 버려진 구두처럼 울면서 삶의 근원적 슬픔을 응시한다. "구두 한 켤레에 담긴 굳은 살의 추억과 아픔들"을 자신의 내면에 각인시키며 삶의 고독과 서러움을 비극적인 어조로 노래하고 있는 것이다. 그러나 삶은 파편화되거나 분절되어 영원히 망각될 수는 없는 것이다. 더구나 진정한 삶의 가치를 갈망하고 시간의 폭력성과 싸우며 세상의 벽에 맞서 강인함을 노래하는 시인은 삶이란 결국 "흐른다면 모두가 만날 것"(「낙조」)임을 굳게 믿는다.

진정성과 진실이 훼손되는 현실, 이런 세상은 시인에게 '떠남'을 채근한다. 일상을 벗어난 '떠남'과 '회귀'의 모티프는 현실적 행동 이상의 정신적 자유와 윤리적 결단의 층위에서 해석될 문제이기도 하다. 브에나스타소셜 클럽의 노래와 물길속을 달리는 젖은 새들, 낡은 목선과 석양…… 여행의 과정에서 만난 풍경과 사물들은 시인에게 생의 진정한 한 순간을 각인시키는 계기가 된다. 나는 신종호의 시에 나타나는 낭만적 유랑 기질이나 극한적 상상력에서 속악한 세상의 벽을 깨고 구체적인 자신의 실존을 드러내려는 적극적인 의지와 충동을 발견했다. 삶의 지난함을 생생하게 겪어내는 그의 시가 "비를 기다리는, 사람의 바다"(「사람의 바다」)가 되어 신산(辛酸)한 삶의 파도와 무늬를 계속 직조해나가길 바란다.

추억과 유토피아, 끝없이 넘나드는 무늬의 삶

－김영남 시집 『푸른 밤의 여로』(문학과 지성사, 2006),

서상영 시집 『꽃과 숨기장난』(문학과 지성사, 2006)－

1. 생의 흔적과 말의 무게

시에 나타나는 숱한 이야기들은 그 자체로는 별다른 의미를 가지지 못한다. 시는 그 자체가 사족적인 생명체여서 텍스트 외적인 정보나 사건들이 시를 이해하고 분석하는데 적극적으로 작용하지는 못한다. 그러나 그 외적인 정보나 사건들은 시의 비밀스러운 무늬를 만드는데 있어서 직접적이든 간접적이든 해석의 단서를 제공해주는 것도 사실이다.

시는 언어라는 거울로 비쳐지는 투명하고 강파른 생의 모습이다. 입이 있어도 끝까지 말하지 않는 머뭇거림과 침묵 속에 시는 태어난다. 생의 흔적과 말의 고독을 짚어내며 시의 혼을 불러내는 시인의 작업은 언제나 어렵고 더딘 것일 수밖에 없다. 내 앞에 놓인 두 권의 시집은 언술 방식이나 이미지의 전개방식은 상이하게 달라도 언어가 가진 절묘한 미감을 잘 살리고 있을 뿐만 아니라, 시인의 존재 방식에 대해 근원적 질문을 던지고 있다는 점에서 충분히 읽을 만한 가치가 있다고 생각된다. 가파른 속도와 욕망의 시대에 시적 상상력만이 뿜어낼 수 있는 어떤 비밀스런 아우라(aura)가 이들의 시에 숨겨져 있다.

2. 여로의 형식과 유토피아의 밤

복잡한 언술구조와 난해한 이미지의 조합을 통해 숨겨진 심층으로 독자를 안내하여 충격 효과를 주는 시가 있는가 하면, 비교적 평이하고 명징한 언어로 균열된 현대인의 정서를 보듬어주고 읽는 과정에서 충만함을 느끼게 하는 시도 있다. 김영남의 시집 『푸른 밤의 여로』는 후자에 해당하는 경우이다. “세상이 몹시 성가신 이런 봄날에는 / 냉장고라도 보듬고 난 그녀에게 편지를 쓰겠네. 저 벚꽃의 그리움으로”(「저 벚꽃의 그리움으로」)라고 노래하듯이, 시인이 쓰는 시는 자연과 고향에 대한 그리움으로 활짝 열려져 있는, 순정한 영혼의 서정시이다. 이번 시집에서 특히 주목해 읽은 부분은 시집 전체를 채색하고 있는 고향의 의미이다. 시인은 시집 후기에서 “고향은 다시 돌아갈 수 없는 곳이며 찾아가 위로받는 곳이 아니라 우리 스스로 극복해서 새롭게 발견해야 할 곳”이라고 말한다. 그가 추억하는 고향의 삶은 “저 하늘가에 저녁 기러기 뜨면 / 고향에선 지금쯤 / 시래깃국을 끓였겠다”(「입동무렵」)에서처럼 후각을 통한 원시적 감각으로 의식의 수면에 떠오르기도 하고, “할머니, 어머니, 풍선장수, 해남아저씨, 바지게, 복슬강아지 / 고향 운동회 한구석이 박수를 치며 일어선다”(「코스모스가 피어있는 길」)에서처럼 서사적인 몇 가지 사건을 중심으로 의미가 채색되기도 한다. 고향은 시인에게 삶에 대한 노스탤지어적 접근을 가능하게 하는 언어적 보완이다.

시인이 지향하는 고향은 물리적 공간으로서의 장소를 넘어서는 아주 특별한 곳이 된다. 가난과 비애로 점철된 공간. 그러나 생의 한 조건이며 실존의 근거지이기도 한 고향. 김영남 시인은 그런 고향에서 함께 했던 자신과 이웃, 가족, 동물들과의 삶의 모습을 기억하며 추억의 힘으로 이를 재현하고 있다. 그래서 김영남의 시는 현대인이 잃어버린 것을 환기시키는 어떤 강렬한 힘을 가지고 있다. 과거는 노스탤지어로 충만한 어떤 근원적인 것이기 때문이다. 시인의 과거에는 늘 자연과 동물, 그리고 가족이 함께 있다. 현대인의 기계적이고 획일적인 삶은 이런 근원적인 것, 오래된 것을 새로 눈뜨게 만든다. 이것은 잃어버린 진실의 창고이며 영원한 생명에 대한 신화적 세계의 주술이기도 하다. 그것은 마치 근원적이고 리비도적인 힘으로 신비스럽게 나타난다.

> 둥글다는 건 슬픈 거야. 슬퍼서 둥글어지기도 하지만
> 저 보름달을 한번 품어보아라. 품고서 가을 한가운데
> 서봐라.
>
> 푸른 밤을 푸르게 가야 한다는 건 또 얼마나 슬픈
> 거고 내가 나를 아름답게 잠재워야하는 모습이냐.
> 그동안 난 이런 밤의 옥수수 잎도, 옥수수 잎에 붙어
> 우는 한 마리의 풀벌레도 되지 못했구나.여기에서 나는
> 어머니를 매단 저 둥근 사상과 함께 강진의 밤을 걷는다.
> 강진을 떠나 칠량을 거쳐 코스모스와 만조의 밤안개를
> 데리고 걷는다. '무진기행'은 칠량의 전망대에 맡겨두고
> 부질없는 내 시와 담뱃불만 데리고 걷는다.
> 걷다가 도요지 대구에서 추억이 손을 꺼내 보름달
> 같은 청자 항아릴 하나 빚어 누구의 뜨락에 놓고, 나는

박처럼 푸른 눈을 욕심껏 떠본다.

구두가 미리 알고 걸음을 멈추는 곳, 여긴 푸른 밤의
끝인 마량이야. 이곳에 이르니 그리움이 죽고 달도
반쪽으로 죽는구나. 포구는 역시 슬픈 반달이야. 그러
나 정말 둥근 것은 바로 여기에서부터 출발하는 거고
내 고향도 바로 여기 부근이야.

-「푸른 밤의 여로- 강진에서 마량까지」 전문

모든 둥근 형상들은 원시적 동일성을 회복하려는 열망을 가지고 있다. 시인에게 둥근 것의 형상은 자기 실현의 매개이자 원초성을 유지하는 신화적 세계의 은유이기도 하다. "둥글다"는 것이 곧 "슬프다"라는 진술은 삶의 근원적 동일성에 대한 인간의 갈망은 결코 채워지지 않을 결핍의 과정이라는 인식과도 상통하는 것이다.

"현대화된다는 것은 인간에게 모험, 권력, 발전, 쾌락, 우리 자신의 변화 및 세계의 변화를 보장해주는 동시에 우리가 알고 있는 모든 것, 지금 우리의 모습을 파괴하도록 위협하는 환경속에 자리잡고 있는 우리 자신을 발견하는 것"이라는 마샬 버먼(Marshall Berman)의 지적처럼 세계를 발전과 쇠락이 함께 공존하며 끝없이 운동하는 역동적인 공간이라 한다면, 김영남의 시는 그와는 다른 방향에서 시쓰기의 터전을 잡고 있다. 그의 고향이나 자연에 대한 그리움이나 동화 의지 이면에는 도시적이고 기계화된 자본주의 세계로 대변되는 현대성(modernity)에 대한 반감과 불신이 깔려 있는 것으로 보인다. 모더니티의 산물인 존재의 고립과 소외감은 상실로 인한 부재감을 가져옴과 동시에 여성적인 것, 부드러운 것으로의 회귀를 통해 그 갈등이 봉합되기도 한다.

"어머니를 매단 저 둥근 사상"과 "보름달같은 청자 항아리", "박처럼 푸른 눈"이 환기하는 원의 형상은 근원적 따스함과 평화, 영속성, 관계적 가치 실현에 대한 신뢰감을 불러 일으킨다. 뾰족한 첨탑과 네모진 고층건물로 가득한 첨단 문명의 도시에서 둥근 원의 형상은 공격적이고 날카로운 직선의 폭력성과 달리 모성과 여성성, 그리고 신성성(神聖性)까지 겸비한 신화적 상징이라고 할 수 있다.

이 텍스트에서 시인은 자신만의 어떤 우주적 환몽을 독자에게 보여준다. "강진을 떠나 칠량을 거쳐 코스모스와 만조의 밤안개를 데리고 걷는다. '무진기행'은 칠량의 전망대에 맡겨두고 부질없는 내 시와 담뱃물만 데리고 걷는다"라는 진술에서 알 수 있듯이, 이 시는 공간 이동과 여로의 모티프를 바탕으로 하고 있다. 밤공기에 스쳐 서걱거리는 옥수수 잎, 풀벌레, 코스모스, 밤안개, 포구 등 시인은 고향을 탐색하는 과정이 생의 진정한 장면을 각인시키는 계기가 되고 있음을 노래한다. 푸른색으로 채색된 밤의 풍광은 신비스러운 아우라(aura)를 전달함과 동시에 새롭게 찾아온 고향 근처의 땅에서 자신의 의식이 확대되며 심리적인 안도감이 강화되는 것을 인식하기에 이른다.

고향으로의 떠남이라는 모티프는 현실적 행위 이상의 존재론적 탐구의 영역에서 해석될 문제이기도 하다. 그것은 일상의 삶에서 늘 묻혀있어야 했으며 주체가 하고 싶었어도 어쩔 수 없이 다시 중단해야 했던 행동들이었고, 자신의 본질적 열망에서 상실된 그 무엇을 찾기 위해 계속 할 수밖에 없었던 소박하고 순수한 행동이다. 그러면서도 그것은 떠날 수 없는 어떤 슬픔과 결핍을 내포한다. 열망과 갈등이라는 존재의 이중적 고뇌. 그래서 고향으로의 떠남에 대한 몽상은 더욱 강렬해진다. 이렇게 일상과 환몽 사이, 영혼과 육신 사이, 슬픔과 희망 사이를 머뭇거리며 - 그 슬픔이 자신의 삶을 채색하는 것을 응시하면서 - 그는 자신의 일상 앞에서 다시 떠날 준비를 하고 있는 것이다.

기러기 지나가려하니
쓸쓸하지 가을 하늘아?
난 예 논두렁에서
너처럼 저물 순 없겠다
순이 고무신속 들국화를 보겠구나
꽃 주위 붕붕거리는 멍청이 꿀벌과
저 방죽 위 억새꽃으로
난 어딜 좀 다녀와야겠다

-「상강무렵」 전문

시인은 늘 세계의 중심이나 현란하게 돌아가는 도시문명의 메커니즘 속에 서있지 못한다. 시인이 오늘의 정신으로 삼고자 하는 것은 "한겨울 추위에도 기죽지 않고 하늘을 호령하는 고구려의 기백"(「징검다리의 노래」)이며, 그가 속깊은 애정으로 만나는 대상들은 추억속에서 "청명에 뜬 무지개"이거나 "코스모스가 피어있는 길", "분토리 옛 돌담"장송에 사는 "제암산 호랑이" 같은 것들이다. 시인은 세계의 주변부에서 "엉클어진 내 생각을 빗"으며(「보림사 참빗」) 어슬렁거린다. 그것은 광활한 세계 속에 던져진 존재가 갖는 필연적 갈망이며 동시에 작고 소외된 것들, 잊혀진 것들과 외로움을 함께 나누고자 하는 순정하고 소박한 의지의 표현이기도 하다.

시 · 공간적으로 회귀적인 정감을 불러일으키는 "가을 하늘"은 시인 자신의 쓸쓸함과 어우러져 사라져가는 유한한 것들에 대한 그리움의 정서가 묻어나오게도 한다. 논두렁을 지나가다 문득 가을 무렵의 쓸쓸함을 감지하고 "어딜 좀 다녀오"겠다는 시인의 음성은 독자의 귓가에 울리는 듯하다. 세속의 시·공간을 잠시 벗어나 고향을 향하는 그의 시선은 존재론적인 것, 고독한 것, 그리고 근원적인 것으로 이동하면서 유토피아적인 지향성을 보이기도 한다. 이것은 공동체의 소망을 육화시키는 아름다운 풍경으로 태어난다.

골목이 시작되고, 골목 옆구리
파도 출렁대는 곳에 환한 창이 있다
그 창에선 초저녁부터 김칫국 냄새가 번지고
가끔 웃음소리도 들리곤 한다.
…(중략)…

난 그 풍선을 잡고 먼 나라로 가고 싶다
항구란 배만 타는 곳이 아니라 그런 풍선을 잡고
더 따뜻하고 아늑한 나라로 출발하는 곳임을,
풍선에 바람이 빠져버리면
예서부터 흔들리는 귀환이 시작되는 곳임을
배운 나, 마랑항 부둣가에 고동처럼 붙어서

-「마량항 분홍 풍선」에서

"분홍풍선"은 시인에게 지나간 삶의 흔적과 잊혀진 인물들을 환기시키는 매개체로 설정되고 있다. 예를 들어 복슬강아지, 검은 고양이, 군고구마 가족 아저씨 같은 동물이나 이웃까지도 환기시키는 기능을 하면서 시인은 "마량항 부둣가"에서 불연속적으로 솟아나 펼쳐지는 기억들과 만나고, 마량항의 풍경은 현재의 삶에 숨어있는 한 순간을 그의 의식 속으로 불러일으킨다. 그래서 시인은 활기를 찾아 유토피아를 향하려는 마량항에서 역설적으로 과거의 시간을 불러내고, 그 과거와 기억의 다채로운 운동을 통해 확대된 실존을 체험한다. “더 따뜻하고 아늑한 나라로 출발하는 곳”인 마량항으로의 여행은 시인의 존재론적 여행이자 현재의 부정적이고 일상적인 삶을 일탈하고자 있는 부정의식의 발현인 셈이다.

유토피아는 미래의 조건이 구체화된 하나의 가상적인 상이기 때문에 문학에서는 필연적인 추구의 대상이 된다. 아도르노의 말을 빌리자면 그것은 더 나은 세계상을 수동적으로 바라는 게 아니라 “부정의 부정”이며 그 자체 변모될 수 있는 역동적인 의지를 가지기도 한다는 것이다.

김영남 시인의 신화적인 세계에 대한 열망과 공동체 의식은 파편화된 일상의 삶에서 통일성과 내면적 질서를 찾으려는 미학적 의지이며, 현실의 인과관계를 이탈하는 어떤 탈인과성의 징후를 보여준다는 점에서 환상의 속성을 가지기도 한다. 환상은 세계를 구성하는 주체와 타자, 그리고 그들에 대한 존재론적 사유를 표현하며, 시인의 현실 긴장력을 완화시키고 매혹적인 방식으로 시인의 상상력에 생기를 불어넣는다는 장점이 있다. 그것은 현실에 대한 순응이나 동화를 목표로 하기보다 ‘지금 이곳’의 현실을 무화시키고 다른 현실을 소유하고자 하는 강한 욕망에서 비롯되는 것이다. 지금 이곳의 현실을 부정하고 새로운 현실을 꿈꾸는 기제라는 점에서 환상은 욕망의 이중적 코드라고 할 수 있다.

시인은 한편으로 현실 긴장력을 이완한 상태에서 자연적인 소재-꽃, 나무, 동물, 곤충, 산을 통해 자연이 지닌 무한한 생명력을 찬양하기도 한다. 자연물 속에 깃든 충일한 생명력에 대한 기대가 높아지면서 그것들과 하나가 되는 순간의 희열에 취하기도 한다.

옷을 벗었다, 하늘이
완전 누드다
와! 황홀하다
가을에는
하늘도
저렇게 가끔
호수에서
옷을 벗고, 입는다

-「가을 호수는 무엇이든지 보면 유혹한다」 전문

이 시는 자연과 자아가 하나로 합일되는 순간의 희열과 충만함을 표현한다. 그것은 하늘과 호수가 경계를 지워버리고 하나가 되는 어떤 희열의 세계다. 시인은 하늘과 호수가 하나가 되고, 인간과 세계가 하나가 되기도 하며, 물이 가득차 있는 호수의 모습을 통해 자아와 세계가 신비스럽게 하나가 되는 순간의 환희를 노래한다. 이런 존재의 상호 침투 과정을 통해 시인은 대상을 자기 속으로 흡수해 들이며, 완전한 합일에 대한 갈망으로 나아가는 것이다. 모든 대립과 갈등은 사라지고 세상이 하나가 될 수 있는 충일한 교감을 형상화하고 있다. "와! 황홀하다"는 진술은 세상의 갈등이 봉합되고 모든 것이 평화스러운 세계에서 느끼는 어떤 희열의 표현이다.

김영남 시인의 자연친화적 서정과 유토피아를 향한 소박한 지향성이 성장을 향한 무한 욕망과 속도로 점철된 우리의 삶을 제대로 숨쉬게 만드는 대안이길 바란다. 그러기 위해서는 과거에 살았던 "푸른 밤"과 자연의 기억에 대해 적극적으로 사유하고 실천하는 미학적 역동성이 더 강화되어야 할 것이다.

3. 슬픔의 육화와 설화의 탐구

좋은 시인은 자신의 개인적인 과거나 상처를 성찰하고 분석하여 그것에 보편적 의미를 실어줄 수 있는 자이다. 자신의 개인적 상처를 과장하거나 그것을 억지스럽게 비틀어 의미를 어렵게 할 때, 시는 감동과 품격을 상실한다. 서상영 시인으로 하여금 고통스럽지만 생산적인 시쓰기를 가능하게 하는 동인은 무엇일까. 그의 시집 『꽃과 숨기 장난』은 겹겹이 중층적인 구조로 정교하게 짜여져 있어 인간의 언어와 세계에 대한 오랜 성찰과 내공의 시간을 거친 시들이라는 인상을 강렬하게 남긴다. 그가 그려내는 공간은 과거의 경험이 녹아있는 육화된 공간이어서 우리 모두의 내면 어딘가에 저장되어 있던 기억을 아련하게 일깨운다. 일상에 편재한 사물과 사연을 이야기하는 그의 시편들은 끈질긴 생명력을 바탕으로 슬픔을 단지 슬픈 것, 부정적인 것으로 받아들이지 않고 아름다운 것으로 바꾸어나간다. 그리고 그것을 통해 시인의 저력과 통찰력을 보여주고 있다.

> 비비새가 노래하는 언덕 넘어 고향으로
> 가야겠다 울음은 이슬처럼 투명한 맨살을 드러내고
> 햇살에 그을린 달개비꽃
> 개망초꽃
> 어디 흔들리는 것이 바람뿐이었으랴
> 시간은 슬픈 추처럼 추억되지 않는 곳으로 불고
> 생은 무인도처럼 그저 쓸쓸도 했다
> 멀어지는
> 소중한 것들의 뒷모습이 흐려지는 것은
> 눈물 … 때문 … 이기도 …

그러나 다시 저녁이 찾아들면
…(중략)…
내 가난한 이웃들은 비비새가 되어
못다 한 이야기를 들고 섬으로 날아오른다
비비새가 노래하는 언덕 넘어 나의 고향

-「비비새 고향」에서

바람에 흔들리는 참깨꽃들, 여울목 징검다리, 달개비꽃 등 이 시에 등장하는 사물들은 적막한 생의 자리에서 메아리처럼 반향하며 숨쉰다. 저녁 무렵의 막막함이 고독을 환기시킬 때, 생은 남루하고 슬픈 모습으로 드러난다. 그러나 이 시는 황막함의 정조만 강조하는 데서 그치지 않고 부활하는 생의 모습을 그려내고 있다. "내 가난한 이웃들"이 "비비새"가 되어 "섬으로 날아오른다"는 진술은 주체와 객체, 자연과 인간이 하나로 합치고 혼융하는 순간의 정서의 극치를 보여주는 시적 표현이나. 삶은 늘 떠남/돌아옴의 이중적 긴장 위에 놓여 있다. 삶이 허무의 지점에서 다시 선회하듯이, 이 시는 그것을 준거점으로 해서 삶의 적막함과 쓸쓸함으로 복귀한다. 슬픔과 고독이야말로 우리들 삶의 근원이 아니고 무엇일까. 시인은 자신을 규정짓는 삶의 한복판에서 유년의 기억과 시간대를 놓치지 않고 이를 새롭게 복원해낸다.

달그락대는 도시락을 가지고 부엌으로 가면 누이는
아궁이에다 불을 지피고 있었다 나는 그 옆에 쪼그리고
앉아 커다란 누이의 가슴을 힐끗힐끗 쳐다봤다 나 오늘
조회시간에 매 맞았어 또 왼손을 오른쪽에 얹고 국기에
대한 맹세를 했는걸 …(중략)… 왜 봄은 아주 더디게

와서 저리도 빨리 자라는 걸까 뿌연 연기에 싸인 누이가
눈물을 훔치며 연신 빗자루로 아궁이를 부치자 이내 불이
다시 타올랐다 이어 누이를 감고 있던 연기도 사라졌지만
누이의 훌쩍임 소리는 그 후로도 오랫동안 내 어깨에 매달
려 울고 있었다

-「추운 따스함 속을 걸어봄 2-시간밖에서」에서

서사적인 이야기시의 구조를 가지고 있는 이 작품은 시인의 유년과 과거의 체험을 바탕으로 쓰여지고 있다. 시집 3부에 등장하는 일련의 연작시는 가난하고 배고픈 유년의 시간과 슬픈 가족사에 그 모티프를 두면서도 단순히 개인적인 회고의 차원에서 그치는 것이 아닌 새로운 미학을 만들어내고 있다. 술주정하는 아버지, "수제비보다도 푸석푸석한 누이"의 얼굴, 흙냄새가 묻어나는 낡은 집 등 시인의 유년은 풍족하지 않은 기억으로 가득하지만, 시인의 시선은 근원적이고 따뜻한 곳을 향해 열려 있다. 그래서 시인의 꿈길은 늘 누이를 향해 있으며 「추운 따스함 속을 걸어봄」이라는 역설적인 제목 그대로 "춥지만 따뜻한" 공간과 시간으로 회귀하고자 한다. 가난하고 소박하지만 공동체적인 삶에 대한 꿈과 가족적 일체감을 져버리지 않는다는 점에서 그의 시는 백석의 시와도 일정 부분 비슷한 점이 있다. 백석의 경우 자연에 대한 깊은 관심과 친밀감이 친족 공동체의 애착과 연결되어 형상화되었지만, 서상영 시인의 경우 자연에 대한 일차적인 관심보다는 인간과 사물을 포함한 세계의 구성원이 공존과 화합의 관계에 놓여있음을 인식하고, 이를 인간 상호간의 유기적인 공생의 원리(principle of diversity and symbiosis)로 확대시키고 있음이 주목된다. 이것은 개인적인 차원을 포함하면서 사회적 · 공동체적 차원에서 살아있는 생명체들의 생명을 유지하는 상호 관계에 대한 인식이기도 하다.

그곳은 내 영혼의 순수, 결백, 내가 읽은 모든 이야기,
지혜, 사랑이 숨쉬는 곳이었고
설원이든 바다이든 상관이 없었다
어느날 나는 그 너머, 한 작은 섬에 간 적이 있다
밤이면 더욱 환하게 볼 수 있는 섬
섬의 입구는 긴 동굴로 되어 있었으나 결코 어둡지 않았다
어디선가 끝없이 흘러나오는 향기의 빛 때문이었다
아주 조용한 밤이었고
물살에 떠는 섬의 숨결이 느껴졌다

그리고 그 섬에 당도했을 때는
나는 이미 이방인이 아니었다
그곳에는 이미 내가 만났던 사람이 모두 와 있었다
놀부, 뺑덕어멈, 팥쥐, 그루센카, 카르멘
그들은 그저 헐렁한 옷을 입고 열심히 일했다
돈, 탐욕은 버린 지 오래전이라고
그것도 맑고 푸른 바다가 아닌
더 먼 곳에 버렸다고 했다
좀 모자다라 알맞다 넘친다는
그들의 법률이었고,
좀 모자라다는 그들의 규범이었다

-「목련꽃」에서

근대 이후 인간의 삶은 계량화·기계화되었고 자본의 논리가 인간의 삶을 장악한 지는 이미 오래다. 근대 이전까지 삶의 터전을 이루었던 탈속적인 공동체의 모습을 시인은 이렇게 그려내고 있다. 영혼

의 순수, 결백, 사랑, 지혜가 살아 숨쉬며 돈과 탐욕은 자취를 감추고 인간들끼리 서로 어울려 의지하며 공동체를 이루어나가는 곳. 시인은 그곳을 "목련꽃 섬"으로 명명하고 있다. 이곳은 시인의 환상속에 강렬하게 자리잡고 있는 유토피아일 것이다. 동물과 사람의 구분이 없고 가진 자, 못가진 자의 구분이 없으며 누구나 공유하고 즐기며 사색할 수 있는 공간. 비현실적인 섬이지만 시인은 "노동과 명상" 이외엔 귀할 것이 없는 이 섬에서 인간과 인간, 인간과 자연이 차별화되지 않고 행복하게 공존하는 이상적인 삶의 모습을 그리고자 하는 것이다. 현대의 복잡한 삶을 체험한 시인이 원형적이고 자족적인 공동체의 모습을 재현한다는 것은 다분히 의도적인 것이라 할 수 있다. 시인은 우리의 삶이 이미 그런 것과 멀어진 것을 자각하면서 공동체의 모습이 역설적으로 회복해야 할 이상적 세계임을 인식하는 것이다. 이러한 시인의 인식과 작업은 설화와 민요에 대한 탐구로 이어지기도 한다.

도솔 도솔 도솔 도솔
어서 잘 가셔야 할 텐데
돌아보지 마셔야 할 텐데
꽃도 팥도 죄다 옛 것
아까워하지 마셔야 할 텐데
별 수 없이
많은 나라
이별이라 생각지 말고
어서 잘 가셔야 할 텐데
가벼운 영혼이
어둠도 헤치지 못한 채

떨고 있는 밤
지새울 건너 부디 새여 울어라
도솔 도솔 도솔 도솔
어서 잘 가셔야 할 텐데
비린내가
버드나무 지팡이 타고
별 수 없이 많은 나라
도솔 도솔 도솔 도솔

-「兜率歌-어머니, 그리움을 여비로 내드리지 못하는 게 부끄럽습니다」 전문

널리 알려진 대로 신라 향가 「도솔가」는 하늘에 해가 둘 나타난 괴변을 없애기 위한 의식에서 불려진 노래이다. 해가 둘 나타나서 10일간 없어지지 않자 연승(緣僧)으로 뽑힌 월명사가 산화공양(散花供養)하면서 산화가도 부르고, 이 노래도 지어부르자 곧 괴변이 사라졌다는 설화를 시인은 다른 각도에서 새롭게 창조·변용하고 있다. 부제에서 암시하듯이 이 시는 돌아가신 어머니에게 바치는 일종의 진혼곡이다. 시인에게 설화는 관념화되고 박제된 과거의 대상이 아니다. 그것은 삶의 한 복판에 있는 생명체인 인간이 자연과 함께 유기체적인 전체로 화합하는 과정에서 새롭게 창조하고 변용하고자 하는 그 무엇이다. 서상영 시인의 시에서 설화는 근원적인 친화력과 따스함을 드러낸다. 사람과 사람 사이의 내면적 유대와 교감은 그에게 큰 교섭의 장으로 발전하고 있는 듯하다. 그래서 서상영의 시에 일종의 운율이 녹아있다는 것은 살아있는 것들의 흔적과 공동체의 갈망이 함께 새겨져 시인의 몸을 타고 흘러나오기 때문일 것이다. 3음보의 율격을 타고 분절되는 이 작품은 다소 역동적인 호흡을 타고 새롭게 창조된

시 · 공간적 지평 안에 언어의 무늬를 새겨 넣는다. 이 시에서 리듬은 소리의 등가적 반복을 통해 '소리의 유표화' 를 만들어낸다. "어서 잘/ 가셔야/ 할 텐데// 돌아보지 말고/ 가셔야/ 할텐데// 도솔/도솔/도솔/도솔". '소리의 유표화'는 시의 사물과 세계를 내면으로 중첩시켜 우리 몸의 느낌과 감성을 일깨울 뿐만 아니라 신체 내부의 리듬감을 얻게 한다. 그것은 일상생활에서 흘려보내기 쉬운 아름다운 소리를 끌어올려 물질화하는 방식이기도 하다. 독자는 유표화 된 언어의 무늬를 읽음으로써 새롭게 창조된 시 · 공간의 세계와 소통하는 창조적인 통로를 얻게 된 것이다.

나는 서상영의 시에 나타난 우울하고 슬픈 정조들이 닫혀진 자의식의 영역에 머무르지 않고 세계와의 교섭과 유토피아의 갈망을 통해 아름답게 변용되고 확대되는 것을 목도하였다. 특히 시의 운율이나 리듬을 강조하는 시가 점점 줄어들고 있는 최근 시단의 현황을 볼 때, 설화나 민요를 도입하여 새로운 시의 미학적 가치를 만들어가고 있는 그의 작업이 의미있고 풍성한 작업이라는 것도 알 수 있었다. 살아있는 "숨기장난"과 "사랑가"를 새로운 공간과 체험의 변용을 통해 변주하며, 그 연주를 멈추지 말고 계속 들려주길 시인에게 당부하고 싶다.

난파된 삶과 운명의 탄주(彈奏)

– 최명란 시집 『쓰러지는 법을 배운다』(랜덤하우스, 2008),

김이듬 시집 『명랑하라 팜므 파탈』(문학과 지성사, 2008) –

1. 고통의 응시와 시적 변주

시는 일인칭 주체의 고통과 욕망의 집적물이다. 모든 문학적 글쓰기가 인간의 고통과 욕망에 바탕을 두는 것이지만 시는 일인칭의 욕망과 고통을 가시화시키는 가장 본질적인 장르일 것이다. 욕망과 고통을 넘어 인간은 누구나 더 완전한 존재가 되길 갈망한다. 그러나 유토피아에 안착(安着)할 수 없는 인간의 생은 무수한 상처와 환멸의 연속일 수밖에 없다. 인간은 자신의 불완전함과 결핍을 지속적으로 발견하고, 그로 인한 고통의 무게를 감당해야 하기 때문이다. 최명란의 시집 『쓰러지는 법을 배운다』는 이렇듯 불완전한 존재로 살아갈 수밖에 없는 비극적 존재의 고통과 삶의 쓸쓸한 흐름을 응시하는 시인의 내면을 그려낸다. 최명란의 시는 구체적인 삶과 생활에 뿌리를 내리고 있으면서도 생활의 고뇌에 찌들거나 비관적인 자기 포즈에 침몰하지 않으면서 경험과 미학 사이의 팽팽한 긴장과 아름다움을 만들어가고 있다.

개인적인 체험에 바탕을 두는 시들이 많음에도 불구하고 그녀의 시들은 경험적 주체와 허구적 주체 사이의 거리 감각을 잘 유지하고 있다는 인상을 준다. 그녀는 자신의 경험을 비의적(秘意的)인 언어로 밀봉하거나 난해한 언어로 비틀기보다는, 경험을 간접적으로 드러내면서 그 장면들을 시적 배경의 자리에 놓기를 주저하지 않는다. 시인의 삶과 시가 반드시 일치하는 것은 아니며, 고통스러운 경험이 많다고 해서 반드시 아름다운 시를 쓸 수 있는 것은 아니다. 최명란 시들에 등장하는 소재들이 구체적인 실물의 삶으로 느껴지는 것은 다양한 경험의 언어적 재편을 통해 이를 극화시키는 미학적 변주의 힘 때문일 것이다. 시인이 직접적으로 노래하는 것은 삶이라는 모순, 그리고 삶의 환멸과 좌절감의 무게이다.

시인은 인간의 삶이 근본적으로 모순일 수밖에 없음을 지적한다. 수많은 죽음과 인간의 폭력을 떠올리게 하는 아우슈비츠를 다녀온 이후에도 "횟집을 서성이며 생선의 살을 파먹고"(「아우슈비츠 이후」), "온몸을 바쳐" 밥상위에 놓인 "새끼 주꾸미"(「주꾸미」)를 질근질근 씹으며 인간이 가진 "살의의 이빨"을 기세등등하게 자랑하는 것이 인간의 맨얼굴인지도 모른다. 그러하기에 인간의 주린 배는 오히려 "수탈"을 예고하게 된다. 시인의 말대로 "산다는 건 위험한 밥상을 구하는 일"에 불과하다.

> 쥐 잡으려고 독약 섞어놓은 고구마를
> 쥐는 먹지 않고 강아지가 먹었어요
> 강아지는 마당에서 사지를 퍼덕이며
> 앞산 메아리와 함께 죽어가요
> 강아지가 죽어가는 마당 울타리의
> 꽃들이 미쳤어요

종일 웃고 있어요
어머니는 그 울타리에 빨래를 널어요
웃고 있는 꽃들에게 찬물을 끼얹어요
마루 끝에 우두커니 앉아 마당을 지켜보던
뇌수술을 마친 아버지가 나더러 여보라 불러요

-「모순에 대해」 전문

쥐약 섞인 고구마를 쥐가 먹지 않고 강아지가 먹으며, 꽃들이 미쳐 웃고 있는 울타리에 어머니는 빨래를 널고 뇌수술을 마친 아버지는 딸인 "나"에게 "여보"라 부르는 기묘한 풍경은 인간의 삶이 근본적으로 논리나 이성으로는 해명할 수 없는 모순으로 점철되어 있음을 표현한다. 시인은 그 균열의 풍경 속에서 사는 자신의 모습을 끊임없이 반추하고 되돌아보며 지리멸렬하고 불길한 위험 속에 노출되어 있거나 낯선 모습으로 있는 사물과 생명들을 묘사한다. 시인은 모순으로 가득한 생의 무게를 견디고 그로 인한 고통을 감수하며 내성(耐性)을 기르는 일에 자신을 바쳐나간다. 시인의 시적 화두는 삶의 모순을 자각하거나 초월하는 것이 아니라, 고통 속에서도 흔들리거나 두려워하지 않는 어떤 정신성의 지대에 도달하는 것이다. 그녀는 삶과 자기 존재의 무게를 끊임없이 저울질하면서 자신이 저울질을 하는 주체인 동시에 저울질 당하는 객체임을 잊지 않기도 한다. 이런 인식의 저변에는 시인이 겪은 남다른 가족사가 짙게 깔려 있다. 시집 전편에는 경험의 밀도가 미세하게 녹아있는데 정신병에 시달리다 가련한 생을 마친 언니의 사연(「금낭화」), 후두암으로 고생한 아버지를 간병하던 때의 아픈 기억(「연, 곤두박질치고 마는」), 가족들을 수발하며 느낀 단상과 아픈 기억들이(「발바닥」) 시인의 삶을 예사롭지 않게 만들면서 생에 관한 허무주의적인 세계관을 가지게 된 것이라고 보인다. 그러나 그녀의 시는 체험의 특수성에만 국한되지 않으며, 자신을 삶의 주체와 객체의 자리에 번갈아 놓으면서 "한 생애 내내 우두커니 사육당하"(「우두커니」)는 인간의 근원적 슬픔을 동시에 그려나간다.

휠체어 마라톤 대회에 너를 보내고 이제 너의 가여운
신발은 생각하지 않는다
사고 현장에 버려진 네 어린 신발을 움켜쥐고 통곡하던
나의 눈물도
이제는 흙 속에 천천히 스며들어 제비꽃의 가는 뿌리를
적신다
병원에 도착하자마자 결국 나머지 한쪽 다리마저 잃고
네가 물끄러미 나를 쳐다보았을 때
나도 그만 두 다리를 잃고 그대로 주저앉아 물이 되었다
…(중략)…
사람들은 누구나 다 자기만의 사막을 하나씩 가슴속에
품고 있다
이제 너는 너의 사막에 깊은 우물을 파라
지구가 웃음을 터뜨리며 물줄기를 뿜으면 해가 질 때까
지 배고픈 양들과 목마른 낙타에게 물을 먹여라
지구도 둥근 휠체어 바퀴를 열심히 굴리며 굴러간다
누구나 지구라는 휠체어를 타고 살아간다

-「휠체어 마라톤 대회에 너를 보내고」에서

이 작품은 불의의 사고로 다리를 잃고 휠체어에 의지하는 어린 소년에게서 시적 모티프를 얻어오고 있다. 단순히 소년에 대한 연민의 마음을 형상화하는 작품이 아니라, 누구나 자신의 삶에서 짊어져야

할 십자가가 있음을 시인은 어린 소년의 휠체어를 빌어 은유적으로 말하고 있다. "지구라는 휠체어"를 타고 우리는 오늘도 높은 산을 향해 올라가야 하는 시지프스같은 존재이다. "휠체어"는 인간 존재의 불완전성을 상징적으로 드러내는 어떤 불구성의 기표이다. 시지프스처럼 인간은 오늘도 무거운 휠체어를 밀고 나아가야 하며, 일상을 껴안고 전진하는 지금 이 순간에도 삶은 치열하고 드라마틱하게 펼쳐진다.

삶의 상처를 미학적으로 승화시키는 시인의 언어적 조형력은 타자의 고통에 대한 연민과 공감을 바탕으로 하는 것이기에 독자에게 깊은 감동을 안겨준다. 시인은 이 연민과 공감의 상황을 때로는 에로티즘의 이미지로, 때로는 선언적인 언술과 복합적인 장면 병치를 통해 보여주기도 한다. 또 그녀의 시들은 문체면에서 호흡이 길고 유장하며 산문적 리듬을 타고 이어지는 경우가 많은데, 이것은 복잡하고 혼란스러운 삶의 속살을 표현하는 데 적합한 수사적 장치가 아닐까 한다. 자신의 아픔과 기억을 지속적으로 대면하며 끊임없는 갈등과 번민으로부터 자유로울 수 없는 것이 삶이라면, 그럼에도 불구하고 시인이 살아갈 수 있는 근원적인 동력은 과연 무엇일까? 시인은 그것을 "사랑"이라고 표현한다.

사랑도 절망도 한 사람 앞에 한 번뿐
지금까지 나를 성장시킨 건
가르쳐주지 않아도 할 수 있는 자명한 연애
남몰래 허용된 기적적인 나의 사랑아

-「연애론」에서

길은 결국 곡선입니다

살아있다는 것이 못 견디게 아름다운 순간입니다
당신의 손을 꼭 잡고 건넌 심야의 그 길을 나는 아프게
사랑합니다
내 손 꼭 잡고 횡단보도를 건너준 당신의 그 묵묵한 손을
나는 그지없이 사랑합니다
비 오는 날 비에 젖어 나는 밤새들의 그 오랜 흐느낌을
사랑합니다
우린 잦아들 줄 모르는 사랑이란 영혼을 품고 있습니다

-「심야, 횡단보도」에서

시인은 사랑이야말로 어떤 대가도 치를 수 있는 강렬한 삶의 에너지임을 강조한다. 그래서 자신을 성장시킨 것은 "기적적인 나의 사랑"이며, 우리의 생도 영원히 도달할 수 없는 완전한 사랑을 향해 정처없이 나아가는 것임을 암시한다. 그것은 안타깝고 비극적이다. 시인의 표현대로 "사랑하는 일은 폐차장에 버리고 돌아서"듯, 냉담하게 맞서다가 뜨겁게 쓰러지는 것인지도 모른다(「폐차를 하며 쓰러지는 법을 배운다」). "함께 산다는 것은 너와 나의 등이 점점 무너져감"(「너의 등」)이기에 우리의 삶도 어떤 사랑과 열망을 향해 고통과 좌절의 시간만을 반복할 뿐이다. 그러나 그 고통을 온몸으로 감내하려는 시인의 의지야말로 존재의 유한성에 맞서는 숭고한 힘이라 말할 수 있을 것이다.

사랑과 증오의 거리는 생각 속에만 있어
울어도 눈물은 쌓이지 않기에 낮에도 울고 밤에도 운다
우리에겐 모두 느닷없이 왔다 어처구니없이 가는 것들
용서했으나 다시 용서 못한 세월

용서하기 위해 바친 시간들이
정리되지 않은 질서 속에서도 정리되어가고 있다
먼 곳을 바라보면 오히려 더 가까운 것이 다가와
절절히 다가와
우리가 다시 돌아갈 청춘을 위하여
저 새는 낮에도 울고 밤에도 운다
시간은 잃어버려도 아직 나는 여기 있다

-「깊이 우는 새」에서

시인은 진정한 현존이 시간 속에 있다고 생각한다. 인간에겐 "느닷없이 왔다 어처구니 없이 가는 것들"로 가득하다. 그녀가 생각하는 존재의 의의는 현실적 시간에 구속되지 않으려는 어떤 움직임을 통해 발현되는데, 그 지향성은 '지금, 여기'의 현실을 외면하거나 이탈하는 것이 아니라 자신과 세상을 "용서하기 위해 바친 시간"으로 인해 자의식이 순환하는 면모를 보여준다. "낮에도 울고 밤에도 우는 새"는 고통으로 새겨진 시인 자신의 은유적 상관물이다. 그녀에게 현실은 모두 "느닷없이 왔다 어처구니 없이 가는 것들"로 인해 슬픔만 안겨줄 뿐이지만, 슬픔의 집적체로서의 현존성은 닫힌 현실이 아니라 끝없이 펼쳐진 시간을 향해 열려있고, 시인은 자연스럽게 정리되는 시간의 이치에서 잃어버린 시간의 비애를 노래하고 있다. 눈물과 증오로 얼룩진 고통의 연속이 삶이라 할지라도 그녀는 삶의 이면에 감추어진 실체를 보고자 하며, 잃어버린 시간을 통해 자신의 현존을 입증하고자 하는 것이다. 최명란의 슬프고 아름다운 눈물 속에는 삶의 허무와 절망을 딛고 일어서려는 단단한 사랑의 의지가 있기에, 역설적으로 아픈 현실을 딛고 일어설 수 있는 것 아닐까.

2. 재현적 리얼리티의 거부와 세이렌의 노래

김이듬의 시집 『명랑하라 팜므 파탈』은 낯설고 독특하다. 그녀의 시가 빚어내는 불연속적인 이미지들이나 산문적 해석을 거부하는 돌발적인 비유와 언술 방식은 일반적인 소통과 해석의 통로를 근본적으로 차단하는 듯한 인상을 불러 일으킨다. 이미 첫 시집 『별 모양의 얼룩』(2005)을 통해 개성적인 신예 시인으로 주목받은 바 있는 김이듬의 시들에서 화자는 영원히 지워지지 않을 슬픔과 자괴감으로 얼룩진 모습, 더 나아가 자폐적인 모습까지 보여주고 있다. 그녀의 시에 나타나는 현실은 "씻지도 않은 손"으로 수음하는 늙은 아버지의 추한 모습과 "엄마라는 역겨운 이름"이 공존하는 우울한 가계(家系)이다. 특히 일반적인 모성과는 거리가 있는 엄마의 존재는 김이듬 시의 원천으로 자리잡고 있는 상처의 깊이가 어떤 것인지를 짐작하게 한다. 또 슬픔과 부끄러움과 콤플렉스가 그녀의 시와 긴밀하게 연결되어 있음을 이미 첫 시집에서 보여준 바 있다.

그녀의 시는 앞 세대의 시들과 분명한 단절을 보이는 어떤 지점에서 출발한다. 이질적인 이미지를 병치시키고 어구를 의도적으로 비틀어버리는 그녀의 어법은 도구적 이성과 합리성에 기반을 둔 세계를 근저에서부터 뒤흔드는 전위성의 미학에서 출발한다. 이러한 미학은 삶과 죽음, 현실과 가상, 육체와 영혼의 경계를 자유롭게 넘나드는 "유령 시인"의 언어에 바탕을 두는 것이다. 시인은 「세이렌의 노래」에서 낡은 배를 타다 익사한 연인들에게 불길하지만 매혹적인 목소리로 "이리 따라와 넘어와 봐"라고 속삭인다. 그것은 어떤 규약이나 일상을 뛰어넘는 위반을 감행하는 것이다. 이러한 위반의 언어는 다음 작품에서 살펴볼 수 있다.

나는 내 사타구니에서 가장 건강하고 가장 어여쁜 아이를
꺼낸다. 이번에는 악다구니를 써도 안 빠진다. 피를 흘리는
나는 인격도 신성도 없고 공익도 없다. 제발 울어봐라, 바위여!
죽을 힘껏 밟아야 하는데 안전벨트를 안 맸다고 잡는다.
화가 난 나는 다른 노선의 이야기를 할 뻔했다.

-「쿠마리」에서

그가 내 혀를 잘라먹으며 똥구멍을 과도하게 벌리는 바람에
통쾌하게 어릴 적을 떠올린다 나는 발가벗겨진 채 죽은 지
오래되어 나는 흰 티셔츠를 찾아 커다란 옷장 안에서 나는
어딨어? 나는 더듬더듬 큰 소리로 무언극 대사를 주고받는다
몇 차례 경련이 일어나더라도 모자 따위가 일그러지는 건 피
해야 한다

-「망한 정신병원 자리에 마리 수선점을 개업하기 전날 밤」에서

김이듬의 시에는 인용된 시들과 같이 절단되거나 분리된 신체의 이미지가 자주 발견된다. 사타구니에서 아이를 꺼내거나 혀를 잘리며 똥구멍이 벌어지는 엽기적인 장면들은 악몽의 이미지에 가깝다. 그녀의 시에 나타나는 신체는 분리·절단되거나 도구화된 모습을 띠고 나타나는데 특히 성적 이미지의 의도적인 노출과 함께 오줌, 피, 월경 같은 신체적 언어를 빈번하게 사용하여 격렬하고 낯선 '위반의 시학'을 보여준다. 신체 절단과 여성적인 신체 언어는 기묘하고 독특한 환상의 분위기를 수반한다. 새로운 세대의 시인이 전략적으로 활용하는 환상이 대개 그로테스크한 분위기를 보여주는 것처럼, 김이듬의 시도 그로테스크하고 기괴한 환상의 한 단면을 보여준다.

김이듬의 시는 의식 너머의 세계, 어두운 무의식 가까이에 놓여

있다. 그녀의 시에서 펼쳐지는 낯선 상상력이 무의식의 흐름처럼 불연속적이고 돌발적인 것은 그 때문일 것이다. 그녀의 시는 코코슈카나 뭉크 같은 표현주의나 달리 같은 초현실주의 화폭을 연상케 하는데, 그녀가 그려내는 환상의 풍경은 혼란과 어둠으로 점철된 디스토피아에 가깝다고 말할 수 있을 것이다. 세상을 반영하거나 모사할 수 있다는 믿음, 즉 재현적 리얼리티를 거부하는 데서 김이듬의 시는 출발한다. 그녀의 시는 현실과 환상의 경계를 넘나들며 시에 부끄러움과 슬픔, 자기 모멸감이라는 감정을 새겨 넣기도 한다. 이 부끄러움과 모멸감의 근저에는 가정의 분열과 남성 중심적 사회에서 겪어야 했던 주체의 고통이 깊이 자리잡고 있는 것으로 보인다. 김이듬의 시적 주체에게 가해지는 고통은 대개 가정이라는 공간과 일상에 편재한 성적 억압, 그리고 학교라는 제도의 폭력성에서 찾아볼 수 있다.

> 붕괴 조짐이 보이는 옥상을 뛰어다녔다 제발 부서져라
> 부모님은 뭐 하시니 가정 방문 온 담임을 보고 새엄만
> 홀복처럼 찰랑찰랑했다 이브 몽탕 닮으셨어요 아버지
> 는 밀수하다 또 걸려간 후였고 나는 신발을 구겨 신고
> 부둣가를 서성거렸다 몽땅 얕고 좁고 짧은 목구멍을 탓
> 했다 다 합창하세요 아아아 보답하리 학교에 다녀오니
> 새엄마가 사라졌다 양복장이 홀가분해져 있었다
> 다음날 담임이 결근했다
>
> -「합창합시다-스승의 날」에서

김이듬의 시에서 억압의 주체로 등장하는 또 하나의 존재는 제도권의 학교이다. 그 억압의 강도는 만만치 않다. 혈연으로 맺어진 가장

친밀한 관계가 가장 큰 굴레가 될 수 있는 것처럼, 학교 역시 그러하다. 특히 선생과 학생 사이에 맺어진 수직적 인간 관계는 거부하기 어려운 억압이자 폭력으로 자리잡는다. 이 작품은 훼손된 가계와 학교의 폭력을 병치시켜 주체에게 가해지는 억압의 깊이를 통해 자아에게 투영된 타자의 욕망을 거세하고 새로운 세계를 향해 나아가는 주체의 의지를 역설적으로 보여준다. 그러나 시인은 가정이나 학교 자체의 문제에 집착하는 것이 아니라 현실을 살아가는 자신의 내적 혼돈이나 갈등을 가족과 학교의 내러티브를 통해 극화시키는 것이다. 그녀에게 가정은 삶의 모순이 충돌하는 가장 예민하고 날카로운 공간을 뜻한다.

또 자신이 그린 "백도" 그림을 보고 "괴발개발 까뒤집은 엉덩이"를 그렸다고 핀잔을 주는 "대머리 미술 교사"(「유일하지 않은 하나」)는 남성적 폭력과 시선을 담보하고 있는 억압의 주체이자 가부장적 질서의 상징적 인물이기도 하다. 시적 주체는 의도적으로 남성 사회의 시선에 의해 만들어진 "백도"를 거부하고 "괴발개발 까뒤집은 엉덩이"를 그림으로써 상상계의 질서를 위반하는 것이다. 여성적 신체 언어는 이미 그 이전 세대들의 작품에서도 빈번하게 등장하지만 이전의 여성시에 등장했던 자아의 절규나 비명이 등장하지 않는다는 점은 김이듬 시의 새로운 특징이라 할 만하다. 그녀는 이성의 세계를 마음껏 조롱하고 희화화시키면서 "늙은 아버지"를 비웃고 새로운 환상과 이미지의 왕국을 만들어나가고 있는 것이다. 신체의 일부나 분비물을 나타내는 시어들이 자주 등장하는 것은 비천한 세계를 비천한 언어로 보여줌으로써 여성의 억압 기제를 해방시키려는 의도가 내포되어 있는 것으로 볼 수 있다.

더 나아가 김이듬은 자아의 욕망을 적극적으로 재현하고 발산하는 "명랑"한 주체로 새로운 '팜므 파탈'의 이미지를 창출한다. 일반적인 의미에서 팜므 파탈은 남성을 유혹하여 죽음이나 고통을 겪게 하는 불길한 존재로서의 여성을 뜻한다. 그러나 김이듬이 만들어나가는 팜므 파탈은 성적인 모티브나 신체 언어의 과잉 노출이라는 점에서 불길한 존재로서의 의의도 가질 수 있겠지만, 상징적 권위와 질서를 넘나들며 발랄하게 유영하는 어떤 역동적 존재로서의 팜므 파탈이다. 그녀의 언어는 주체/객체, 남성/여성, 현실/가상의 경계를 무의미하게 만드는 어떤 미결정의 독특한 언어로서 상식적인 미적 관습과 이성의 지대를 자유롭게 유영한다. 노래에 취한 자들을 파탄과 죽음으로 몰고 가는 세이렌의 노래는 급기야 "나는 내 멋대로 선창한다 의혹스러운 나의 주검이 후반부를 채울 것이다"(「엔딩 크레디트」)라고 선언하기에 이르는데, 견고한 이성의 세계를 향해 부르는 이 노래는 늙은 아버지를 비웃는 에너지의 흐름을 타고 "명랑"하게 튕겨진다.

다음의 시는 그녀가 의도한 것인지는 알 수 없으나, 시론으로서의 성격을 보여주는 동시에 자신의 삶에 대한 어떤 운명적 메시지를 담고 있는 것으로 보인다.

> # 6
>
> 우르르 유령 시인들이 몰려와 여자의 종이를 찢어
> 버립니다. 종이만 찢었을 뿐인데 여자의 가슴에서
> 피가 흐릅니다. 욕조 안에 핏물이 고입니다. 유령
> 시인들은 종이에 대고 협박합니다. 자신의 시를
> 모방했다고, 갖은 기교 범벅 비스킷 같다느니 뭐니
> 벽돌로 여자의 머리를 빗어줍니다. …(중략)…
> 가만히 보니 오래 묵은 자의식과 낭패감 따위가
> 묻어 있습니다. 초라한 절망으로는 충분히 가벼워지지 않은
> 근육들이 핏물에 자유롭게 꿈틀거립니다. 여자는 잠에 빠지듯

> 혼몽합니다. 몸이 조금씩 빠져나갑니다. 스르르 욕조 구멍에서 빠져나가 다른 세계로 흘러갑니다.모든 수치와 장난, 인연으로부터 먼 세계로 나아갑니다.
>
> # 11
>
> 버림받은 어린 딸이 엄마를 찾아가는 것은 별이 뜨는 이유와 같습니다. 그렇다면 시를 쓴다는 것은 무슨 까닭입니까?
>
> # 12
>
> 세상에 대한 수많은 질문을 접고 쓰고 있는 것에 대한 기대를 덮었습니다. 그녀의 일생은 해결해야 하는 그 무엇이 아니라 있는 그대로 존재하는 그 무엇 너머…
> 솔직히 잘 모릅니다.
>
> -「유령 시인들의 정원을 지나」에서

#11에서 "버림받은 어린 딸이 엄마를 찾아가는 것은 별이 뜨는 이유와 같"다는 진술은 세상에 내던져진 딸이 어쩔 수 없이 취해야 하는 삶의 방식일지도 모른다. 시를 쓰는 것의 이유를 되묻는 이 질문은 김이듬 자신이 고수하고 있는 시론으로서의 성격을 보여주는 구절일 것이다. 여기 등장하는 시적 주체는 삶을 해결해야 하는 그 무엇으로 보는 것이 아니라 있는 그대로, 날 것으로 존재하는 "그 무엇 너머"의 언어와 삶을 꿈꾸고 있는 것이다. 있는 그대로의 삶과 불가해한 삶의 흐름을 인정하면서 보이지 않는 "그 무엇 너머"를 지향하는 이 진술에 김이듬의 시쓰기가 존재하는 것이다. 그래서 끝없는 탈주와 위반을 감행하며 시간도 공간도 불투명한 이 경계의 지대를 시인은 자유자재로 넘나들고, 어느 시집에서도 볼 수 없었던 독특한 리듬을 만들어 나가는 것이리라.

시적 개성의 창조적 변용

– 류인서 시집 『여우』(문학동네, 2009),

이덕규 시집 『밥그릇 경전』(실천문학, 2009) –

1. 미적 반응과 시쓰기

시를 읽을 때 늘 궁금한 문제 중의 하나는 시인들이 가지고 있는 시적 감수성의 소양 문제이다. 가장 넓은 의미에서의 시적 감수성은 대상이나 세계에 대해 반응하는 예민성의 정도일 것이다. 그것은 이성적인 판단이나 상식, 고정관념에 선행하여 사물의 본질을 투시하고 아름다움을 인지하는 미적 체험의 독특한 능력일 것이다.

세계에 대해 미적으로 반응할 수 있는 능력, 다시 말해 시적 대상에 대한 감정 이입과 거리 조정은 시인의 개성을 구성하는 가장 중요한 부분이다. 이러한 시적 감수성이 독자들과 자연스럽게 교류하거나 공감을 확보할 때 우리는 어떤 시인 혹은 시가 개성이 있다고 말하는 것이다. 시인들이 지향하는 미학적 관념을 다양한 방식으로 변주하거나 운용하는 능력, 이것이 곧 시적 개성일 것이다.

류인서와 이덕규 시인의 시들은 서로 기대고 있는 시적 토양은 다르지만 시적 감수성의 측면에서 서로 겹치는 부분들이 있다고 보인다. 류인서 시인의 시집 『여우』는 묘사의 시학을 바탕으로 소멸의 시간과 감각의 지속성을 탐구한다면, 이덕규 시인의 시집 『밥그릇 경전』은 체험의 변용에서 오는 시적 리얼리티를 바탕으로 생생하고 아름다운 '밥의 시학'을 만들어나가고 있음이 주목된다. 두 시인의 시적 토양과 지향점은 서로 다르지만 이들은 자신들만의 감수성과 미학적 개성을 바탕으로 시쓰기의 창조적 가능성을 모색하고 있다. 이들은 모두 근원적 고독 속에서 생의 아픔을 치유하기 위한 방편이 시쓰기임을 역설적으로 강조하고 있는 듯하다.

2. 소멸의 시간과 감각의 지속성

사물에 대한 정밀한 투시와 그것을 가공해나가는 조형술의 측면에서 이미 뛰어난 기량을 선보인 바 있는 류인서 시인의 시들은 사물의 심층을 꿰뚫는 시적 직관의 날카로움을 보여준다. 시인이 만난 바깥세계의 풍경들은 시인 자신의 내면으로 불러들여 의미화시키는 것에서 출발한다. 시인은 사물의 심연과 풍경을 조용히 응시하며 어른거리는 마음의 무늬를 그려낸다. 그렇게 해서 포착된 세계는 현실과 동떨어져 따로 존재하는 것이 아니라 다양한 감각과 수사법의 풍경에 의해 그 의미가 더욱 선명해지는 이미지로 자리잡는다. 그래서 풍경과 사물은 독특한 시적 공간에서 발아되어 시인의 성찰 속에서 그 고유한 의미를 길어올리게 된다. 시인은 대상에 대한 표면적인 묘사에만 머무르지 않고, 세상의 사물이 지닌 작고 아름다운 흔적을 정결하고 투명한 마음의 일렁거림에 비추어 보여준다. "사물은 눈에 보이는 것보다 훨씬, 더 멀리 있다"(「연애」)고 일갈하지만 사물과의 심층적인 대화와 직관으로 얻어진 그녀만의 감각적 지향성은 예사롭지 않은 미적 개성을 드러내고 있다.

이번 시집에서 두드러지는 특징은 시간에 관한 자의식이 묘사의 시학과 결합되어 나타나고 있다는 것이다. 시인은 사물화된 시간을 하나의 화두로 놓고 있는 듯하다. 텅 빈 공허와 공간을 메우고 있는 다양한 시니피앙들의 관계망을 응시하되, 여러 시간적 기제를 포착하는 감각화의 방법을 통해 그녀만의 시의 공간을 만들어낸다. 이것은 독자를 감각의 성채로 안내하는 시적 방법론이다.

> 그에게는 참으로 많은 손목시계가 있다
> 그의 손목은 시간을 잡아당기는 무거운 고리 문고리
> 그의 손목에서는 숨가쁜 말굽 소리가 났다
> 그의 손목에서는 매일 노오란 해바라기꽃이 피었다 졌다
>
> 신생의 아이들이 바구니 속에서 울어 보채는 동안
> 화분의 제라늄이 비릿한 비염의 코를 베어내는 동안
> 그는 얼룩진 매트리스를 창문으로 끌어내 마구 두들겨
> 패고 있다
> 여자보다 더 많은 수의 시계가 그의 손목 안팎으로 꽃
> 피며 지나갔다
> …(중략)…
> 한때 그에게 단단히 손목 잡혀 있던 시간들이 이제 그의
> 손목을 되잡아 끌고 어디론가 가고 있다
>
> -「그에게는 많은 손목시계가 있다」에서

우리의 일상은 숨막힐 듯 바쁘게 돌아가는 시간의 축을 기본으로 이루어진다. 근대 이후 계량화된 시간은 인간의 삶을 구속한 기제가

되어버렸다. 합리성과 효율을 위해 시간을 나누고 계량화한 결과 인간은 시간에 속박되어 주체성을 잃고 헤매는 어지러운 상황에까지 이르게 되었다. 한때 우리가 지배했던 시간은 이제 "그의 손목을 되잡아 끌고" 주객이 전도되는 상황에까지 이르렀다. 시인은 미세하게 분절된 시간과 쫓기는 일상을 영위하는 현대인의 모습을 "많은 손목시계"라는 사물에 빗대어 표현한다.

다분히 알레고리적인 기법으로 인간을 구속하는 시간에 관한 성찰을 보여주는 이 시는 "여자보다 더 많은 수의 시계"를 소유하면서 그러한 시간을 관리하고 시간에 얽매여 사는 현대인의 한 단면을 보여준다. 시계를 차고 있는 "그의 손목"이 "시간을 잡아당기는 무거운 고리 문고리"라든가 "숨가쁜 말굽 소리"가 난다는 진술에서는 속도전에 시달리는 불안하고 위태로운 현대인의 모습을 어렵지 않게 유추할 수 있다.

시인은 손목시계를 통해 소외된 현재의 삶을 바라보고 그 너머에 우리가 상실한 존재의 심연이 있다고 본다. 그녀가 바라보는 존재의 심연은 아득하지만 허물어져가는 삶의 쓸쓸함을 담고 있기에 고독과 슬픔의 정조를 전달한다. 아득히 소멸해가는 시간에 대한 자의식을 보여주는 다음의 시들을 보자.

> 공연히 헛헛해진 내 눈 속으로 공공연한 빵집과 공공연한
> 약국, 공공연한 커피숍이 쏟아진다
> 다짜고짜 손부터 내미는 공공연한 구걸이 다가온다
> 공공연히 붉은 석류꽃이 비둘기똥 말라붙은 분수대와 손
> 잡고 광장을 빠져나간다
>
> 빈 대합실엔 하나둘 모여드는 얼굴 없는 승객들

저 공공연한 노숙의 옷자락을 시속 삼백 킬로미터
굉음으로 스쳐가는 고속열차
속도가 빠져나간 역사, 유리벽엔 어둠의 차단막이
방화셔터처럼 내려지고

차도 너머 가등 불빛은 기괴한 갈퀴손 그림자 광장까지
뻗친다
놀다 가세요 자고 가세요, 공공연한 밤의 호객이
불온 전단지처럼 뿌려지는
이곳에서는 사실
생의 목록으로 전시되는 둥글고 각진 모든 것들이 다,
공공연하다

-「공공연한 미술관」에서

시인의 시선은 먼 데서부터 가까운 곳으로 이동하며 쓸쓸하고 누추한 삶의 풍경을 응시한다. 저녁 어스름 무렵의 적요한 시간, 셔터가 내려진 "역사"의 유리벽과 가등 불빛을 바라보는 시인의 시선은 "생의 목록으로 전시되는" "둥글고 각진 모든 것"들이 다 공공연하다는 인식으로 나아가고 있다. 아주 소소한 공간과 대상일지라도, 시인에게 그 의미는 시간성을 담보한 장면들의 집적물로 기억된다. 그래서 모든 공간은 여러 겹의 풍경으로 이미지화된다.

시인의 시선은 "공공연한 미술품"이 사라진 동대구역에서, "공공연한 빵집"과 공공연한 약국, 커피숍, 광장을 거쳐 빈 대합실로 이동하고 있다. "공공연한 노숙의 옷자락"을 "굉음으로 스쳐가는 고속열차"는 앞에서 분석한 "시계"와 함께 현대적 삶의 강박과 불안을 표상한다. 속도를 매개로 모든 것을 가치 판단하는 현대적 삶은 자아와의 행복한 동일화가 깨진지 이미 오래다. 교환가치만을 강조하는 현대의 물량주의적인 시스템은 인간의 동일성과 연속성을 교란시키고 있기 때문이다.

시인의 시선은 터질 듯한 굉음이 빠져나간 역사에서 위태롭고 황막한 현대적 삶의 풍경을 읽어낸다. 생의 심연에 한 발 더 가까이 다가가고자 하는 시인은 현대적 삶이 놓쳐버린 기원을 투시하려는 욕망을 가지고 있기 때문이다. 근대세계는 시간이 계량화되고 분절됨으로써 인간 존재를 소외시켜 왔다. 시인들이 끊임없이 신화적 시간이나 근원을 갈망하는 것은 현대 문명이 필연적으로 '근원의 결핍'을 안고 있으며, 끝이 보이지 않는 무한 욕망을 향해 질주하고 있기 때문이다. 그렇다면 시인 자신의 내면에 자리잡고 있는 근원의 시간은 어떤 것일까. 다음의 시는 이런 질문에 대한 하나의 대안을 마련해주는 것으로 볼 수 있다.

> 시골집 수돗가 빛바랜 저 거울에게도 어느 순간 반짝, 빛나던
> 때가 있었다
>
> 일생을 흘려보낼 조그마한 저수지를 이루었다고 세숫대야 물이
> 흰 부추꽃처럼 찰랑일 때
>
> 아버지 돋보기안경에 날아앉은 잠자리가 멀리 있는 어린
> 자식 안부편지를 읽을 때
>
> …(중략)…
>
> 포도 몇 송이 놓고 식구들이 빙 둘러앉을 때, 으깨고 으깬
> 그 저녁의 육즙

> 그리고 시골집 수돗가 거울이 마지막 반짝 빛나던 때, 이삿짐 나가고 식구들 다 떠나고 담장 밖 능소화가 적막한 등불 하나 걸 때
>
> -「거울」에서

지나간 가족사를 바탕으로 과거의 다양한 풍경을 묘사하고 있는 이 작품은 거울을 통해 오랜 기억 속에 남아 있는 자아의 얼굴을 발견한다. 우리에게 과거란 쭉 존재해왔던 시간이며 가족과 공유한 것과 같은 공공의 체험이라고 할 수 있다. 수돗가의 거울을 중심축으로 펼쳐지는 이 작품은 어린 자식의 안부편지를 읽는 늙은 아버지, 정원의 꽃을 다듬는 가위소리, 수돗가에 뜬 아름다운 무지개, 포도 몇 송이 놓고 둘러앉은 식구들의 얼굴을 더듬어 나가면서 조촐한 시의 풍경을 만들어나간다. 시인이 수돗가를 바라보는 시선은 현재형으로 나타나지만 여기에는 과거부터 지속적으로 오는 삶의 시간들이 집중되어 있다.

가족 모두가 떠나고 텅 빈 집에 홀로 남은 "능소화"만이 등불처럼 피어있는 이 적막한 시간은 나와 세상의 작고 소박한 것들이 해체된 분열의 상징성을 갖게 된다. 이 작품의 배경이 되는 시간은 부재하는 가족의 쓸쓸함과 허망함이 어우러진 소멸하는 시간이라고 할 수 있을 것이다. "으깨고 으깬 그 저녁의 육즙"은 기억 속에 선명하게 각인된 사물화된 시간으로 시적 자아에게 동일성을 일깨울 뿐 아니라 감각을 통한 지속성의 형상화를 이룩하고 있다.

회상은 과거와 개인적으로 의미 연관성을 가지는 사적인 기억작용으로 나의 정체성을 확인하는 성격을 가진다. 시간이 덧없이 흘러가고 소멸해가는 과정을 통해 한 시절을 보여주는 이 시는 현실적인 시간 이편에 놓쳐버린 사물의 소멸 과정을 보여주는 것이다.

이렇게 류인서의 시적 지향성은 사물의 뒤편에 반사된 '여백의 미학'을 형상화하는 데서 출발하지만, 그것은 사물의 근원에 더 가까이 다가가고자 하는 시도였으며, 자신의 삶의 기원을 성찰하는 과정이었음을 거듭 확인할 수 있었다.

3. 상처의 탐색과 밥의 시학

이덕규의 시집 『밥그릇 경전』의 시적 화법은 강직하고 당차지만, 그 이면에는 부드러움과 사랑의 정서가 녹아있음을 어렵지 않게 발견할 수 있다. 그의 시를 읽어나가면 굴곡많은 생이 만든 여러 겹의 주름을 만나게 된다. 그 주름은 우리가 지나온 시대의 흐름이며, 시인 자신의 고단한 삶을 버텨온 동력으로 자리한다. 그의 시적 스펙트럼은 유랑과 상실의 정조에서부터 일상세계와 내면 풍경을 다스리는 유목적 인식, 몸에 대한 감각적 사유, 생태학적 발견에 이르기까지 다양하게 펼쳐져 있다. 하나로 추스려지지 않는 시의 진폭을 가늠하기가 쉽지는 않지만, 이번 시집에서 시인은 삶의 현실과 자연의 풍경이 상호 침투하는 새로운 시적 풍경을 만들어나간다.

무겁고 녹녹치 않은 생을 영위하는 시적 화자는 일상과 과거의 기억 사이에서 다양한 상처의 모자이크를 만들어나간다. 부조리한 세계에 대한 힘든 탐색과 빈곤한 현실과의 불화를 바탕으로 세계에 대한 저항 의지를 강렬하게 드러내고 또 그 의지를 내면의 에너지로 전환시켜 시쓰기를 밀고 나간 이전의 작품들과는 달리, 시인은 자신의 몸과 사유를 치유하려는 어떤 시도를 보여주고 있음이 주목된다. 시인은 이전의 시집들에서 보여준 자본주의의 모순에 대한 비판을 지양하면서 자신의 내면세계를 보다 적극적으로 표현하고 일상의 다양한 풍경들에서 창조적 가능성을 발견한다.

> 풀을 베다가 낫 끝에 손등을 찍혔다
> 순간, 허옇게 눈뜨는 상처를
> 와락 감싸 쥐고
> 팽개친 낫 앞에 두 무릎 꿇은 채
> 엎드려 여러 번 머리 조아렸다
>
> 참으려 해도 손가락 사이를 비집고
> 붉은 눈물이 흘러내린다
>
> 상처가 아문다는 것은 실명(失明)이거나
> 곧 죽음이니, 맘 놓고 오래 울어라
> 눈 감을 때까지 아픈, 핏빛 풍경이여!

-「낫께서 나를 사랑하사」 전문

이전의 시집에서 시인은 화자 자신을 "칼"이라고 지칭하거나 또 "독"이라고 일컫기도 하였다. 칼과 독은 단단하고 강직한 화자의 내면 풍경을 단적으로 보여주는 데 기여한 이미지였다. 밭에서 풀을 베다가 손등에 찍힌 상처를 바라보며 시인은 낫과 자신의 상처가 상호 교류하는 어떤 화합의 지점을 탐색한다. 작품에서 "상처가 아문다"는 것은 "실명"이거나 곧 "죽음"인 것으로 나타난다. 그러나 핏빛 풍경에 침윤된 화자는 붉은 눈물을 흘리며 자신의 상처가 낫과 적대적인 관계에 놓여있는 것이 아니라 낫과 사랑의 구도에 놓여있다는 역설적 인식을 보여준다. 낫이라는 금속성 사물에 "사랑"이라는 어사를 붙인 표현은 의미심장하다. 참을 수 없는 통증을 안겨준 낫에 대한 적대감 대신 낫께서 자신을 사랑한다는 진술은 세상과의 적대감이나 절망 대신 어떤 긍정적인 화합의 조짐으로 나아감을 암시하는 것이다.

이렇게 이덕규는 자신의 상처를 응시하면서 더 단단하게 다듬어진 자신의 내면 풍경을 독자에게 안내한다. 특히 먹고 사는 생존의 문제와 시인 내면의 관념적 풍경을 연결시키면서 '밥의 시학'을 전개한다. 시인에 의하면 사람이 밥을 먹는 것이 아니라 모두 "밥에게 먹힌다." "삼시 세끼 밥상 앞에 무릎 꿇리는 밥의 폭력"이 얼마나 절박하고 중요한지를 환기하면서 시인은 밥의 위력을 말하기도 한다.

먼 들판에서 일에 몰두하다 보면 문득 허기가 밀려와
팔다리를 마구 흔들어댈 때가 있다 사람을
삼시 세끼 밥상 앞에 무릎 꿇려야 직성이 풀리는 밥의
오래된 폭력이다
때를 거르면 나를 잡아먹겠다는 듯이
사지를 흔들어대는 허기진 밥의 주식(主食)은 그러니
까 오래전부터 사람이다
결국 사람은 모두 밥에게 먹힌다
인정사정 봐주지 않는 빈 밥통의 떨림

-「뚝딱, 한 그릇의 밥을 죽이다」에서

어머니는 우리 집에서 칼을 제일 많이 쓰는 사람, 칼을
가장 능숙하게 잘 쓰는 사람
자르고 썰고 족닥이고 생선대가리를
아무 생각없이 뎅겅뎅겅 날려 칼집을 내고 저녁상을
차리는 어머니

…(중략)…

도마 위의 그 날렵한 칼솜씨를 보면
무인가문의 후손이 확실한 어머니, 그러나 칼의 볼모
로 잡힌 이래
집 밖으로 칼을 내돌리지 못하는 몰락한 칼잡이의 딸
쓰 —윽, 나도 모르게 감쪽같이 내 가슴을 가르고 들어온
날 선 비수 한 자루

-「칼과 어머니」에서

일상과 관념 사이를 성찰하던 시인은 우리를 지탱해주는 밥을 떠올리며 생의 남루함과 가능성을 동시에 내포한 밥의 비애를 주목한다. 시인에게 먹는 행위란 단순히 생존이나 약육강식의 지표가 아니라, 인간 에너지의 근원적 동력으로 존재한다. 일상 생활에서 밥의 존재는 쓸쓸함과 허망함을 안겨주기도 하지만, 늘상 결핍과 과잉 상태에 끼어 있는 인간 존재의 자연스러운 욕망을 상징하는 매개물이 된다. 그래서 밥을 먹는다는 것은 생존을 위해 자연스러운 절실함을 본능적으로 표현하는 방식이다.

시인이 이번 시집의 화두로 끌어온 "밥"은 그가 그동안 보고 겪었던 민초들의 삶에로 확대되면서 다양한 의미의 스펙트럼을 낳는다. "인정사정 봐주지 않는 빈 밥통의 떨림"을 늘상 느껴야 하는 인간 존재의 몸이 얼마나 유약하며 먹는 행위가 얼마나 큰 희열을 동반할 수 있는지를 환기하면서 말이다. 시인에 의하면 밥은 "저승법보다 무서운"(「한판 밥을 놀다」) 것이기도 하다.

「칼과 어머니」는 칼을 능숙하게 쓰는 어머니의 손짓에서 시적 모티프를 얻어오고 있다. "자르고 썰고 족닥이고 생선대가리를/아무 생각없이 뎅겅뎅겅 날려 칼집을 내고 저녁상을 차리는 어머니"의 모

습은 한없는 사랑을 바탕으로 한 것이기에 아무리 무자비한 칼질을 하는 것이더라도 그 자체로 아름답고 숭고한 것임에 틀림없다. 시인은 몰락한 칼잡이의 딸인 어머니의 내력을 고백하면서 문득 자신의 가슴에 꽂히는 "날선 비수 한 자루"를 발견한다. 어머니가 겪었을 많은 상처와 굴곡을 떠올리며 가슴이 메이는 아들은 비수 한 자루가 꽂히는 듯한 통증을 느끼는 것이다. 어머니에 대한 연민과 사랑, 삶의 상실감이 교차하는 찰나의 감정을 시인은 이렇게 표현하고 있다. 그러나 어머니의 칼질은 생의 상실과 아픔을 치유하며 어둠을 견디고 이길 수 있는 힘과 희망을 제공하기에 그 자체로 거룩하고 아름다운 것이 된다. 그래서 어머니가 제공하는 힘과 희망은 "짜디짠 생살"로 육화되기에 이른다.

어느 소슬한 가을 저녁의
살 오른 근심을 말갛게 닦아
통째 절여두었던 당신

찬물에 밥 말아
미라처럼 쪼글쪼글해진 당신의
그 짜디짠 생살을 씹어 먹으니
오, 면면히 유구하겠습니다

-「장아찌」에서

생의 근심과 상처를 장아찌로 절여 그것을 항아리에 담근 어머니. 아들은 찬물에 밥을 말아 장아찌의 짠 생살을 씹으며 어머니의 큰 사랑과 은혜를 몸으로 받아들인다. 이 아름다운 시는 다양한 사물들을 채록한 시인만의 렌즈에 의해 큰 감동을 선사한다. 시인은 어머니와 장아찌를 동일화시키는 전략을 통해 감각의 구체성과 미감을 전달하고, 어머니와 아들 사이의 간절한 사랑을 담담하게 보여주고 있는 것이다.

이덕규는 일상적 · 사회적 · 실존적인 차원의 아픔과 고통을 형상화하면서 동시에 그것에 맞서는 시적 추구의 방식을 동시에 보여준다. 가혹한 시대를 빠져나간 한 유목민의 기록이라고 할 수 있는 이번 시집에서 시인은 대상에 대한 깊은 통찰과 참신한 언어 운용으로 따뜻한 사랑의 의지를 만들어나가고 있음을 알 수 있었다. 그래서 우리는 원숙한 사랑과 통찰력이 주는 아름다운 언어를 접하게 된다.

3부

불연속을 건너가는 시의 꿈

시간의 현재성과 생의 존재 방식

-고형렬, 함성호, 정윤천의 시-

1. 시간에 관한 자의식

어느 시대, 어느 사회를 불문하고 인간은 필연적으로 세계와 불화의 관계에 놓여진 존재이다. 시인은 그 불화와 갈등의 기원을 포착하여 남다른 언어적 감수성으로 그 의미 양상을 그려내는 존재들이다. 세계를 유표화 할 자기만의 언어를 가질 때 인간은 비로소 주체적인 존재로서의 힘을 가지는데, 인간 존재의 기원과 세계와의 관계에서 이것을 자각하게 해주는 매개체는 시간이 아닐까 한다. 문학작품에서 시간은 존재의 방식이나 사건을 유표화 하는 남다른 힘을 가진다. 시간은 세계를 구성하는 질서의 한 방식이기도 하기 때문이다. 시인은 독특한 시선을 통해 시간 속에서 아름다움과 추함을 발견하고 더불어 이를 창조하기도 한다.

예민한 직관과 언어적 감수성을 지닌 시적 영혼은 자신의 생을 직시하면서 일상의 권태를 일탈하여 삶의 빛나는 한 순간을 포착하고 이를 언어적 형식으로 다시 만들어 낸다. 그 순간 그는 자기의 생과 사건을 장악하는 언어의 마술사가 되는 것이다. 이것이 곧 시적 인식이라는 삶에 대한 직관이기도 하다. 일찍이 아우구스티누스 Augustinus는 시간을 '영혼의 확장'으로 파악했다. 영혼의 확장이란 곧 의식의 확장이자 자기 자신과의 적나라한 만남일 것이다. 인간의 삶이 지루하고 허무하게 이어지거나 상식과 일상을 되풀이할 때 시적 시간은 모든 것으로부터 절연된 하나의 순간으로 우리에게 다가온다. 반복되는 일상과 삶의 메커니즘에서 절연되는 시간, 이 시간을 우리는 영혼이 확장되는 '실존의 시간'이라 부를 수 있을 것이다. 이번 계절에 읽은 시인들의 작품들은 시간을 매개로 영혼이 확장되는 순간을 포착할 뿐만 아니라, 이를 통해 생의 형식을 되묻고 있다는 점에서 필자의 관심을 끌었다.

2. 직관의 포착과 생의 고뇌

젖은 신문처럼 젖어버린 한 시간이
쭈그려앉아 콩나물을 다듬는다
시간은 손톱으로 꽁지를 끊는다
나는 유리창처럼 낯선 시간이 된다
시간은 옛날 물레의 모습으로
흐린 창가에 아침부터 앉아 있다
실로 현생의 시간은 눈처럼 아까워
시간은 과거를 기억하지 않는다
시간은 한 남자의 시간이 아니다
어두운 베란다 창가에 시간은 혼자
무릎을 세우고 원숭이처럼 앉아
한 양푼의 콩나물을 다듬고 있다

명태 눈껍질 같은 콩나물 눈껍질
콩나물 눈껍질 같은 시간의 눈동자
한낮처럼 창 밖을 지나가는 생은
텅, 두개골과 등뼈로 앉아 있다
낯익은 시간만 빈 몸으로 남아 있다

-고형렬, 「시간」 전문(『시와 반시』, 겨울호, 2007)

이전에 출간한 시집 『성에꽃 눈부처』 후기에서 고형렬 시인은 자신이 아는 바가 없으며, 무지(無知) 혹은 무식(無識)으로 돌아가는 것이 자신의 시업(詩業)이라는 것을 스스로 밝힌 바 있다. 그가 말하는 무지(無知) 혹은 무식(無識)은 분별심을 벗어난 상태를 일컫는 용어이다. 시인은 모든 사물을 이분법적으로 가르는 도구적 이성의 분별 작용을 떠나 무심(無心)으로 돌아가는 상태를 추구하는 것이다.

이 작품은 일차적으로 콩나물을 다듬는 모습에서 시적 모티프를 얻은 듯하다. 콩나물 대가리를 손으로 끊어놓는 모습에서 시인은 시간의 마디를 절단하여 시간의 양축을 구분하고 "콩나물 눈껍질" 같은 시간의 "눈동자"가 얼마나 앙상하고 사물화된 것인가를 보여주고 있다. 그래서 존재들은 "명태 눈껍질", "콩나물 눈껍질" 같은 것들로 남아 현재의 적막함을 이루고 있다. 우리 주위에 존재하는 사물들은 실체성을 가지고 있으면서도 동시에 상호 호환성에 의해 다시 태어나고 사라지는 모습을 보여준다. 시간은 끊임없이 흐르고 운동하여 존재의 생성과 소멸로 이어지게 마련이다. 그러나 시적 화자가 창밖으로 내다보는 생은 오롯이 "두개골"과 "등뼈"뿐인 앙상한 골격으로 남아있을 뿐이다. 이것은 덧없이 사라지는 것들의 슬픔과 생의 고뇌가 잔해처럼 남아있는 시간의 적막감이기도 하다.

시인은 자신만이 느끼는 시간이 이미 한 남자의 시간이 아님을 강조하고 있다. 이렇게 "현생의 시간"은 과거를 기억하지 않을 뿐만 아니라 무미건조한 고독으로 가득 차 있는 고뇌의 순간이며, 부동의 세계가 불러일으키는 침묵의 지대이다. 이 작품에서 그려지는 시간은 시인의 관념이나 이미지보다 더 근원적이며 내면적인 것으로 드러나 있다는 점에서 생에 대한 시인의 직관을 엿볼 수 있다.

추억은 잠시
불현듯한 노래 속에서 일깨워지고
그리운 것들은 늘
감각되는 전체 너머에 있네
한 순간을 쪼개고 쪼갠
매 순간의 마디에서 만나
만지고, 더듬고, 마주보며 울던, 그러나
알 수 없는 얼굴, 그 친한 상징-일어나기 전부터 일어난 이후를 지배하던
만지자마자 무너져 내리는 전체에는
경험할 수 있는 실재는 증명되지 않고
증명할 수 있는 부재는 경험되지 않는
흘러가버리는 감옥 한 채가 있네
나는 곧 녹아버릴 밀랍의 배를 타고
내가 떠나보내야 할
시간의 강안을 주시하고 있지
팔도 없고, 다리도 없고, 몸도 없는 육체-상징을 얻는다는 것은 세계를 얻는 것이고,
동시에 전체를 잃어버리는 것이다
다만,

언덕에 스며드는 푸른 어둠이
암송처럼 들려오길 바라고 있다

-함성호, 「감옥 한 채」 전문(『시와 반시』, 겨울호, 2007)

"언어는 기호가 아니라 자취이며 흔적이다. 무엇을 채운다는 것은 무엇을 지워나가는 일이기도 하다"는 해체주의적 관점을 보여주었던 함성호는 시간을 축으로 하여 자신과 시간의 관계를 다시 정립하고 있다. 1행에서 말하는 "추억"의 실체는 무엇인지 구체적인 정보를 드러내지 않고 있지만 추억은 결국 시간의 문제와 접맥될 수밖에 없다. 이 작품은 추억과, 추억의 기억과, 그리고 추억의 상처에 관한 시가 아닐까 한다. 추억은 언제나 노래 속에서 일깨워지고 그리운 것들은 늘 "감각"의 "너머"에 있게 마련이다. 블랑쇼 식으로 말한다면 언어로서의 현존과 이 세계에 놓여진 사물의 부재 사이를 왕래한다고나 할까. 지난 추억은 이미 부재하는 이미지 혹은 환영으로만 남을 뿐, 지금 여기서 멀리 있는 것에 대하여 인간이 취할 수 있는 것은 수동적인 응시이거나 기다림 뿐이다. 어느 순간 녹아버릴 "밀랍의 배"를 타고 시적 화자는 추억을 떠나보내야만 한다. 추억의 본제는 영원히 부재한 채 에우리디케의 그림자만을 붙잡고 있는 것이다. 지난 추억은 기습적이며 다른 추억과의 미묘한 관계를 통해 구체적인 존재를 드러낸다. 부재와 현존, 시간과 공간의 넘나드는 과정을 통해 추억은 "만지고, 더듬고, 마주보며 울던, 그러나 알 수 없는 얼굴"로 불확실한 정체를 드러낸다. 그래서 "경험할 수 있는 실재는 증명되지 않고/ 증명할 수 있는 부재는 경험되지 않는/ 흘러가버리는 감옥 한 채"로 시인의 의식 속에 자리잡고 있다. 추억은 과거인 동시에 현재적이며, 현재의 나에게로 불러들이는 과정이기도 하다.

결국 함성호 시인이 다다르고자 하는 것은 상징의 불멸성으로서의 봉인된 추억이 아닐까. 추억은 아무렇게나 들추어지거나 떠벌려지는 것이 아니라 봉인되고 묻혀짐으로써 영원하고 그 가치를 부여받을 수 있다는 것이다. 추억은 비밀스러운 "상징"으로 봉인되어야만 진정성을 얻을 수 있다는 것을 시인은 담담하게 말해주고 있다. 그가 추억의 형식을 통해 탐구한 상징은 삶 속에서 차연(差延)이나 연기의 상태로 존재할 뿐이다. 그에 의하면 상징은 있으면서 없고, 시니피앙이라는 기호의 흔적에 불과할 지도 모른다. 그렇기에 "상징을 얻는다는 것은 세계를 얻는 것이고 동시에 전체를 잃어버리는 것"이라는 메시지에 도달하고 있다.

> 폐사지에 앉아 다리를 쉰다. 탑돌이 한 마당 돌고 싶은데, 탑이 없다. 그러고 보니, 내 세월의 사정 절반 이상은 막상 하고 싶을 때, 거기에, 그게, 없다는 것이었다.
>
> 절은 거두어 가고 없더라도
>
> 누군가는 마른 고춧대, 수수 모감 몇 단을 그럴 듯이 세워 두었다. 주춧돌이 놓였던 자리. 그러고 보면, 이 不現의 절 이름인들 수수寺, 고춧대塔 그늘이어도 괜찮을 만한 일이었다.
>
> 어디선가 오래되어 가뭇한 것들의 이름이 지펴져 오기도 했다.
>
> -정윤천, 「폐사지에 앉아」에서(『열린 시학』, 겨울호, 2007)

"폐사지"라는 공간을 배경으로 펼쳐지는 정윤천의 시는 고독과 적막감이 감도는 시간의 한순간을 형상화하고 있다. 폐사지에 앉아 잠시 휴식을 취하다가 시적 화자는 탑돌이를 하고 싶은 충동을 느끼지만 막상 탑이 없다는 사실을 발견하게 된다. 이것이 시적 화자에게는 소유하거나 성취할 수 없어 안타까왔던 생의 순간들로 다가오게 된다. 자신의 의지와는 상관없는 불가항력적인 운명 앞에서 시인은 무력감을 느낄 수밖에 없다.

현실적으로 자신의 존재를 드러내주는 징표(徵標) 한 장 제대로 가져보지 못한, 그래서 세상 어느 곳에도 끼어보지 못한 자신을 인식하는 "나"의 의식은 슬프고 처절하기만 하다. 시인은 스스로를 위로하듯 탑이 없는 절의 이름을 "수수寺" "고춧대塔 그늘"로 바꾸어 부르기도 하지만 이것은 단지 위안에 불과할 뿐이다. 그러나 시인은 단순한 위안의 형식을 넘어 "오래되어 가뭇한 것들"의 이름을 떠올리며 일상의 삶에 관한 성찰의 계기를 마련하고 있다. 반복되는 생활 속에서 우리는 의식 속에 무엇이 결핍되었거나 부재하는지 제대로 알 수가 없다. 시인 역시 "폐사지"라는 공간에서 상념을 통해 자신의 삶이 어떠했나를 반추하고 더불어 자신을 충만케 하는 것이 무엇인지를 천천히 떠올리고 있다. 아무 것도 갖지 못했다는 존재론적 결핍감이 생의 위기나 절망으로 추락하는 것이 아니라, 오래되고 낡은 것들의 이름을 떠올리면서 자신의 맨얼굴과 대면하는 고독의 시간으로 끌어올려지고 있는 것이다.

3. 시적 순간의 발견

인간에게 시간은 슬픔과 기쁨, 고통과 환희를 안겨주는 기나긴 피륙과도 같다. 시간은 삶의 다양한 변화와 그 흔적을 기억하는 방법이라 할 수 있다. 부재와 현존, 생성과 소멸의 과정을 알아차리는 것이 곧 시간에 관한 인식일 텐데, 이것이 시인들에게는 시적 순간의 각성을 통해 다양하게 변주되고 있었다.

삶을 찾는다는 것은 시간 속에 놓여진 자신의 위치를 발견해나가는 과정일 것이다. 인간은 시간 앞에 겸허해야 한다. 어느 나이에 이르기 전에 쉽사리 알 수 없는 시간의 이치와 질서가 있는 법이기 때문이다. 그래서 어느 누구도 자신의 생 앞에 놓여진 시간의 무게를 견디기 전에 삶에 대해 쉽게 말해서는 안된다. 쉽게 말하는 시간에 관한 담론은 삶과 존재의 무거움을 진실하게 표현하지 못하는 허위의 텍스트다.

욕망과 번뇌가 가득한 우리의 삶을 느끼고 지각하는 유일한 순간은 바로 시적 순간의 발견일지도 모른다. 세 시인들이 보여주는 다양한 시적 시간의 변용과 만남을 통해, 생의 한 형식을 발견하고 자신과 삶에 대한 성찰로 나아가는 시의식의 지향점을 살펴볼 수 있었다. 세 시인들의 작품이 더 원숙하고 아름다운 삶의 지대를 향해 나아가길 기대한다.

삶을 넘어서는 사랑의 형식을 찾아

-수피아, 김왕노, 정진규의 시-

1. 에로스, 삶의 향훈(香薰)

인간의 삶을 규정짓는 두 겹의 조건, 사회적 조건과 실존적 조건이 있다면 그 사이를 넘나드는 인간의 가장 원초적인 존재 방식은 바로 사랑이 아닐까 한다. 사회적 조건으로 인해 인간은 자신의 사회적 자아를 실현하고 세계 속에서 존재 의미를 부여받는다면, 실존직 조긴으로 인해 보이지 않는 삶의 정념과 감정들을 자기 것으로 가시화하는 것이다.

존재하는 모든 사랑의 방식 중에 개체의 영속성과 존재 의의를 부여하는 것은 바로 남녀간의 에로스적 사랑일 것이다. 우리는 살면서 한두 번, 혹은 그 이상의 사랑과 이별의 체험을 하며 성인의 과정을 보낸다. 사랑의 희열과 고통을 겪으며 인간으로서 성숙해지고 봉인된 기억으로 그 흔적을 남기기도 한다. 사랑의 후유증과 상처는 말로 표현하기 어려운 것이지만 사랑으로 인한 희열과 상처 하나쯤은 누구나 가지고 있으리라. 봄꽃들이 난분분 날리며 생명의 기운이 약동하는 삼월의 눈부신 날, 나는 사랑을 소재로 한 시인들의 작품을 집중적으로 읽으며 정념(情念)으로서의 사랑의 가치와 의의는 어떤 것인지 의문을 던지지 않을 수 없었다. 사랑의 가치는 보편적일 수 있지만, 그것이 개별화되는 방식이나 상황은 천차만별이라는 새삼스러운 자각이 각각의 작품에 몰입하게 만들기도 하였다.

일찍이 바타이유는 죽음과 동일한 고도에서 개인의 고립을 벗어날 수 있을 때, 비로소 사랑하는 사람은 사랑에 빠진 사람에게 가능한 모든 의미로 나타난다고 하였다. 사랑하는 사람은 사랑에 빠진 사람에게 온 세상을 비춰주는 스크린이라는 것이다.

시인들은 끊임없이 사랑에 대한 담론을 만들어왔고 사랑을 소재로 한 연애시를 써왔다. 인류가 존재하는 한 고갈되지 않는 영원한 예술의 테마는 바로 사랑일 것이다. 낭만적 사랑의 내러티브가 허위일 수도 있는 건조한 현실 속에서 시인들은 어떤 사랑의 문법을 보여주는 것일까. 현실 속에서 인간은 서로 완강한 관계의 인연으로부터 자유로울 수 없다. 관계와 관계가 거미망처럼 얽혀있는 현실에서 사랑을 실현하는 방식은 역설적으로 단절과 부재, 소통에 대한 갈망에서부터 시작된다고 할 수 있을 것이다. 시인들이 속마음을 에둘러 표현하거나 다른 오브제를 통해 사랑의 무게를 은유적으로 강조하는 것은 탈낭만적인 맥락에서 재구성된 사랑의 다른 이름일지도 모른다. 이를 바탕으로 이번 계절 의미있게 읽은 작품들은 수피아, 김왕노, 정진규의 시들이다.

2. 몸으로 전유(專有)하는 사랑의 흔적

길은 어디까지 가려는지 시선만 아득하게 끌어당기네요 바람이 이끄

> 는 데로만 살포시 고개를 돌리고 앉아요 잎으로 잎을 끌어안아요 겨드랑이털 간질이듯 내리는 어둠으로 분칠을 해요 척박한 둔덕 위로 다가와 내 꽃잎술 포개어 줄 당신 위해, 밤이슬에 몸을 열어 촉촉하게 적시리니,
>
> 수런거리던 발소리 댓돌 위 신발 안에 가지런히 눠는 시간이예요 토담에 달 그림자 밀어 올려지기를 기다려, 나방은 혀끝으로 씨방에 젖어오는 점액질을 감아 올리는데요 아… 뜨거워라! 당신, 화냥(花娘)처럼 달빛이 몸 위에 오르는 밤.
>
> -수피아, 「달맞이꽃」에서(『시와 반시』, 봄호, 2008)

수피아 시인의 이 작품은 일차적으로 달맞이꽃을 형상화하되, 은유로서 에로티즘이 존재하는 양상을 보여준다. 달빛 아래 만개한 달맞이꽃의 모습을 묘사하면서 구체적인 성행위를 통해 식물이 개화(開花)하는 모습을 의뭉스럽게 그려내고 있다. "나방"과 "꽃"이 알몸으로 만나는 열락(jouissance)의 순간이 섬세한 내러티브로 드라마틱하게 그려지고 있다. 열락의 순간은 "아.. 뜨거워라! 당신, 화냥처럼 달빛이 몸 위에 오르는 밤"이라는 마지막 행에서 절정에 이른다. "겨드랑이털" "척박한 둔덕" "내 꽃잎술" "점액질" 같은 시어들은 생생하고 구체적인 성장면을 환기하면서 온몸이 달아오르는 절정의 순간을 미세하게 환기하고 있다.

"수런거리던 발소리 댓돌 위 신발"안에 가지런히 눠면서 나방이 혀끝으로 점액질을 감아올린다는 묘사는 어떤 성행위 묘사보다도 선명하고 구체적인 인상을 전달한다. 알몸의 교접이 이루어지는 "꽃"의 공간적 은유인 "척박한 둔덕"은 나방이 혀끝으로 씨방에 감아올리는 원초적 행위에 의해 생명의 관능과 마주치는 교접의 장소로 거듭난

다. 그래서 이 화려한 생명의 향연은 자연이 온몸을 열어 타자를 받아들이는 동화력이자 생산의 현장임을 노래하는 것이다.

그러나 이 시에서 달맞이꽃은 구체적인 현실의 맥락이 지워진 채, 그냥 그렇게 눈부시게 존재하고 있을 뿐이다. 이 꽃은 차라리 하나의 미적인 오브제에 가깝다. 에로스적 정념을 꿈꾸는 시인의 욕망이 하나의 미적인 오브제로 변형·굴절된 사랑의 풍경을 만들어낸 것이다. 이 시는 달맞이꽃이라는 사물을 아름답게 환기하는 감각적 재현의 원리에 충실하면서도 묘사를 통한 구체적 메시지의 전달에 성공하고 있다. 수피아 시인이 표현하고자 하는 실재는 시각적인 이미지의 동원을 통해 도달하는, 사랑에 대한 원초적이고 낭만적인 환상의 결정체로서의 정념(情念)일 것이다. 이를 바탕으로 시인은 자신의 환상대로 조형한 식물의 풍경과 사랑의 원초적 미학을 제시하고 있는 것이다.

> 사마귀의 교미 알지. 삽아 먹힐까봐 가까스로 다가간 수놈의 치열한 사랑, …(중략)…
> 내 의식이 어떤 맛일까. 도시에 찌든 내 육신은, 종일 도시와 교미하다 허기진 옆구리에 갈빗대가 드러난 내 건강상태는, 건강을 증진한다고 보양식이라고 TV홈쇼핑에서 본 그 음식물은, 내 이 긴 섹스를 보장해줄 수 있을까, 난 도시와 교미하며 해체 중, 도시의 몸속으로 아득하게 쏟아져 간 내 하얀 정충들이, 또다시 나를 복제하여, 내 지루한 이 생활패턴을 반복하며 세월의 긴 난간을 먼 후일에도 지나가고 있을까,
> 생각하기 나름이지만 사랑은 사랑하는 사람으로부터 한 번쯤 자신이 아삭아삭
> 잡아먹히는, 극적인 순간을 한 번쯤 거쳐야 하는 것을, 그것이 사랑이 향기

를 머금는 계기라는 것을
하지만 이 도시와의 사랑, 일방적이고 공격적인 섹스로 온몸이 짓이겨지
는 그러나 끝까지
소신으로 펼쳐보는 사마귀와 교미 혹 사랑론, 섹스론
-김왕노, 「사마귀와의 교미 혹 사랑론」에서(『시와 반시』, 봄호, 2008)

김왕노 시인은 매혹적이지만 치명적인 사랑의 방식을 보여준다. 시인은 자신의 사랑론을 펼치기 위해 사마귀의 교미를 모티프로 시적 상상력을 펼쳐나가고 있다. 담론 지향적인 제목은 이 시가 김왕노 시세계에 대한 시론이나 해설적 성격을 지님을 보여준다. 교미가 끝난 후 암사마귀의 먹이가 되는 수사마귀의 삶은 그 자체로 생물의 경이로움을 안겨주는 소재이기도 하다. 상대방에게 강렬한 오르가즘과 전율로 남지만, 몸이 해체·소멸되는 치명적인 사랑 앞에서 시인은 역설적으로 너와 나의 순결한 소통을 갈망하고 있는 것인지도 모른다.

바타이유는 에로티즘이란 죽음까지 파고드는 삶이며 유독 인간만이 성행위를 에로티즘으로 승화시켰다고 말한 바 있다. 어떤 에로 행위이든 에로 행위는 정상적인 상태의 상대방을 파괴함을 원칙으로 삼는다는 것이다. 에로티즘의 차원에서 볼 때 이성을 유혹하고 놀라게 하는 것은 내적 충동이 자극한 육체적 변화라고 한다. 소멸할 수밖에 없는 불연속적인 존재인 인간이 갖는 연속성과 보편적 실재에 대한 욕망이 에로티즘으로 나타난다는 것이다. 불연속적 존재로서의 두려움, 그리고 이런 존재가 갖는 단절과 고립감은 끊임없이 연속성을 욕망하게 한다. 성행위는 고립된 존재의 폐쇄성을 파괴하고 상대방에게 침투하여 소통하게 함으로써 존재에게 연속성을 가능케 한다. 즉

한 존재와 또 한 존재 사이에 놓인 단절과 심연은 성을 매개로 하여 그 경계가 와해된다. 이때 존재는 폐쇄적인 자기 함몰을 넘어 다른 차원의 존재로 상승하게 되는 것이다.

이 작품은 인간의 사랑과 성에 관한 시인 나름대로의 성찰의 산물이다. 시인 역시 존재의 불완전함을 극복하기 위해 타자와의 소통을 꿈꾼다. 육체적 소통은 논리나 개념적 사고의 과정을 거치지 않는다는 점에서 더 직접적이고 즉물적이다. 이 과정을 통해 인간은 내적으로 충만해지고 극적인 순간을 만끽한다. "의식이 육신이 도시의 밥이 되는" 지루하고 타성적인 삶에 존재 의미를 부여하며 나아가 생명의 충일함을 깨닫게 해주는 타자와의 소통에의 꿈은 불완전한 나를 충만한 존재로 상승시키고자 하는 욕망과 맞닿아 있다. 내가 아닌 타자를 통해 지금의 나를 넘어서려고 하는 것이다.

시인이 인식하는 섹스란 우선 개별적인 몸이 가지는 물질성으로서의 경계 해체이다. 인간의 몸은 피부로 싸여있으며 이것은 일차적으로 타인과 나를 차단시켜주는 '벽'의 역할을 한다. 그러나 성행위를 통해 이 벽은 무너지고 인간은 연속성을 부여받게 된다. 그로 인해 존재가 가지는 폐쇄성은 사라지고 "오르가즘으로 전율로 남아, 꼬리가 다 먹힐 때까지 바르르 떨던, 사마귀 그 사랑"처럼 나와 너의 경계가 무너진다. "사랑은 사랑하는 사람으로부터 한 번쯤 자신이 아삭아삭 잡아먹히는, 극적인 순간을 한번쯤 거쳐야 하는 것"이라는 선언적 문장에서 시인이 표방하는 강렬한 사랑의 무게는 절정에 달한다. 시인은 사랑하는 사람과의 소통을 위해 자신의 혼신을 불사한다. 그 몸짓의 애절함은 황홀하고 비극적이다. 그런데 그 도달점에는 '잡아먹힘'이라는 죽음이 자리잡고 있는 것이다. 그러나 육체적 해체를 통한 에로티즘의 체험은 고립된 개체로 하여금 불연속적 존재와의 연속성을 획득하게 한다는 점에서 육체적 고통을 넘어선 어떤 초월적 가치가 내포되어 있는지도 도른다.

> 사랑이여, 넘쳤다 물! 올해도 蘭을 실패했다 꽃은커녕 뿌리를 모두 썩혔다
> 넘치는 건 모자람보다 위험하다 요즈음은 아침마다 나를 넘치는 것 덜어내려고 일찍 잠이 깬다
> 새벽잠이 없어졌다 유달리 나는 그릇이 작다 오늘은
> 세 홉 반이나 넘쳤다 우리 집 뒷마당 감나무는 어떻게 계량하나 살폈다
> 우리집 뒷마당 감나무는 제가 넘치면 해를 두고 온몸으로 덜어 낸다 해
> 걸이를 한다 올해는 감이 한 알도 열리지 않았다 지난 해엔 가지가 찢어졌었다 감나무쯤 되랴 사랑이여, 나도 해걸이를 하랴 가혹하지 않느냐
>
> -정진규, 「감나무쯤 되랴」 전문(『열린 시학』, 봄호, 2008)

앞의 두 시와는 달리 정진규의 시는 잠언적인 어조로 사랑의 가치와 깊이에 대해 역설한다. 이 시는 정진규 시인 자신이 꾸려온 삶에 대한 인생론적 성찰이 개입되어 한 실존적 개인으로서 삶의 진정성에 도달하고자 하는 면모를 보여준다. 이것은 중년 이후의 반성적 시간을 담고 있는 것이기에 그 의미가 남다르다고 할 것이다. 시인은 한 해에 유난히 열매가 많이 열리면 그 다음 해에는 "해걸이"- 격년 결과(隔年 缺課), 열매가 한 해를 걸러서 많이 열리는 일 -를 한다는 감나무에서 자신의 삶과 사랑의 무게를 저울질 해보고 있다.

한자 성어 '과유불급'(過猶不及)은 무엇이든 지나치게 넘치거나 많으면 오히려 화를 불러일으킨다는 뜻을 가진다. 과잉, 과속, 과적(過積)의 시대를 살면서 조금씩 덜어내고 모자란 듯 상황에 맞추어 산다는 것이 결코 쉬운 일은 아니다. 시인은 지나치게 물을 많이 주어

뿌리를 썩힌 "蘭"을 통해 "넘침"의 부작용을 인식하고 자신을 "덜어냄"의 가치에 귀속시키고자 한다. 나이를 먹을수록 채워나가기보다는 비우고 지워나가는 것의 중요성을 간파했기 때문이다. 지난 해엔 "가지가 찢어질"정도로 많은 열매를 맺다가 올해에는 감이 한 알도 열리지 않았다는 감나무는 격정의 젊은 날이 끝나는 어렴풋한 지점에서 고독과 상실감의 빛깔을 드리우는 사랑의 환유이다.

인본주의적인 사랑의 가치가 점점 희박해지고 형식적이고 일회적인 사랑이 숨가쁘게 질주하는 시대에서 "해걸이"를 강조하는 정진규 시인의 항심(恒心)을 읽는 것은 그의 말대로 "가혹한" 것이지만, 그러나 깊이있는 경험일 것이다. 이러한 행위는 그가 열망하면서도 한편으로는 두려워하는 "사랑"의 오묘한 색채를 발견하는 것이기에 말이다. 사랑에 있어서 모자람의 가치를 강조하는 시인의 통찰력은 그 자체로 충분히 생성적인 것이며 첨단의 기술과 물질적인 풍요로움이 세계를 장악하는 후기 산업사회에 역설적인 삶의 한 방식이 될 수 있다고 본다.

3. 결핍과 모순을 넘어

누구나 자신이 생각하는 사랑의 방식과 가치가 있게 마련이다. 타인과의 진정한 소통을 꿈꾸는 낭만적인 사랑, 일회적이고 즉물적인 사랑, 신에 대한 무한한 복종을 전제로 하는 헌신적인 사랑…… 일일이 그것의 무게와 가치에 호명해줄 수 는 없다.

그러나 에로스적인 사랑은 늘 사막의 신기루처럼 존재하는 것이며 언제나 불완전한 양태로 존립할 수밖에 없다. 사랑의 순간은 짧고 그것이 끝나는 순간 환멸과 불길함이 드러나기 시작하기 때문이다. 그래서 사랑은 늘 '결핍과 모순'의 형태로 우리 앞에 놓여있는지도 모른다. 누구나 매혹적이고 완성된 사랑의 방식을 꿈꾸지만 사랑의 이면에 숨겨진 실체는 늘 우리를 불안하게 만들고 어쩔 수 없이 다른 사랑의 대상을 찾아 나서게 한다. 사랑을 겪은 후에 우리는 사랑의 아픔과 상처의 잔인함에 압도당한다. 그렇지만 사랑을 매개로 쓰여지는 시적 담론은 인간의 이중적인 속성과 분열된 목소리를 들려주며 사랑의 존재 방식에 대해 근본적인 성찰을 보여준다는 점에서 의의가 있을 것이다. 지금도, 앞으로도, 시인들은 사랑의 열정과 고통에 대해 계속 써나갈 것이다.

몸의 구체성과 감성의 귀환

-김기택, 이영광, 이사라, 임성용의 시-

1. 미학적 전위로서의 몸

거대 서사가 붕괴된 80년대 이후 90년대를 지나 우리 문학의 흐름에 큰 변화가 있다면, '몸'에 대한 발견과 사유 방식의 전환을 꼽을 수 있을 것이다. 특히 90년대 들어 사회 문화 전반에 '몸'담론이 부상하면서 인간 이성보다 열등한 것으로 여긴 몸에 대한 인식이 새로운 화두로 떠올랐다. 우리 문학은 90년대 이후 많은 시인들에 의해 몸과 성에 관한 글쓰기가 본격화 되었으며, 몸담론의 지각 변동만큼 다양한 징후들이 많은 시인들의 작품에서 발견되었다. 몸을 토대로 한 주제와 시쓰기 방식은 2000년대를 넘어서며 여성 작가나 시인에게만 국한되는 것이 아니라 남녀 모두 이데올로기나 규범에 얽매이지 않는, 삶에서 몸으로 전유(專有)하고 체험되는 가치와 존재의 본질을 시텍스트 속에 끌어들여 육화시키고 있다. 그래서 몸담론은 시텍스트에 있어서도 소재주의적인 면모를 보이기보다는, 세계 인식의 지평을 여는 인식론적 기반을 이루며 새로운 작품의 의미와 구조를 이끌어나가고 있다.

이성에 대한 불신과 더불어 그간 억압되어 있던 몸의 의미를 강조하고 있는 것이 탈근대 사회의 문화적 특징 가운데 하나이다. 이성 중심적 사회에서 억압되고 도구화되었던 몸은 단순히 정신의 그릇이 아니라 삶의 의미를 생성해내는 보다 직접적인 진리의 현현 방식으로 의미화된다. 이런 현상 속에서 보다 솔직하고 대담한 몸의 언어는 그동안 은폐되었던 존재성을 폭로함으로써 밀담으로서의 성을 공론화하기도 한다. 포스트모더니즘이나 페미니즘의 토대를 바탕으로 본격적인 담론으로 떠오른 몸의 출현은 주체의 내부에 자리한 불확실성과 해체의 징후를 드러내는 표상으로서 이른바 '동일성의 미학'을 거부하는 미학적 전위로서 등장하기 시작한다.

몸은 한 실존적 개체의 움직임을 통해 세계의 모든 변화 양상을 감지하고 포착할 수 있는 가장 근본적인 토대이다. 때문에 문학에서 몸의 양상을 주목하고 이를 파악한다는 것은 몸을 통한 세계 - 내 존재(être-au-monde)에 대해 미학적인 탐색을 벌이고 있는 시인들의 사유를 읽어내는 작업이 된다. 언어와 몸은 가장 예민하고 민감한 문제의식을 수반하기 때문이다. 몸이 어떻게 언어화되고, 언어가 어떻게 몸을 구축해나가는지는 시인들의 영원한 화두이기도 하다. 때문에 문학의 역사는 곧 '몸의 역사'라고도 할 수 있다. 몸은 그 안에 광기와 폭력의 역사를 내장하고 있을 뿐만 아니라 문명이 야기한 모순과 분열의 양태를 그대로 간직하고 있기도 하다. 여기에는 언어와 몸, 시적 자아와 세계, 의식과 무의식, 자아와 타자, 현상과 본질 등 다양한 존재론적인 문제들이 내재되어 있다. 몸은 닫힌 체계가 아니라 끝없이 외부와 대상을 향해 감각을 열어놓아 항상 교감하면서 구성되는 존재물이다. 세계와의 교감을 바탕으로 시인들이 열어놓는 몸성(corporéité)의 발견이 어떻게 이루어지고 있는지가 이번 계절의 화두이다. 이를 바탕으로 의미있게 읽은 작품은 김기택, 이영광, 이사라, 임성용 시인의 작품들이다.

2. 몸성(corporéité)의 발견과 시적 통찰

굳게 문이 닫힌 일요일.
불 꺼진 '사랑의 동물병원'이 짖고 있다.
문틈으로 창틈으로
공기처럼 생긴 유리벽으로 컹컹컹
울음을 짖어대고 있다
지나가는 발자국 소리에다
발자국 소리 속에 들어있을 것 같은 사람들에다
강아지를 잘 쓰다듬어 줄 것 같은 그들의 부드러운 손에다
제 울음을 찢어지도록 구겨 넣고 있다.
…(중략)…
미용사가 깎고 빗겨 귀엽게 물결치는 귀와 꼬리의 하얀 털과
머리에 단 분홍 리본과
인간에게서는 볼 수 없다는 충직하고 순수한 눈망울 속에서
이제는 아무 쓸모가 없어진 야수성을 다하여
귀여운 장난감이 되는 데만 조금 필요한 야수성을 더하여
꼬리치고 말 잘 듣는 야수성을 다하여
아무리 용을 써도 제 안에서 한 치도 빠져나올 수 없는 야수성을 다하여
아무도 없는 일요일을 들이받고 있다

-김기택, 「사랑의 동물병원」에서(『시와 반시』, 여름호, 2008)

90년대 이후 정교한 '몸의 현상학'을 펼쳐나간 김기택의 시는 '물질의 형식'으로서만 나타나는 몸을 보여준다는 점에서 많은 평자들의 주목을 받아왔다. 주체를 대상화하고 인간의 몸이나 사물이 시적 주체가 되는 것은 김기택 시의 대표적인 특징이다. 그의 몸은 형이상학적인 관념의 영역에서 잉태되는 어떤 정신성의 세계와는 거리를 두기 때문에 애매하거나 까다로운 비유법이나 수사(rhetoric)는 최대한 배제하면서 눈에 보이는 몸의 현실만을 포착한다. 그가 그리는 몸의 현실은 관념의 덩어리나 아우라를 제거한 채 생생한 날 것으로만 드러나는, 어떤 점에서는 즉물적이라고 할 수 있는 그런 풍경이다. 대상에 대한 치밀한 묘사와 사물의 본성을 꿰뚫는 날카로운 투시, 그리고 이를 표현하는 단호한 어법은 김기택만의 특장(特長)이다. 그의 시에 등장하는 사물이나 시적 대상들은 순간순간의 움직임이나 행동, 반응에 초점을 맞추어 그 적나라한 모습을 보여주고 있으며 사물의 외피를 두르고 있는 모든 가식과 포장을 걷어내고 '육체적 현존'만을 파악하려는 데서 탈관념적인 성향을 띤다.

위의 시에 나타나는 시적 구도는 단순하고 평면적이다. 이 작품에 드러난 생명체로서의 "강아지"는 움직임이 전경화되고 있지만 그 자체로는 별다른 의미를 가지지 못한다. 동물병원에 갇힌 강아지 한 마리가 고통스럽게 짖어대며 차가운 유리창을 들이받는 어느 일요일의 풍경이 정밀한 묘사를 통해 전개되고 있는 이 작품에서, 시인은 생명이 가지는 고유의 운동성과 야수성에 대한 근원적 질문을 던지고 있다. 시인은 비정하고 숨막히는 도시 문명 속에서 본래의 기능을 상실한 채 인간에 종속되어 삶을 영위하는 동물에 대해 애틋한 연민을 느꼈을 것이다. 그러나 이 작품 어디에도 시인의 주관적 진술과 감정은 노출되지 않는다. 생명에 대한 냉정한 투시는 "유리벽"에 "울음을 찢어지도록 구겨넣는" 강아지의 움직임만을 생생하게 묘사하고 있을 뿐이다. 그러나 이 행동의 과정을 치밀하고 느린 묘사로 보여주는 것은 그만큼 생명과 야수성에 대한 시인의 열망이 강렬하다는 것을 역설적으로 드러내주는 것으로 볼 수 있다. "아무리 용을 써도 제 안에서 한 치도 빠져나올 수 없는 야수성을 다하여" 텅 빈 동물 병원의 유리벽을 들이받고 있는 강아지의 모습은 연민의 차원을 넘어선 어떤 섬뜩함마저 전달하고 있다. 갇혀진 생명에 대한 연민과 야수성에 대한 시인의 천착은 "사랑의 동물병원"이라는 시의 제목과 상충하면서 아이러닉한 분위기를 배가시킨다. "동물병원"을 수식하는 이 "사랑"이라는 어사는 "사랑"이라는 가면을 쓴 인간 욕망의 다른 이름인 것이다.

인간의 이기적인 욕망과 경직된 도시 문명 속에서 고유의 야수성을 상실한 강아지의 삶은 이미 생명의 순환과 연속성을 상실한 생태계에 대한 준엄한 경고일 것이다. 선언적이거나 계몽적인 진술 하나 없이 생명체를 압박하는 실존적 조건에 대해 되묻는 김기택의 시는 생명체의 전경화를 통한 묘사의 힘만으로 충분히 하나의 시적 방법론이 될 수 있음을 보여준다.

주사기를 꽂고 있는 고목,
저 홰나무는 사백 년을 살았는데
백 년은 더 살 것이라 한다
한 줄기 눈물이 비스듬히 흘러내리는
그의 상처난 몸

죽음은 점점 희미해져간다
인간들 하는 짓을 보면
죽음은 조만간 지상에서 퇴출되어버릴 것 같다
죽지 않는 곳,

죽음은 죽으리라

장기를 갈아 끼우며 살다가도
몸이 영원하지 않다면 어떻게든 또
靈肉을 분리해내겠지
몸 없이 영혼이 사는 곳,
그곳이 지옥일까
그러나 몸 없이 사는 것,
그거야말로 神 아닌가

-이영광, 「진화」에서(『시와 반시』, 여름호, 2008)

갇혀진 야수성에 대한 근원적 질문과 생명에 대한 외경심을 바탕으로 문명 비판시의 가능성을 보여준 김기택의 시와는 다른 입장에서 이영광의 시는 몸성을 바탕으로 인간의 삶과 죽음, 그리고 진화에 관한 존재론적 성찰을 보여준다. 죽음에 대한 사유를 개진하기 위해 시인이 끌어온 대상은 "주사기를 꽂고 있는 고목"이다. 이미 살았던 "사백년"말고도 앞으로 "백년"을 더 살 것이라는 홰나무와는 달리 눈물이 흐르는 "상처난 고목"은 가속도로 질주하는 문명 속의 희생양이다. 인간에 의해 희생된 고목과는 달리 시인은 인류의 수명이 더 연장되어 죽음의 가능성마저 희미해져가는 어떤 인위적인 불멸의 상태에 주목하면서 이로부터 인간과 신의 경계에 관한 질문을 던지고 있다. 시인은 인간이라는 존재가 지적이거나 관념적이기 이전에 몸적이고 동물적인 시간을 영위해나가는 종(種)이라는 사실을 직시한다. "장기를 갈아 끼우며 살다가도 몸이 영원하지 않다면 어떻게든 또 靈肉을 분리"하며 삶을 이어나가는 것. 이미 그것은 멀지 않은 미래에 가능한 일인지도 모른다. 그러나 시인은 몸 없이 사는 것이야말로 신의 영역에 속하는 것으로 인정하기에 이른다. 현대인이 진정한 인간이 아니며 "인간 비슷한 것이 변신"한 것이라는 냉소가 어떤 비유의 차원을 포함한다고 본다면, 현대자본주의 사회의 일상 속에서 인간의 삶이 얼마나 변질되고 지루하게 흘러가는지를 우화적으로 서술하는 것이다.

더 나아가 인간의 삶을 육체의 물리적 변화로 인정하는 이영광은 인간과 신에 대한 냉정하고 탈신비적인 시각을 드러낸다. "신들은 대개 선하지도 공정하지도 않으니 / … / 있지도 않은 헛것들을 똑똑한 인간들이 목숨 바쳐 믿을 리가 있겠는가"라는 냉소적 진술은 사람과 사람 사이, 신과 사람 사이의 소통의 단절이 가져온 은폐된 세계에 대한 어떤 비판 의식을 함축하는 것으로 해석된다. 신과 인간, 확실성과 불확실성, 감성과 이성 같은 좀처럼 해체하기 어려운 이중적인 양식이 탈현대화된 사회를 살아가는 삶의 양식인 것이다. 삶의 유한성을 극복하려는 인간의 욕망이 만들어낸 신의 위상은 역설적으로 삶의 유한성과 공포의 상징이 되는 것인지도 모른다. 생은 유한하지만 인간의 죽음은 불멸을 살아낸 것이기에 말이다.

입술처럼 부드러운 몸을 버린
다 쓰인 치아들이
겹겹이 쌓인 지층을 뚫고 나와
가지런히 놓여 있다
한 세상 씹느라 어지간히 닳았다
여기저기 벌레 먹은 낙엽처럼 슬프다
저 땅 속 뒤돌아보면 슬프다

한 입에서 떨어져 나온 치아들

곱게 누워
없는 입 열어젖히며
눈부신 햇빛 아래서 아프단다
씹어삼킬 세상도 없는데
씹힐 세상도 없는데
사는 일 다 끝났는데도
자꾸 아프단다

오래 밟힌 땅을 뚫고 오랜 시간을 견디어
마지막까지 살아남아
왜 아픈지도 모르는 아픈 치아가
아픔을 알고 싶어하는
세상

선사시대 발굴 현장에서
나는 내 치통을 앓는다

-이사라, 「치통」에서(『열린시학』, 여름호, 2008)

이사라 시인은 자신의 "치통"을 존재론적 고통으로 연결시킨다. 작품 속 화자는 선사시대 발굴 현장에서 오래된 미이라를 발견하고 수백 년 시간의 층을 뚫고 남아있는 치아들을 유심히 관찰한다. 발굴 현장에서는 수백 년을 견딘 미이라들이 겪었을 인생살이의 허망함, 번뇌, 슬픔은 사라지고 오롯이 텅 빈 육체로 환원되고 있을 뿐이다. 화자는 그 텅 빈 육체에 간신히 남아있는 치아들을 바라보며 어떤 슬픔을 느끼는데, 시인은 사는 일이 다 끝난 육신들에게서 어떤 아픔을 호소하는 소리를 환청으로 듣고 있는 듯하다. 아픔의 진앙지(震央地)는 어디 있는 것일까. 아무런 생성의 기미도 없이 건조하게 남아있는 존재의 내부는 존재가 죽음을 수락한 결과이자, 그러한 삶에서 벗어날 수 없는 이유이기도 하다. 이 딜레마는 아픔에 대한 원인조차 모르며 아픔을 알고 싶어하는 세상의 번잡스러움에 있는 것인지도 모른다. 미이라의 치아를 응시하며 삶의 모순과 딜레마를 읽어낸 시인은 자신의 몸의 반응으로서 치통을 감지하고 있는 것이다. 시인은 죽음과 삶이 교차하는 선사시대 발굴현장에서 실존의 고통을 이성적인 자의식으로 치환하고자 하지만, 그 응시의 과정에서 자신의 치통을 몸으로 느끼게 된다. 몸의 감각으로서의 아픔과 내면의 존재론적 고통이 유기적으로 호응하면서 삶의 쓸쓸한 흐름을 관조하는 시인의 내면이 형상화되고 있는 것으로 해석할 수 있다.

미이라의 내부에 자리한 죽음을 감각적으로 포착한 시인은 몸의 감각을 열어두고 치통을 느낌으로써 존재론적 시간과 마주친 것으로 풀이된다.

어깨가 아프다
뼈에 박힌 나사를 돌려
팔을 빼낸다
작동을 멈춘 근육과 인대가
끊어진 스프링처럼
분해되어 나온다
…(중략)…

낡은 어깨는
벌써 사십사년째
팔이 땅으로 떨어지지 않게 붙잡고 있다

빈약한 팔의 무게는 어깨에 늘 강한 짐이었다
덜컥, 팔을 놓아버리면
뱀처럼 똬리를 튼 통증이 풀려나와
마디마디 나뒹구는 뼈의 잔해들을 닦는다

점성이 다한 피를 폐유통에 쏟아붓고
조일수록 부러지는 나는 밤새 마모되었다

-임성용, 「사십견」에서(『창작과 비평』, 여름호, 2008)

노동시의 계보를 이어나가는 임성용의 시에서 몸은 산업현장에서의 체험을 바탕으로 아로새겨지는 몸의 흔적들에 관한 기록이다. 이 기록들은 몸으로 세계와 맞서는 노동자 시인다운 면모를 드러내고 있는 산 증거라고 할 수 있다. 노동의 현장에서 체험하는 다양한 몸의 흔적들은 지식인들이 쉽게 모방하거나 구체화할 수 없는 것들이라는 점에서 나름대로 의의를 가진다고 할 수 있다. 시인이 그리고 있는 몸은 노동의 현실에서 시간의 무세를 견디지 못하고 마모되어가는 몸이기보다 이미 자신의 몸에서 닳아 없어지거나 무너진 결과로서의 '아픈 몸'이다.

시인은 "사십견"으로 인한 어깨의 통증을 시적 소재로 삼으면서 이를 훼손되고 마모된 자신의 몸에 연결시킨다. "뼈에 박힌 나사를 돌려 / 팔을 빼"자 "작동을 멈춘 근육과 인대가 / 끊어진 스프링처럼 / 분해되어 나온다"는 비유는 기계 노동으로 인한 고통과 그로 인한 후유증이 얼마나 큰 것인가를 암시하면서 노동의 과정은 쇳덩이보다 더 한 무게로 몸과 삶을 짓눌러 옴을 형상화한다. "점성이 다한 피를 폐유통에 쏟아붓고 / 조일수록 부러지는 나는 밤새 마모되었"다는 진술은 강도 높은 노동에 혹사당하는 몸을 강렬하게 환기시킨다. 목숨을 건 노동의 산물이 오히려 노동의 주체를 압박하고 소외시키는 자본주의의 현실임을 시인은 오십견보다 빨리 온 “사십견”에 포인트를 두며 형상화하고 있는 것이다.

자신의 아픈 몸에 대한 성찰을 노동현장으로 돌리고 노동의 대가를 높이 인정하지 않는 사회적 인식에 대해 간접적인 비판의식을 보이고 있지만, 시적 묘사가 평면성과 단순성에 멈추고 있는 점은 아쉬움으로 남는다. 노동의 현장에서 체험하는 생생한 숨결이 더 활발하고 심도있게 형상화되기 위해서는 노동 현장에 대한 단순한 형상화나 비유의 차원을 넘어서 노동자의 몸과 사회적 공간 혹은 공동체의식의 심미적인 소통에 대해 좀 더 진지하게 탐구해야 할 것으로 본다.

시적 자의식과 불화(不和)의 시학

-안시아, 이현호, 최정란, 박라연, 이하석의 시-

1. 타자화된 삶에 쓰여지는 존재의 기록

한 시인의 자의식의 단면을 따라가 보는 것은 언제나 드라마틱하고 흥미롭다. 인간적 고뇌와 희망에 따라 기뻐하거나 슬퍼하고 좌절하는 의식의 스펙트럼은 삶의 맨 얼굴을 직접 대면하게 하는 어떤 극적인 맛이 있어 읽는 사람으로 하여금 긴장과 흥미를 유발케 한다. 삶의 속살을 맞닥뜨렸을 때 느끼는 놀라움과 두려움은 우리 스스로 삶의 본질을 애써 회피하려 했던 나태한 습관과 관성을 느끼게 하기 때문이다. 그렇다면 시인들의 자의식은 어디에서부터 싹트기 시작하는 것일까? 사회학자인 R. May는 『자아를 잃어버린 현대인』에서 자의식이란 자신을 마치 밖에서 보는 것처럼 보는 능력으로 인간의 성격, 태도, 정서를 인식할 수 있는 능력이라 규정한 바 있다. 개인적인 편차야 있겠지만, 많은 경우 '나'의 지향적 삶과 현실적 삶 사이에 거리가 생기거나 분열되기 시작할 때 자의식이 가동될 것이다.

시인들뿐만 아니라 우리들의 자의식을 둘러싸고 있는 삶의 많은 부분은 일상으로 채워진다. 밥을 먹고 잠을 자고, 약속을 지키거나 일을 하고, 물건을 사거나 가족들과 시간을 보내는 등 우리 생활의 대부분은 일상이라 할 수 있는 것들이다. 사제나 수도승같은 극소수의 종교인을 제외하고는 어느 누구도 일상의 굴레에서 빠져나갈 수는 없다. 일상의 저잣거리를 박차고 탈속적(脫俗的)인 예술을 추구하는 것은 요즘 세상에서 거의 불가능한 일일 것이다. 복잡한 일상에 거리를 두고 긴장을 유지하는 것이 예술의 본질이라면, 시인들의 자의식은 일상과 예술 사이의 팽팽한 긴장과 길항작용으로 맞서 나가는 힘겨운 싸움의 과정에 놓여 있는 것이리라. 그래서 그들의 작업은 어느 누구보다 고독하고 힘든 것인지도 모른다.

나는 이번 계절 자의식에서 출발하되, 근본적으로는 삶의 보편적 진실과 가치를 적시(敵視)하면서 기계적인 일상에 둘러싸여 있는 우리들 삶의 부조리함을 꼬집는 작품들에 눈길이 쏠렸다. 이들 작품들은 서로의 편차는 있지만 세계의 병든 곳을 들여다보고 생의 근원적인 모습을 갈망하고 있다는 점에서 하나로 묶일 수 있는 어떤 고리를 가지고 있는 듯이 보인다. 나아가서 진정한 내 것이 아닌 타자화된 삶에 쓰여지는 기록은 자기 정체성을 찾지 못한 비실존적 인간에게 가해지는 일침이라고 느껴졌다. 시인들은 지금 이곳의 현실에서 사물화되거나 타자화된 인간 존재의 스펙트럼을 다양하게 형상화하고 있다.

2. 자의식과 일상의 함수 관계

절박한 밧줄을 꿈꾼다

계단처럼 웃음을 터뜨리는 입술

증오에 맘껏 노출되는 동안
미간은 오래 나를 주시한다
지루한 광대뼈가 자리를 잡고
심혈을 기울인 속눈썹은
곧 쏟아질 것처럼 미세하다
아무것도 낳지 않은 무덤이었다니
낡은 악기가 수정되어 갈수록
형형색색 개입하기 시작한다
하루하루 냉소가 덧칠되고
주저없이 이 강박을 견딘다
달력이 절망하지 않는 이유
손톱을 앓는 인간인 채로
나는 나를 가장 꿈꾼다

-안시아, 「자화상」 전문(『시와 반시』, 가을호, 2008)

안시아 시인의 이 작품은 고호의 작품 「자화상」을 들여다 볼 때처럼 덧없고 쓸쓸하며 외로운 감정을 불러일으킨다. 한쪽 귀를 자른 채 삶의 심연을 들여다보는 듯한 깊은 눈빛의 고독한 얼굴. 푸른 눈동자 속에는 예술을 향한 무한한 열망과 예리한 천재의 감수성이 우울하게 드리워져 있다. 고호가 극한의 고통에 처해있는 자신의 얼굴을 자화상으로 남겼듯이 시인은 절망과 고뇌의 늪에 빠져있는 자신의 얼굴을 바라본다.

짧은 시이지만 추위, 고독, 절망, 자학의 이미지들이 불현듯 떠올라 읽는 이로 하여금 이 시의 주인공은 여간해서는 행복해지기 힘들 것이며, 비관적인 삶의 포즈에서 벗어나지 못하리라는 예감을 전달한다. 작품 속 화자는 일상적 삶을 탈주할 "절박한 밧줄"을 꿈꾸며 세상에 대한 적대감과 "증오에 맘껏 노출"되어 있고, 하루하루를 냉소와 자학으로 영위해 나간다. 나날이 늘어가는 자신에 대한 자학으로 병리학적인 강박증에까지 이르고 있다.

그러나 삶을 옥죄는 강박증에 시달리면서도 "나"는 무한경쟁의 논리로 점철된 세상을 넘어 새로운 삶의 방식을 기획한다. "손톱을 앓는 인간"인 채로 "나를 가장 꿈꾸"는 것은 이런 맥락에서 해석될 수 있을 것이다. 그 꿈의 실체는 무엇인지 정확하게 알 수 없지만 원시적인 삶의 본능과 정서가 살아있는, 비밀스러운 욕망이 아닐까. 길들여지지 않은 감성과 타협할 줄 모르는 근성으로 헤매는 시인의 모습은 바로 과거와 현재를 돌이켜보아 미래의 참다운 삶이 무엇인지를 예감하는 선지자의 모습일지도 모른다. 선지자나 시인이 가는 길은 분명 고통스럽고 외로울 것이다. 그렇지만 한 시대의 예인이나 시인이 가지 않으면 그 길은 아무도 가지 않는다. 고통을 수락하고 고통을 견디며 삭막한 현실에 주저앉지 말고, 살아있음의 진정한 의미를 길 위에서 발견해나갈 때 안시아 시인의 자화상은 자신이 쓰는 시 속에 더 큰 의미를 부여받을 것이다. 자기 자신이란 삶과 맞서야 하는 고독한 장(場)이자 언젠가 돌아와야 할 궁극적인 종착지이기 때문이다.

> 핸드폰 번호들을 금요일 오후만큼 나누면
> 손에 꼭 쥐어지는 빠져린 이름들
>
> 첨탑의 종처럼 매달릴 곳 찾아
> 눈동자 댕댕거리다가
>
> 이 밤이 야회복 단추를 만지작거리는 시간
> 열 개의 손가락 중 하나쯤, 내게 들어줄 수 없니?

장전된 탄환같이 웅숭그린 세계

쿨하지도 누굴 콜 하지도 못한 가난을 안고
단단해진 감정들 목발처럼 짚고 돌아설 때

실없이 혓바닥을 빼문 넥타이같이
골목 모퉁이를 돌아가는 금요일 밤

-이현호, 「프라이데이 나잇」에서(『시와 반시』, 가을호, 2008)

먼저 일상을 가볍게 회전시킨다. 몽상으로 이동한다. 오목과 볼록, 꿈을
넣을 자리를 판단한다. 상하좌우 화살표와 친해진다. 자유자재로 손끝에서
가지고 논다. 지향하는 방향이 선명해진다. 누른다, 과감하게, 스페이스바를.
동시에 공감이 녹아 들어간 자리를 비운다. 깊어진 빈 칸이 꽃그늘처럼
은근하다. 알맞은 막대블럭이 나타나기를 기다린다. 하염없이 기다려서는
안된다. 완벽하게 빈 칸을 채우지 못하더라도 때가 되면 네 칸짜리 행운을
과감히 포기한다. …(중략)… 고독의 등이 잠시 오버랩되는 순간, 게임오버,
다시 시작, 단추를 누른다. 혼자 즐긴다. 붕괴에 중독된다, 신나게, 룰루라라

-최정란, 「테트리스 매뉴얼」에서(『시와 반시』, 가을호, 2008)

이현호 시인과 최정란 시인이 바라보는 일상의 세계는 현대 자본주의 사회에 포획되어 단자화된 삶을 영위해나가는 소시민의 삶의 편린으로 가득하다. 이미 자본의 위력과 산업사회의 규율에 익숙해진 소시민들은 자신의 삶을 바라볼 객관적 거리를 가지지 못한 것으로 그려진다. 대중문화와 대중예술이 80년대 이후의 시인들에게 시적 정서와 영감의 원천이 되고 있다는 사실은 2000년대인 이 시점에 이미 진부한 말일지도 모른다. 이미 많은 시인들이 작품 속에 대중문화와 자의식의 상관관계를 그리는 작품을 발표했을 뿐 아니라, 이를 바탕으로 이전의 순수시에서는 금기시되던 새로운 미학적 가능성을 보여주었기 때문이다.

특히 일상성의 시적 수용은 한동안 금기시된 대중문화의 재발견이라는 의미심장한 주제까지 함축되어 있다. 이현호 시인의 작품은 기호화된 주체로 하루하루를 살아나가는 현대인의 쓸쓸하고 소외된 모습을 보여준다. 누구를 만나 서로의 연락처를 핸드폰 번호로 찍어두고, 밥을 먹고 술을 마시다가 공소한 잡담에 시간을 보내고 "쿨하지도 콜하"지도 않은 어정쩡한 태도로 서로의 뒷모습을 바라보며 헤어진다. 이미 관성이 되어버린 일상의 만남에서조차 감정은 "단단"해지며 서로를 보듬어줄 진정한 관심이나 부드러움은 흔적을 감추어버린 지 오래다. "실없이 혓바닥을 빼문 넥타이같이" 자신도 골목 모퉁이를 돌아나가며 습관적으로 굴러가는 하루하루에 회의감을 느낀다. "장전된 탄환같이 웅송그린 세계"야말로 시인이 바라보는 세계의 우울하고 슬픈 모습일 것이다.

최명란 시인은 테트리스 게임의 전과정을 전경화시켜 게임의 허구성과 이미지 속에 사는 인간을 가감없이 보여주고 있다. 영화가 흔히 소설을 각색하여 새로운 내러티브를 창조하듯이, 시에서는 이미지, 은유, 상징의 기법을 원용하여 서정적 분위기를 자아내는 새로운 영상 언어를 창조한다. 이런 영상 언어가 시인의 상상력을 자극하고 감수성을 일깨우기 때문에 시인이 영상매체에 매료되는 것은 더 이상 놀랍거나 새로운 일이 아니다.

시인에 따르면 "일상을 가볍게 회전"시키는 데서 게임은 시작한다. 그리고 현실적 의무나 모든 업무로부터 해방되어 "몽상으로 이동"한다. "오목과 볼록", "꿈을 넣을 자리를 판단"한 후 "상하좌우 화살표"(↑↓↙↗↘)와 친해지고 "자유자재로 손끝에서 가지고 노"는 경지에 이르게 된다. 이런 과정을 되풀이하면 "붕괴에 중독"되어 게임의 왕국에 살고 있는 테트리스 시민이 된다.

최명란 시인은 게임의 과정을 통해 이미지가 실재를 지배하거나 실재가 사라졌다는 허무주의적 인식을 역설적으로 보여주고 있다. 각종 컴퓨터 게임이나 영상 매체가 인간 정서에 심각한 악영향을 주는 이유는 목적이 파괴된 인간 조건을 만들어나간다는 점에 있을 것이다. 다시 말해 실재란 욕망의 대상인데, 이 대상이 더 이상 '세계 내 존재'(être au monde)가 아니기 때문이다. 그래서 대상을 욕망하는 모든 행위가 이미지와 기호의 집적에 불과하며, 무수한 욕망이 신기루에 불과하다는 허무주의적 인식을 테트리스 매뉴얼을 통해 제시하고 있다.

살아있는 존재라면 산소처럼
남아있다는 착한 밥, 다 먹어버렸습니까

볼이 뽀얀 정자와 난자
새콤달콤한 인자로 바꿔볼 양으로
날마다 서초구 법원 앞 하나산부인과를
기웃거리십니까

수십 번 시험관 아기를 시도하는
불임부부처럼
착한 밥을 복제받고 싶습니까?

-박라연, 「박사님! 복제라면 착한 밥을」에서(『시와 반시』, 가을호, 2008)

박라연은 복제와 거짓 욕망, 비판없는 계몽적 담론이 난무하는 현대 세계에 일침을 가하는 시를 선보이고 있다. 시험관 수정으로 배아를 자궁에 착상시키는 의술은 2000년대 한국의 윤리적 강령에 더 이상 큰 문제가 되지 않는 평범한 사건일 뿐이다. 이 시의 화자는 사건을 바라보거나 해석하는 주관적 논평과 자의식을 노출하지 않고 있다. 그러나 시인은 인공 수정의 사건이 아니라 시험관 아기를 시도하는 불임부부의 형상을 통해 세계를 복제하는 허구성과 욕망을 풍자한다. "박사님"은 거대 권력의 실체이거나 우리를 억압하는 욕망의 다른 이름일 것이다. 과잉 경쟁과 속도전으로 점철된 후기 산업사회에서 세계에 반응하는 것은 진정한 자아가 아니라 타자성으로서의 거짓 자아이다. 시인의 이런 진단은 자아의 고통과 무관한 세계와의 불화(不和)의식을 통해 드러난다.

나아가 개인적 실존의 전체성 속에는 삶의 모순으로 이어진 상황과의 긴밀한 관계가 내포되어 있다. 다시 말해 시대의 긴장과 문제성을 필연적으로 타인과 공유한다는 말이다. 시험관 아기를 시도하는 불임부부 이야기는 더 이상 큰 흥미를 끄는 화젯거리도 아니며 이미 우리 시대의 보편적인 사건일 뿐이다. "착한 밥"을 복제받기 위해 거짓 위안과 담론에 편승하여 모순된 삶을 살아나가는 소시민상이 아이러닉한 어조에 의해 효과적으로 환기되고 있다.

시인은 현대인의 몸과 의식에 가해지는 물리적, 육체적 징후들을 냉정한 눈으로 투시하면서 탈근대 사회의 모순과 폭력성을 지적하는 작업을 밀고 나가는 것이다. 다시 말해 과학 기술의 메커니즘이 유입되면서 사회적 시 · 공간이 몸을 장악하고 인간 영혼을 해체시키는 탈근대의 상황을 지적한 것이라 할 수 있다.

> 생각하기 나름이지만, 누구든 시계 얼굴로 째깍거리며
> 생각하고 노동하며, 상대를 살핀다
>
> 그 시선을 피해 산을 올라도 시계 표정들 투성이다
> 층층나무의 시계 모습은 왜 시시각각 푸른 색깔마저 변할까?
>
> 산에 나물하러 간 어미는, 노을 뜯어다 빠알간 밥상보로 덮어놓은 채
> 잠들었을 어린 아들의 시계 얼굴 떠올리곤 서둘러 하산한다
>
> -이하석, 「시계얼굴」에서(『시와 반시』, 가을호, 2008)

이하석은 "시계 얼굴"이라는 의미심장한 제목을 통해 현대인의 기계적인 일상과 자의식을 들여다본다. 일상적 업무와 이해관계로 맺어진 세계에서 대부분의 사람들은 정해진 시간 안에 많은 일을 수행해야 하기 때문에 시간에 쫓길 수밖에 없다. 마치 시계 바늘이 돌아가듯 기계적이고 딱딱한 얼굴로 상대방의 얼굴을 바라보거나 눈치를 보고, 의무감 속에 주어진 일을 완수한다. 원시적인 문명의 세계와 자연의 질서를 깨뜨리고 근대적 시공간을 열게 한 가장 중요한 발명품은 아마 시계일 것이다. 계량화되고 구획지어진 시간은 이미 우리 삶을 지배하는 원리이자 거부할 수 없는 수학적 진리이다. 근대 이후 계량화된 시간의 질서 속에서 인간의 문명은 재편되었고, 인류는 첨단의 과학 기술과 물질적인 풍요로움을 추구하게 되었다. 신뢰나 온정주의보다는 이해관계가 우선시되는 사회적 관계는 이미 보편적인 삶의 방

식이다.

시인은 무수히 많은 "시계 얼굴"들의 날카로운 시선을 피해 산에 오르지만, 푸른 나무에서조차 시계의 징후를 발견한다. 변함없는 푸른색으로 자신을 위안해주리라 믿었던 "층층나무"마저 시시각각 색깔이 변한다. 나무의 색깔이 변한다는 것은 두 가지 층위에서 해석될 수 있을 것이다. 첫 번째는 나무를 바라보는 사람의 시선이 경직되고 따뜻한 감성이 증발했기 때문에 푸른색을 제대로 감상할 정신적인 여유가 없다는 것이고, 두 번째는 환경 오염과 생태계의 파괴로 인해 나무 본래의 푸른빛을 잃었다는 뜻일 것이다.

3연은 산에 나물 뜯으러 간 어머니가 잠든 어린 아들의 얼굴을 떠올리며 "시계 얼굴"로 급히 하산한다는 시적 상황의 진술로 이루어져 있다. 우리에게 많은 생각거리를 던지는 것은 바로 3연일 것이다. 아들에 대한 어머니의 자애로운 마음마저 계량화된 시간에 쫓긴다는 진술로 읽을 수도 있겠지만, 잠든 어린 아들의 "시계 얼굴" 때문에 하산하는 어머니의 모습은 일상적인 이해관계나 인간관계를 초월한 근원적인 모성에 바탕을 둔 것이다. 어둡고 막막하며 불안한 현실을 살아나가는 데 누구나 마음 속에 담아두는 이름은 바로 어머니일 것이다. 아들을 향하는 어머니의 종종걸음은 애틋하고 위트있는 여운으로 넘쳐 흐른다. 서둘러 하산하는 어머니의 얼굴을 떠올리며 우리는 근대화나 인공 문명의 위력을 초월하는 근원적인 힘이 모성에 있음을 발견하게 된다. 여성성은 결코 관념적 자족의 의미로서가 아니라 감성과 사랑의 실천적 의미로서 가치를 지니기 때문이다. 그것은 여성성의 중요한 표지로서 모성의 가치와 기능이 바로 산업사회의 제도적 모순을 극복할 한 자질임을 암시하고, 기계적 일상에서 방황하는 현대인의 정신적 지표로 서는 것을 말해주는 것이다.

우리는 깊이 생각할 겨를도 없이 산업이나 자본이 밀고 나가는 생활의 틈에 끼여서 살아왔다. 그러기에 시인을 비롯한 예술가의 삶은 더 어려울 수밖에 없으며 지구상은 부와 가난, 지배와 착취, 주체와 객체 같은 이분법적 구도로 양분되고 있다. 자신의 자의식과 일상의 함수 관계를 통해 놓치고 있던 생의 근원을 바라보고, 자본주의적 일상을 해부하는 작업은 생명적 존재로서 인간이 갖는 본능이자 올바른 삶을 추구하는 진정한 기획이 된다고 말할 수 있을 것이다.

새벽 하늘의 견명성(見明星) 같은 시혼(詩魂)을 찾아

-천양희의 시세계-

1. 고통의 존재 방식

천양희 시학은 고통의 자각과 그것의 시적 의미화에서 출발한다. 그녀의 시를 읽으면서 되묻게 되는 것은 고통의 존재 방식과 인간 실존의 관계이다. 시간의 폭력성을 견디며 인간이 깨닫는 것은 무엇이며 인생은 왜 상처를 통해서만 진실이 드러나는지, 가슴 아픈 추억과 환멸에 나는 왜 절망하고 울부짖어야 하는지, 그리고 절망을 통해 인생은 새로 거듭날 수 있는지…… 오래전부터 천양희 시집을 읽으며 내가 떠올린 질문들은 이번 글을 쓰는 데도 유효한 질문이 될 듯하다.[1)]

시지프스처럼 인간은 오늘도 산 정상에서 떨어진 바위를 다시 정상에 올려놓아야 한다. 삶에서 주어지는 이 영원한 형벌을 어느 누구

---

1) 이 글은 천양희 시인이 90년대 이후 발간한 세 권의 시집을 대상으로 함을 밝힌다(『마음의 수수밭』(1994), 창작과 비평사; 『오래된 골목』(1998), 창작과 비평사; 『너무 많은 입』(2005), 창작과 비평사).

도 대신해 줄 수는 없다. 시인의 표현을 빌리자면 "누구에게나 무서워 울면서도/ 가야 할 길이 있는 것"(「최고봉」, 『너무 많은 입』)이다. 고통이 한 인간의 실존을 담보하는 원동력이며, 그것으로 인해 그 사람의 참모습을 알아볼 수 있는 좌표가 된다면 그것은 그 고통의 깊이가 생의 진실을 알게 해주기 때문일 것이다.

문학 작품에서 고통을 바탕으로 개인의 내면을 기록한 작업은 수없이 이루어져 왔다. 그러나 고통을 과장하거나 미화시키는 텍스트는 삶의 복합성을 결한 채 중층적인 사유의 과정이 동반되지 않아 독자의 감응력도 얻지 못할 뿐더러, 상처를 과시하려는 일종의 나르시즘적 담론으로 추락할 수 있다. 그것은 허위의 텍스트다. 진정한 고통은 미화시킬 수 없는 현존이며 삶의 무늬이기 때문이다. 그것은 현실 안에 감추어진 세계를 들추어내면서 생의 시린 속살과 직접 맞닥뜨리게 한다. 천양희는 고통의 기억을 되살리고 그것을 현재화시키는 자신의 몸과 마음을 통해 고독한 단독자로서 생의 기록을 계속해서 쓰고 있다. 물론 그 기록은 깐깐하고 결벽증적인 미학주의자의 엄정한 세공을 거쳐 눈부신 시로 다시 태어난다.

시인은 고통의 시간을 과장하거나 미화시키는 대신 세월의 풍화작용을 거쳐 아픈 기억으로 남은 그 순간순간의 상념과 내면 의식을 시로 형상화한다. 시인의 이런 면모는 『마음의 수수밭』(1994) 이후 시세계를 관통하는 기본 원칙이 되기도 한다.

> 누가 내 속에 가시나무를 심어놓았다
> 그 위를 말벌이 날아다닌다
> 몸 어딘가, 쏘인 듯 아프다
> 生이 벌겋게 부어오른다. 잉잉거린다
> 이건 지독한 勞役이다/ …(중략)…

가시나무는 얼마나 많은 가시를
감추고 있어서 가시나무인가
나는 또 얼마나 많은 나를
감추고 있어서 나인가
가시나무는 가시가 있고
나에게는 가시나무가 있다.

-「가시나무」에서, 『마음의 수수밭』

"누가 내 속에 가시나무를 심어놓았다/그 위를 말벌이 날아다닌다/몸 어딘가, 쏘인 듯 아프다/生이 벌겋게 부어오른다. 잉잉거린다/이건 지독한 勞役이다"라고 노래하는 시적 주체의 심정을 나는 쉽게 추측할 수 없다. 생이 벌겋게 부어오를 만큼 신산(辛酸)한 삶의 통증이 주체를 짓누르고 있을 것이라고 밖에는. "가시나무는 가시가 있고/나에게는 가시나무가 있다."라고 노래하는 시인의 심리 이면에는 자신의 현존이 불편하지만 섣부른 희망이나 낙관과는 타협하지 않겠다는 결연한 의지가 숨어있는 것이기도 하다. 그리고 시인의 삶이 얼마나 중층적이며 파편화되었는가를 짐작할 뿐이다. 어떤 의미에서 새디즘적인 고통의 다른 표현이라고도 볼 수 있겠지만, 시인은 생의 가장 치열한 한 지대를 응시하며 자신을 다스려나가는 견딤의 방식을 모색하고 있다. "시퍼런 것들의 저 서늘한 기운/오늘은 내가 붙잡고 가겠다/강 끝까지 해안까지 더 더 끝까지"(「마음의 경계」, 『너무 많은 입』)처럼 냉혹한 고통이 가져다주는 추위와 두려움을 감내하며 생의 동력으로 밀고 나가는 시적 투혼을 보여준다. 이것은 고통 속에서 자신을 단련시키는 초극의 자세가 되기도 한다.

"슬픔의 진창/목 늘여 들여다보면/세상의 모든 상처/거기 모여 살고 있다/나는 그때마다/악몽을 꾸고/나는 그때마다/병석에 눕는다. 누워있다. 누워있을 것이다"(「시인의 말이라고?」, 『마음의 수수밭』)라거나 "던진 돌에 맞은 건 강인데 내가 다 아프다 / 모든 돌은 끔찍해 돌 하나로 때론 세상이 끔찍하다"(「돌을 던지다」, 『오래된 골목』), "사랑의 환상은 짧고 상처는 깊다"(「가시나무」, 『오래된 골목』) 같은 고백은 우울하고 고독한 시인의 존재 상황을 나타내는 표현들이다. 그러한 존재 상황은 "아득한 삶의 절벽길, 벼랑길"에서 심연을 알 수 없는 절망의 나락으로 추락하기도 한다. 그 절망이 얼마나 혹독한지는 자신의 삶을 "수몰된 생 / 암매장된 생"이라고 고백하는 다음의 시에서도 잘 드러난다.

> 나에게는 다시 써야 할 생이 있다
> 세상이 잘못 읽은 나의 生
> 수물된 生
> 암매장된 生
> 누가 읽기도 전에 나를 써버렸다
>
> 그들에게 도난당한 장편의 문장들
> 그 때문에 틀린 생의 제목들
> 내 생, 너무 오래 생매장되었다
>
> 아침마다 거울을 본다
> 거울 속의 나를 본다.
> 나는 곧 재조명될 것이다.
> 밝혀질 것이다
> 거울같이 환하게.
>
> -「아침마다 거울을」에서, 『마음의 수수밭』

시인은 세상의 오해와 가려진 진실, 그리고 생에서 부닥치는 시련으로 이미 누구보다 황막한 삶을 살아왔다고 고백한다. 앞을 내다볼 수 없는 삶의 고비에서 내가 세상에 의해 "암매장"되었다고 절규하는 시인의 목소리와 그 수장된 자신의 삶을 들여다보는 서늘한 눈초리가 동시에 느껴지는 작품이다. 그러나 시인은 결국 "나에게는 다시 써야 할 생이 있다"고 단언한다. "모든 것이 이쯤에서 / 나를 놓아주지 않는다" 해도 (「벽」, 『너무 많은 입』) 이 '다시 써 야 할 생'이야말로 비극적 의식의 역설적 상황일 것이다. 인간이 세계 속에서 산다는 것은 한 존재를 세계에 연결시키며 세계내적 차원에서 여러 가지 현실적 가능성을 모색하고 실천하는 고투(苦鬪)의 과정일 것이다. 그 모색의 과정은 험난하고 암울한 것으로 시인의 작품 속에 등장하고 있지만, 시인은 부단히 현실을 직시하고 자신의 영혼을 일깨울 치열한 정신을 찾아 나선다.

여러 작품들을 통해 분명히 알 수 있는 것은 천양희 시의 고통과 고독의 기원이 막연하고 추상적인 존재의 상태를 반복하는 데서 그치지 않는다는 점이다. 그녀의 시가 드러내고 있는 비유체계나 언술들이 단순한 명상이나 상상력에 의존한 것이 아니듯이 나는 천양희 시 대부분이 시인의 체험을 바탕으로 쓰여진 것이라고 생각한다. 왜냐하면 이런 진술과 표현들은 결코 명상이나 상상적 힘으로만은 태어나지 않기 때문이다. 시인은 자신의 고통의 심연을 응시하면서 그 이면에 숨어있는 '생의 곡선'을 응시한다.

성당의 종소리 끝없이 울려퍼진다
저 소리 뒤편에는
무수한 기도문이 박혀있을 것이다

백화점 마네킹 앞모습이 화려하다
저 모습 뒤편에는
무수한 시침이 꽂혀있을 것이다

뒤편이 없다면 생의 곡선도 없을 것이다.

-「뒤편」 전문, 『너무 많은 입』

장엄하게 울려퍼지는 성당의 종소리보다 그 뒤편에 눈물로 얼룩진 고해성사나 기도문을 생각하며, 백화점 마네킹의 화려한 앞모습보다는 그 뒤편에 꽂혀있는 무수한 시침을 생각하는 시인의 예지적(叡智的) 시선은 그 어떤 고통의 기록보다도 절실하고 날카로운 울림의 메시지를 전달한다. 여기서 나는 천양희 시의 존재 방식과 삶의 무게에 대해 다시 한 번 생각해 본다. 뒤가 있어야 앞이 있고, 그늘이 있어야 양지가 있으며 밤이 있어야 낮이 있고 절망을 겪은 뒤에야 희망을 바라볼 수 있듯이, 고독과 절망으로 가득한 생의 "뒤편"을 겪지 못했다면 시인은 "생의 곡선"을 발견하지 못했을지도 모른다. 이것은 고통을 내 안에 품고 고통을 나의 비밀스런 진실로 읽어나가며 현존의 방식을 찾아나가는 모색에서 얻은 값진 기록일 것이다. 이런 점에서 천양희의 시는 골드만이 『숨은 神』에서 지적한 것처럼 맹목적인 세계와 숨어 말없는 신 사이에서의 인간의 고독을 노래하는 비가(悲歌)의 형식일지도 모른다.

2. 자기 현존의 발현과 시쓰기

그렇다면 시인은 폭력적으로 존재하는 직선의 시간, 직선의 욕망을 어떤 식으로 받아들이고 이를 변용하고 있는 것일까. 가혹한 직선의 날카로움을 무뎌지게 만들기 위해 시인은 자신의 정신과 고통의 깊이를 인지하되, 그 고통의 깊이를 상쇄시키기 위해 돌을 등장시켜 "구르다" 는 동사의 운동성으로 표현하고 있다.

> 구르는 것들은 모서리가 없어 모서리
> 없는 것들이 나는 무섭다 이리저리
> 구르는 것들이 더 무섭다 …(중략)…
> 돌을 맞으며 사는 게 삶이다 돌을
> 맞아본 사람들은 안다 물을 삼킨 듯
> 단단해진 돌들 돌은 언제나 뒤에서
> 날아온다 날아라 돌아, 내 너를
> 힘껏 던지고야 말겠다
>
> -「구르는 돌은 둥글다」에서, 『너무 많은 입』

시간의 풍화작용을 거쳐 닳을 대로 닳은, 그래서 모서리가 지워진 형상으로 남은 "돌"이야말로 대립적인 가치와 효용성을 가진 사물로 시인에게 인식된다. 물을 먹은 듯 단단해진 돌을 "뒤에서" 맞는 게 인생의 또 다른 얼굴인 것처럼, 직선의 모서리를 깎고 둥글게 다듬어 정신과 육체의 고통을 외부로 삼투시켜 나가는 물질적인 과정을 시인은 돌의 형상과 그 운동성에 비유하는 것이다. 시인은 굴러가는 것의 속성을 은유화시켜 이것을 생의 운동과 연결시키고, 몸속의 어둠과 고통을 탄력적으로 변주하는 과정이 곧 삶이라고 생각하는 듯하다. 그래서 "나는 살아서도 구른다/ 구르면서 산다"(「물결무늬고둥」, 『너무 많은 입』) 고 노래하는 것이 아닐까. 그러나 자신의 모서리를 깎아 둥근 것으로 만든 자의 내면은 생의 가장 아픈 지대를 건너왔던 비극적 파토스로 가득 차 있다. 보다 나은 삶을 위해 몸부림쳤지만 삶의 고통을 겪을 대로 겪은 시인은 현실의 이중성이 자신을 늘 어렵게 살도록 조정하고 있음을 깨닫는다. 이렇게 의식의 진정성에 다가가기도 어렵고, 현실로부터 벗어나기도 어렵다는 자각은 천양희 시에서 잠언투의 어법으로 자주 쓰여지고 있다.

> 질경이는 뿌리로 견디고
> 가마우지는 절벽에서 견디다니요?
> 푸른 소나무도 낙엽 지고
> 더러운 늪에서도 꽃이 피다니요?
> 인생이란 느끼는 자에게는 비극이고
> 생각하는 자에게는 희극이라니요?
> 필연적인 것만이 무겁고
> 무게가 있는 것만이 가치가 있다니요?
>
> -「왜요?」 전문, 『오래된 골목』

시인은 상식으로 여겨지는 것들의 허를 찌르면서 삶에는 상대적인 가치와 진실이 숨어있다는 것을 강조한다. 효용성과 존재 의미를 잃은 타자의 삶에도 눈물겨운 사연과 아픔이 있다는 것을 끊임없이 되묻고 결핍된 것, 부재하는 것들이 환기하는 신비스러움과 아름다움을 놓치지 않는다. 결핍과 부재가 삶의 아름다움을 낳고, 다시 삶의 욕망을 낳는다. 그녀의 시가 자기 감상이나 연민의 차원으로 추락하지 않는 것은 삶과 자신의 고통 사이에 놓인 비극적 긴장을 유지하되, 이를 탁월한 비유체계와 밀도있는 구성으로 구축해놓는 언어적 조형력 때문일 것이다.

특히 시인은 평명(平明)하고 함축적인 비유체계를 통해 사물과 세계의 중핵(中核)에 도달하고자 한다. 그녀의 시는 깐깐한 미학주의자의 편향만큼이나 밀도있는 구성과 아름다운 이미지들을 보여주는데, 그녀에게 시적 가치란 곧 삶의 가치에 다름 아니며, 그러한 삶의 가치는 삶의 풍경 속에서 존재의 자기 확장을 가능케 하는 근본적 동인으로 자리잡고 있다. 황막한 세계 속에서 고통을 노래한 비가(悲歌)의 형식을 넘어 이제 시인은 자연이 주는 충만한 시간의 경험으로 맑고 투명한 정신의 상태를 지향하고자 한다.

> 나는 지금 긴 和靜論 한 편 쓰고 싶다 이쪽 저쪽 물길 내려다본다 물은 정말 좋다! 물 따라 생각도 따라간다 생각이 바뀌면 운명도 바뀐다고? 내 눈이 문득 강폭처럼 넓어진다 물풀들 몰래 제몸을 부푼다 어느새 산그림자 내려와 물속이 더 깊다
>
> -「나는 강변에 있다」에서, 『오래된 골목』

시인의 감정이 이입된 사물과 대상은 부풀어오르거나 넓어지면서 서로의 경계를 지우고 새롭게 생성된 충일한 에너지로 존재의 전환을 시도한다. 물의 젖어듦과 흐름은 가장 자연스럽고 친숙한 현상이며 나아가 시인으로 하여금 존재의 정화(淨化) 상태로 나아가기를 유도한다. 시인은 “가장 좋은 것은 물과 같다고 누가 말했었지요 / 오늘도 나는 물속에서 자맥질하지요 물같이 흐르고 싶어, 흘러가고 싶어”(「물에게 길을 묻다」, 『오래된 골목』)라고 노래하면서 물처럼 흘러가는 생을 그윽하고 자애로운 시선으로 바라본다. 거기서 시인은 ‘생생한 생의 물방울을 퉁겨내고’ 마음의 길을 열어 호명할 수 없는 것들, 불가능한 것들, 그리고 죽음 같은 고통에 스스로의 몸을 던지며 여기서 다시 솟아오르려는 결연한 의지를 보여준다. 존재의 자기 쇄신이자 거듭남이다.

"자연으로 돌아가는 것처럼 자연스런 것이 없다는 것을/ 우리가 하나의 자연일 때/ 편하고 편함은 곧 마음의 길을 열어/ 숨은 얘기 속삭인다는"(「누가 말했을까요?」, 『오래된 골목』) 진술은 바로 존재의 쇄신을 통해 탄생한 투명한 정신성의 지대가 아닐까 한다. 이것은 상생(相生)과 순환이라는 여성적 세계관이 빚어낸 시적 표현이라고도 할 수 있을 것이다.

문학 작품에서 물 이미지란 원형 상징의 측면에서 볼 때 정화와 순결, 재생의 의미를 가지고 있다. 시인은 흐르는 물에 자신의 존재를 담그고 풀어내면서 생의 상처와 절망을 씻어내며 무한히 확산되는 화해의 세계를 지향하고 있다. 그러나 그 화해는 맹목적인 동화나 망각이 아니라 육신이 꿈꾸는 어떤 발화(發花)같은 것인지도 모른다. 세계 속으로 침투해 들어가며 같이 개화하는.

화해의 세계 속에서 포착되는 것은 깊이에 대한 감각과 모성애, 그리고 생의 연륜이 빚어내는 감성의 따뜻함이다. 어둡고 탁한 물의 이미지는 말할 것도 없이 고통과 상처로 얼룩진 황폐한 삶에 대한 은유이다. 그러나 천양희 시에서 빛과 바람으로 환해진 그 물의 밝음은 원초적 생명력을 회복하고 우리가 궁극적으로 꿈꾸는 동시에 시인이 열망하는 "평등(平等), 공평(公平), 무우(無憂)의 세계" 이다. 그러한 세계에서 흐르는 물은 존재의 순결한 그림자를 간직하고 있을 뿐 아니라 평화롭고 고요한 생성의 움직임을 담고 있다. 특히 작품 곳곳에서 감지되는 이 투명한 울림의 소리는 사물과 풍경의 경계를 지우고 사물들을 다시 통합하는 역동적인 생성의 드라마를 보여주기도 한다. 또, 자신의 현존을 발현시키려는 시인의 의지는 바람의 이미지로 구체화되기도 한다.

바람이 일어선다 나무가 서 있는 곳은 초록빛 생명으로

가득 차 있다 나무는 영원한 초록빛 생명이라고 누가
말했더라 …(중략)…
  초록빛 생명에도 얼음세포가 있다 삶은 우리의
수난
  목숨에 대한 반성문을 쓴 적이 언제였더라 우리는 왜
  뒤돌아본 뒤에야 반성하는가 바람을 맞고도 눈을 감아
버린
  것은 잘한 일이 아니었다 가슴에 땅을 품은 여장부처럼
  바람이 일어선다

-「바람을 맞다」에서, 『너무 많은 입』

숲을 뒤흔드는 바람소리를 들으며 시인은 삶의 비루함을 정화시키고자 한다. 영원한 초록빛 생명을 머금고 있는 나무를 뒤흔드는 "바람"은 강렬한 생의 에너지이자 원동력이기도 하다. 바람의 에너지는 땅 위의 생명들을 쓰러뜨릴 만큼 강한 위력을 갖고 있기도 하지만 바람을 겪고 감당한 연후에야 "초록빛 생명"과 인간의 의지도 다시 살아날 수 있는 것이다. 그렇기에 우리는 하루하루를 예사롭지 않게 넘길 수 있는 것 아닐까. 초록빛 생명에 대한 경이로움을 시인은 "하루하루 넘어가는 것은/참으로 숭고하다 우리도 바람 속을 넘어왔다 나무에도 간격이/있고 초록빛 생명에도 얼음세포가 있다"고 진술한다. 생명이 간직하고 있는 "얼음세포"를 놓치거나 버리지 말고 이를 삶의 동인으로 다시 써나가는 존재의 진정성이야말로 천양희 시인이 보여주는 자기 쇄신의 가열한 표현일 것이다. 바람에 흔들리며 바람의 존재를 느끼며 안일한 일상을 깨뜨리려는 것, 이것은 "쉽게 씌어지는 것을 부끄러워해야 하는/고독한 시마(詩魔)들"이라고 노래하는(「전업시인」, 『너무 많은 입』) 시인의 삶의 태도가 아닐까.

이렇게 천양희의 시는 '물'과 '바람'이라는 이미지를 중심으로 그 의미가 확산되고 있는 것으로 보이는데, 그의 진지한 언어는 이미지를 시적 실존에 투사하고 그것을 다시 빚어내면서 여기에 생의 에너지를 장전시키는 정신의 자율적 해방을 지향하고 있는 것으로 보인다. 그녀가 지향하는 정신의 해방과 깊이에 대한 열망은 다름 아닌 시 쓰기의 행위를 통해 구체화된다.

내 생의 업 중에 큰 업이
詩業이지 하다가도
시가 밥 먹여주냐, 고
시답잖게 말하는 사람들을 볼 때마다
밥도 안 되는 그걸로도
업이 될까 싶다가도
누가 나더러
그 시 참 좋네요, 할 때마다
나 혼자 감동 먹어
시로써 배부른 나에게는
말도 안 되지 싶다가도

-「직업」 전문, 『오래된 골목』

시인이 되려면
새벽하늘의 견명성(見明星)같이
밤에도 자지 않는 새같이
잘 때에도 눈뜨고 자는 물고기같이
몸 안에 얼음세포를 가진 나무같이
첫 꽃을 피우려고 25년 기다리는 사막만년청풀같이

1kg의 꿀을 위해 560만 송이의 꽃을 찾아가는 벌같이
성충이 되려고 25번 허물벗는 하루살이같이
얼음구멍을 찾는 돌고래같이
하루에도 70만번씩 철썩이는 파도같이

제 스스로를 부르며 울어야 한다

-「시인이 되려면」 전문, 『너무 많은 입』

이 시편들을 통해 우리는 천양희 시인의 삶에서 시가 차지하는 비중과 그 경건한 의미에 대해 다시 생각해보지 않을 수 없다. "첫 꽃을 피우려고 25년 기다리는 사막만년청풀같이 / 1kg의 꿀을 위해 560만 송이의 꽃을 찾아가는 벌같이 / 성충이 되려고 25번 허물벗는 하루살이같이" - 이렇게 처절하리만큼 절박한 정신성의 깊이와 높이를 가진 것이 시인에게 시쓰기의 존재론적 의미이다. 이런 결연하고 비장한 진술 이면에는 세속의 가치와 삶의 경박함을 짓누르려는 구도자의 정신마저 느껴진다. "밥도 안 되는"시를 쓰는 시인의 삶이 자본주의 사회에서는 한갓 보잘 것 없는 것처럼 보일지 몰라도 - "새벽하늘의 견명성(見明星)같이", "1초에 90번이나 제 몸을 쳐서 부동의 자세로 서있는 벌새같이" - 삶의 시퍼런 기운을 끌어안고 시쓰기를 밀고 나가는 그녀의 작품에 깊은 경외감과 존경을 표하고 싶다.

시인에게 고통이란 축복인 동시에 저주이고, 억압인 동시에 승화이다. 천양희의 시들은 쓰리고 아픈 생에 대한 성찰과 사유의 흔적이다. 나는 시집 전편을 통해 천양희 시인이 고달픈 삶과의 오랜 싸움 끝에 자기 쇄신을 통한 가열한 구도자적 삶의 자세로 나아가고 있음을 확인할 수 있었다. 세계를 온몸으로 끌어안고 고통으로 뒤엉켜 있는 삶의 길을 헤쳐나간 끝에 눈부신 경지에 이른 그녀의 시들

이 상처받은 많은 영혼들에게 마음의 안식과 감동을 줄 수 있으리라고 믿는다. 시인은 '늙을 줄 모르는 아픔'과 '썩을 줄 모르는 슬픔'을 감내하면서 앞으로도 계속 치열한 시쓰기를 밀고 나갈 것이다.

기호의 사회학

– 이승하의 신작시 –

기호는 인격이다
사회적 지위를 결정하는 기호
-「기호의 천국에서 7」

1. 욕망이 질주하는 시대

이승하의 신작시들의 화두는 "기호"이다. 이승하는 인간의 삶을 억압하는 자본주의와 광기의 논리를 탐색하고, 이를 시적으로 형상화하는데 주력해왔다. 이번 신작시들은(『현대시학』, 2007년 3월호) 역시 같은 문제의식을 공유하면서 자본주의와 첨단의 기호들이 만들어낸 21세기 문명과 사회 전반에 대한 비판적 시각을 견지하고 있다는 점에서 의미있게 읽힌다. 이전의 이승하의 많은 시들이 그랬듯이 이번 시들 역시 호흡이 길고 유장하며 내용은 산문적이다. 간결하고 압축적인 비유나 이미지 대신 산문적 진술에 거의 대부분을 의존하고 있다. 이런 형식적 특성이 시에 대한 집중과 밀도있는 서술을 차단하기도 하지만, 시인이 최근에 시적 사유의 대상으로 삼고 있는 현실에 대한 강력한 비판과 비극적 파토스를 유발하기에는 적절한 틀이 될 수 있을 것이다.

우리는 첨단 도시문명과 자본주의의 확산력이 인간의 욕망과 상상력을 조장하고 통제하는 시대에 살고 있다. 그렇기 때문에 우리의 욕망이나 기호(嗜好), 정서, 행복의 척도나 희망의 내용이 빠르게 질주하면서 변하고 있다. 그렇다면 이런 시대를 겪어야 하는 시인의 고뇌와 성찰은 어떤 것일까. 이승하의 시는 이런 기호가 난무하는 현실에 부딪치면서 우리의 삶이 지향해야 할 가치가 무엇인지를 모색하고 있다. 그리고 현실에 대한 끝없는 관심과 분석에 바탕을 둔 통렬한 자의식은 시에 강한 비판적 힘을 부여한다.

2. 기호의 매혹

우리의 삶을 둘러싸고 있는 거의 모든 것은 기호로 짜여져 있고, 상징으로 조직되거나 구조화되어 있다. 인간은 기호의 울타리 속에 갇혀 살고, 그 조직화된 기호들을 통해 삶을 영위하는 존재이다. 기호는 오늘날 모든 사람의 선망과 지탄이라는 양가의 감정을 유발시키는 자본주의 사회의 근원적 저수지일지도 모른다. 우리는 소비 문화 논리가 일상의 기호들에 의해 조종되는 세계에 살고 있다. 물질 문명의 효율성이나 실용성보다는 기호 자체의 매혹에 무비판적으로 휩쓸리는 문화에 둘러싸여 있는 것이다. 백화점, TV 홈쇼핑, 인터넷 쇼핑몰 등 다양하게 확산된 첨단의 소비 공간은 현대사회의 소비행태를 온몸으로 드러내는 역동의 현장이자 욕망의 해방구다. 여기서 소비되는 것은 일차적으로 상품이 아니라 이미지이며 기호이다. 이런 현상의 이면에는 90년대 이후 놀라운 속도로 일상생활에 파고든 인터넷의 보급과 소비 지향적인 대중문화의 확산이 자리 잡고 있다. 급속하게 발전을 거듭한 자본주의적 문화 산업과 이에 부응하여 대량 보급된 초고속 인터넷, 영화, 무선 이동통신 등의 미디어를 통해 전파되는 유희 지향적이고 소비 지향적인 대중문화가 인간의 허위 욕망을 부추기고 강화하는 작용을 하고 있는 것이다.

'기호와의 싸움'이라는 전제하에 이승하 시인이 신작 소시집에서 새롭게 보여주고 있는 것은 미국적 서구 문화에 대한 대항담론으로서 탈식민주의적 문제의식을 제시하고 있다는 점이다. 이미 유하, 함성호, 함민복 등의 시인은 80년대부터 별다른 여과장치 없이 생활 속으로 들어와 우리의 의식을 장악하고 있는 미국적 자본주의의 허구와 모순을 지적하고 이를 시적으로 형상화하는 작업에 골몰하였다. 미국은 우리의 근대사와 정치·경제·문화 영역에 걸쳐있는 문화적 종주국이라 해도 과언이 아닐 것이다. 초강대국 "미국"이라는 개념마저 우리의 일상생활에서는 하나의 기호로 자리잡고 있다.

> 미국이 이라크를 침공했을 때
> 그곳에 신은 부재중이었고 … 기호가 난무했다
> (기호 1) 이라크 민중 해방
> (기호 2) 무력 도발
> (기호 3) 세계의 평화 유지
> (기호 4) 이라크 민중 학살
> (기호 5) 석유 거래통화 전환에 대한 보복
> (기호 6) 대량살상 무기 발견 및 제거
> (기호 7) 사담 후세인 축출
> 각기 다른 기호 중에서 뭘 믿어야 하나
>
> -「기호의 천국에서 1」에서

시인은 우리의 삶의 양식과 정신구조를 지배하고 있는 기호의 권능과 전지전능함에 대해 지적하고, 그에 대한 각성과 비판을 촉구한다. 미국의 "세계 평화 유지"라는 슬로건이 전세계의 평화를 위한 명분상의 정책이라면 "무력도발"과 "이라크 민중 학살"그리고 "사담 후세인 축출"은 무차별적으로 자행되는 폭력과 보복 정치의 실상을 숨기고 있는 미국의 은폐된 다른 얼굴이라고 할 수 있다. 이 야누스적인 얼굴이 곧 미국의 이중적 얼굴이자, 제국주의적 기호의 참모습이라고 시인은 강조한다. 미국이 이라크를 침공했을 때 신은 부재중이며, 어느 것이 진실인지 알 수 없는 기호만이 난무했다는 것이다. 종교와 무기, 식량마저 기호로 환치될 수 있는 현실 사회에서 시인은 마치 환각처럼 "페인트로 분장하고 나선 기호들"의 설교와 복음을 듣고 "기호가 가리키는 대로"걷거나 멈추기도 한다(「기호의 천국에서 2」).

우리의 일상을 둘러싼 무수히 많은 기호들을 둘러보자. "來美安" "e-푸른 세상" "스타벅스" "루이비통" "구찌" …… 지시대상이나 실체가 분리되어 유포되고 있는 현란한 기호들의 행진 속에 우리의 삶은 오늘도 지속되고 있다. 이것은 대량 소비가 곧 삶의 가장 중요한 좌표라는 발상과 함께 화려한 기호를 소유한 사람만이 특권을 누릴 수 있다는 어떤 환상적인 인식을 심어준다. 이 환상적인 인식은 비록 욕망의 형태로 나타나지만 소비사회에서는 엄연히 하나의 현실이나 코드로 자리잡고 있다.

> 이 땅의 무슨무슨 족이 되기 위하여
> 이 땅의 무슨무슨 세대가 되기 위하여
> 쿨한 뉴요커처럼 살아보기 위하여
> 스타벅스 커피를 마시고
> 브런치를 사 먹는다
> 오늘도 나는 눈뜨자마자, 눈감을 때까지
> 기호로 내 몸을 치장하고

기호로 내 영혼을 도배한다

-「기호의 천국에서 3」에서

고속도로를 두 시간여 달리는 동안
쉴새없이 나타나는 기호들이 명령한다
상표들이, 상업광고들이 명령한다
구매하라 차별화된 제품을 구매하라
고집하라 자신만의 트렌드를 고집하라
유지하라 이색적인 스타일을 유지하라

-「기호의 천국에서 5」에서

이제 우리는 기호로 도배된 환경 속에 살고 있다. 기호에 대한 선택의 평준화가 마치 현실에서 가능한 것처럼 매체는 늘 떠들어대고 있다. 매체는 메시지를 위에서 아래로 전파시키는 수직적 기능을 가지고 있지만, 모든 매체의 산물은 기존의 문화적 의식이나 정치적 각성에 따라 다양하게 반응하는 특정 집단들을 지향하거나 겨냥한 것이라고 할 수 있다. 우리를 둘러싸고 있는 것은 요란하게 치장된 상품과 기호들뿐이다. 소비의 상승을 노린 판촉 전략과 광고의 지배, 허구적 욕망의 주입, 그리고 인간적인 실존의 위기 등이 이번 연작시에서 다루는 모티브들이 되고 있는 것이다.

위의 두 편의 시는 개인주의와 대량소비라는 두 가지의 행태를 하나로 융합시키려는 획일화된 소비문화의 단면을 비판하고 있다. 욕망의 발원지인 기호를 생산하는 집단과 이를 소비하는 소비자 사이에는 철저하게 사회적인 방식으로 관계를 유지하고 독점하는 소비의 사회학이 은밀하게 자리잡고 있다. 여기에는 상품 광고와 삶의 가치를 조작하려는 배금주의가 함께 놓인다. 지극히 대중적이고 집단적이며 획일화된 것에 빠져드는 모습들이 탈인격화된 표현방식과 수동적인 자아의 모습으로 나타나고 있다. "기호로 내 몸을 치장하고/ 기호로 내 영혼을 도배"한다는 진술은 현실과 욕망이라는 간극에 있는 소비자들의 무비판적인 향유와 정신적인 공황 상태를 단적으로 표현한 것이라 할 수 있을 것이다. 시인은 인간의 실존 가치마저 기호에 짓눌려 아주 보잘 것 없는 것처럼 되어버린 현실의 씁쓸한 풍경을 제시하고 있다. 이러한 배금주의가 물질 만능의 풍조로 이어지는 것은 당연하다.

> 기호는 인격이다
> 사회적 지위를 결정하는 기호
> 하나를 사시더라도
> 품위를 지킬 수 있는 것으로
> 고상한 이미지의 것으로
> 월등 값비싼 것으로
>
> 내 앞에서는 인사도 좀더 공손하게 한다
> 슬슬 피하는 값싼 국내 차들
> 벤츠를 몰고 호텔에 들어갈 때의 기분
> BMW를 몰고 백화점 주차장에서 나올 때의 기분
> 고급 외제차는 이미 승용차가 아니라
> 기호다
> …(중략)…
> 인간의 노동력과 가진 자의 욕망으로 세워진
> 만리장성도 콜로세움도
> 피라미드도 앙코르와트도

자유와 인간 해방을 상징하는
자유의 여신상도 개선문도 에펠탑도
21세기에는
기호다
관광객을 유치하라
상품화를 하라

-「기호의 천국에서 7」에서

이 작품에서 우리는 기호 속에 사는 인간의 모습과 나아가서는 기호를 통제하고 관리하는 집단의 얼굴을 만난다. 자신의 필요에 의해 물질을 구입하는 것이 아니라 "사회적 지위를 결정"하기 때문에, 그리고 품위있는 사람으로 평가하는 주위의 시선 때문에 세속도시의 주인공은 물질을 구입하고 그런 생활을 누리는 것이다. 어떤 대상에 대한 구매 욕구는 사실상 신분상승에 대한 욕망의 다른 표현이기 때문에 보드리야르는 이를 '차별화된 강박증'이라 부르기도 한다. 세계에 대한 판단 유보로 정체성을 상실한 현대인은 교환가치에 집중하는 배금주의에 무비판적으로 빠지게 되고, 이에 중독된다. 시인은 욕망마저 타율적으로 만들어지고, 자신의 욕구와 가치 판단마저 유보된 채 로보트처럼 움직이는, 기호 속에 사는 현대인의 일상을 한 편의 풍속도로 형상화하고 있다. 만리장성, 콜로세움, 자유의 여신상, 개선문, 에펠탑등 전세계의 모든 문화재마저 철저하게 상품화되고 관광산업으로 변질되는 21세기 상업주의의 현주소가 여기 있는 것이다.

"기호의 천국"이라는 역설적인 제목으로 소비사회의 모순과 양태를 지적하는 이승하의 이번 시들은 물질과 기호에 압도당한 영혼과 정신의 공황 상태를 직설적으로 시화(詩化)하고 있다는 점에서 이전의 시들과 다른 차원에서 평가받아야 할 것으로 본다. 시인에 의하면 기호(嗜好)에 따라 자본이 달라지고, 기호(記號)에 따라 세상이 바뀌어진다고 한다. 시인은 "기호의 사회학"에 의해 통제되고 관리되는 21세기 문명의 이면을 지적하고, 사물화된 의식이 심화되는 소비산업사회의 분열된 징후들을 적극적으로 포착하고 있다. 물신 숭배의 사회에서 정신적 가치마저 물화되는 양상이 난해하지 않은 어법으로 잘 구현되면서, 쉽게 메시지를 전달하고 있다는 점에서 독자와의 소통을 고심한 흔적이 역력하다. 그가 화두로 삼고 있는 "기호와의 싸움"이 앞으로 어떤 양태로 전개될지, 지속적인 작업을 기대한다.

이연승

1969년 서울 출생
이화여대 국문과 및 동대학원 졸업(문학 박사)
1997년 경향신문 신춘문예에 평론 「해방의 언어, 날이미지를 찾아가는 시적 여정-오규원론」이 당선되어 문단에 데뷔
저서 『오규원 시의 현대성』(2004), 『생성의 시학』(2005)
건국대학교 교양학부 강의교수를 거쳐 현재 이화여대, 성신여대에서 강의하고 있다.

감성의 귀환

초판 인쇄 • 2009년 9월 21일
초판 발행 • 2009년 9월 25일

지은이 • 이연승 / **펴낸이** • 박성복 / **펴낸곳** • 도서출판 月印
서울특별시 강북구 흰구름길 19-3(수유2동 252-9)
등록 • 제6-0364호 / **등록일** • 1998년 5월 4일
대표전화 • 02) 912-5000 / **팩스** • 02) 900-5036
http://www.worin.net

ISBN 978-89-8477-438-4 93810

값 12,000원

☞ 잘못된 책은 구입하신 서점이나 본사에서 바꾸어 드립니다.